CONTE *verlag*

Tortillas, Tapas und Toxine

Ingrid Schmitz (Hrsg.)

Eine kulinarische Krimi-Anthologie

CONTE *krimi*

Bibliografische Information der Deutschen Nationalbibliothek
Die Deutsche Nationalbibliothek verzeichnet diese Publikation
in der Deutschen Nationalbibliografie; detaillierte bibliografische
Daten sind im Internet über http://dnb.d-nb.de abrufbar.

ISBN 978-3-95602-013-1

© Conte Verlag, 2014
Am Rech 14
66386 St. Ingbert
Tel: (06894) 1664163
Fax: (06894) 1664164
E-Mail: info@conte-verlag.de
Verlagsinformationen im Internet unter www.conte-verlag.de

Lektorat: Christina Wolfrum, Amelie Schröder
Umschlag und Satz: Markus Dawo
Druck und Bindung: Conte, St. Ingbert

Inhalt

Lilo Beil

Die Pilgerreise

Stella schaute hinaus auf das Touristengewimmel in der Rúa do Vilar. Sie schloss die Augen und zog genüsslich den Duft des köstlichen Kaffees ein, ließ den Geschmack der Mandeltorte langsam auf der Zunge zergehen. Nirgends schmeckt die Tarta de Santiago besser als im *Café Casino*, hatte ihr eine Mitreisende im Hotel gesagt, und obwohl sie keine Vergleichsmöglichkeit hatte, da dies ihr erstes und einziges Stück Mandeltorte war, das sie seit ihrer Ankunft in der galizischen Hauptstadt zu sich nahm, konnte sie sich eine bessere Version dieser spanischen Spezialität nicht vorstellen.

Stella musterte eingehend den Raum, der eine teils mondäne, teils nostalgische Atmosphäre besaß, mit einem Hauch jener Morbidität, die ihr immer schon angenehme Schauer über den Rücken gejagt hatte: in den Wiener Kaffeehäusern, den Prager Cafés, den Pariser Bistros.

Eigentlich wollte Stella dankend ablehnen, als ihr Tante Agnes plötzlich und unerwartet anbot, ihr diese Reise zu schenken.

»Eine Pilgerreise«, hatte die Tante mysteriös lächelnd gesagt.

Ausgerechnet eine Pilgerreise für sie, die Lieblingsnichte, die alles andere als fromm war und die sich schon mehr als einmal mokiert hatte über diesen Fimmel vieler Zeitgenossen, den Schrein des Heiligen Jakob zu besuchen und sich dadurch spirituelle Erbauung oder vielleicht ein Plätzchen im Himmel zu ergattern. Ausgerechnet nach Spanien sollte sie reisen, in das Land der Machos und der Tierfeinde, welche das bestialische Abschlachten von Stieren ritualisierten und dieses wüste Treiben gar als »Weltkulturerbe« absegnen lassen wollten.

Ausgerechnet nach Spanien, in das ach so christliche Land, wo streunende, elende Katzen und Hunde das Straßenbild prägten, wollte die Tante sie schicken, die selbst extrem tierliebend war. Unmissverständlich hatte sie vor einiger Zeit ihrer Nichte eröffnet, dass ihr nicht unbeträchtliches Vermögen zur Hälfte an Tierschutzorganisationen wie *Pro Animale*, *Peta*, das Heidelberger Tierheim und den Straßenkatzenverein gehen würde und die andere Hälfte an sie, die Lieblingsnichte.

»Für dich bleibt noch ein ganzer Batzen übrig«, hatte Tante Agnes gelächelt. »Es ist genug da für dich und für die armen Tiere. Du hast ja deine Pension und musst nicht am Hungertuch nagen.«

Wenn schon eine Pilgerreise, warum dann nicht nach Italien, am liebsten nach Assisi zu dem Heiligen Franziskus, der alle Tiere liebte und sie nicht ausschloss aus der Schöpfung wie offensichtlich viele, die sich Christen nannten. Assisi, das übrigens die Partnerstadt von Santiago de Compostela war, hätte sie gerne kennengelernt. Aber nein, Tante Agnes musste ihr groteskerweise diese Spanienreise schenken.

Der wundervolle Geschmack von Mandeln auf Stellas Zunge verlor sich. Sie stach sich ein weiteres Stück von der köstlichen Torte ab und diesmal erwischte sie einen Teil des Jakobskreuzes, das als Emblem, mit Puderzucker bestäubt, die Tarta de Compostela zierte. Genau genommen war es die Spitze des Jakobskreuzes. Sie schmeckte das Bittermandelöl und den Puderzucker heraus, nahm einen kräftigen Schluck Kaffee dazu. Über ihren Träumereien war der Kaffee etwas abgekühlt.

»Genieße deine Reise, Kind«, hatte Tante Agnes gesagt. »Für eine uralte Frau wie mich ist das Herumreisen in der Weltgeschichte eh tabu. Alles viel zu anstrengend und außerdem: Ich war immer schon der Ansicht, dass alte Schachteln besser zuhause bleiben sollten als die Gegend unsicher zu machen.« Und sie hatte ihr ganz spezielles Tante-Agnes-Lachen angestimmt, tief und herzlich. Es hatte gar keinen Zweck, der resoluten Tante zu widersprechen, und so ergab sich Stella, die selbst kein Frühlingsküken mehr war, in ihr Schicksal. Sie reiste nach Santiago de Compostela, der Tante zuliebe.

»Weißt du eigentlich, dass du deinen Namen mir verdankst? Stella: So hab ich dich als deine Taufpatin damals genannt, weil der Name *Stern* bedeutet und in dem Ortsnamen Santiago de Compostela vorkommt. Compostela, das kommt vom Lateinischen *campus stellae*, also Sternenfeld. Und ich habe als junges Mädchen immer davon geträumt, mal nach Santiago de Compostela zu reisen. Und meine Tochter wollte ich Stella nennen. Nun ja, es ist weder zu der Reise noch zu der Tochter gekommen.«

Letzteres sagte Tante Agnes mit einem wehmütigen Seufzer. Ob es ein Geheimnis um Tante Agnes gab? Eine Romanze mit einem Spanier, einem leidenschaftlichen Galizier? Eine unglückliche Liebe?

»Und vergiss mir nicht, eine Tarta de Santiago zu essen, wenn du angekommen bist«, hatte die Tante noch hinzugefügt. »Diese Torte, einfach himmlisch, habe ich als ganz junges Mädchen einmal vorgesetzt bekommen.«

War der Unbekannte im Vorleben der Tante etwa ein feuriger Konditor aus Santiago gewesen?

Stella musste unwillkürlich lachen bei dem Gedanken, dass ein leidenschaftlicher Spanier, eine Mandeltorte balancierend, vor Tante Agnes kniete und so das stolze Mädchen zu erobern trachtete. Die dicke Frau am Nebentisch schaute tadelnd zu der einsamen Frau hinüber, die träumerisch in ihrer Kaffeetasse rührte und laut lachte.

Hör auf zu träumen, sagte sich Stella. Guck dich doch lieber ein bisschen um. Du bist hier immerhin in einem der berühmtesten Cafés auf der ganzen iberischen Halbinsel. Und morgen wirst du abreisen und höchstwahrscheinlich wirst du nie mehr im Leben hier an diesen Ort kommen, eine Tarta de Santiago vor dir, um dich herum viele Menschen aus der ganzen Welt. Es schwirrte in vielen Sprachen. Der Geräuschpegel war nicht gerade niedrig. Oje, dachte Stella leicht verärgert. Natürlich hört man von allen Sprachen das Deutsche am lautesten heraus. Seinen Landsleuten kann man wohl nirgends auf der Welt entgehen. Eine Männerstimme, unüberhörbar, lachte laut schallend. Das Lachen wurde von einem klatschenden Geräusch begleitet, als ob sich jemand auf die Schenkel klopfen würde.

Die Stimme sprach den breiten südpfälzischen Dialekt ihrer Kindheit, der normalerweise nostalgische, heimelige Gefühle in ihr weckte, da sie in der Südpfalz aufgewachsen war und liebe Menschen ihn gesprochen hatten. Es war früher auch ihr eigener Dialekt gewesen, der sich später aber verlor in ihrer rechtsrheinischen Wahlheimat Heidelberg.

Diese Männerstimme aber im Café Casino löste keine angenehme Wehmutsstimmung in ihr aus. Im Gegenteil: Stella schauderte und bekam unwillkürlich eine Gänsehaut beim Klang dieser Männerstimme, die aufdringlich alle andern Stimmen im Café übertönte.

Stella reckte etwas den Hals, um den Verursacher der lauten Töne auszumachen. Der Mann saß, hinter der dicken Frau am Nachbartisch verborgen, am übernächsten Tisch.

Stella erstarrte, als sie das Profil des Mannes sah.

Menschengesichter hatten sich ihrem Gedächtnis schon immer eingeprägt, unauslöschlich, und auch nach vielen Jahren erkannte sie, die pensionierte Lehrerin, auf offener Straße oder im Supermarkt ehemalige Schülerinnen und Schüler, obgleich aus den damaligen Teenagern mittlerweile Erwachsene geworden waren. Wenn dann eine schicke Mutti mit Kleinkind, ein behäbiger Geschäftsmann oder eine dynamische Bankkauffrau in Nadelstreifen sie ansprachen, weil sie in ihnen das einstige Pummelchen, den gertenschlanken Abiturienten oder das schüchterne Mädchen aus dem Englisch-Leistungskurs wiedererkannte, hieß es meist erstaunt: »Was, Sie kennen mich noch nach all den vielen Jahren?«

Stella löste sich aus ihrer Erstarrung. Ob sie sich täuschte? Nein, dieser Mann dort drüben war unverkennbar Wolfram Proksch. Doch dies war kein ehemaliger Schüler. Der prahlerische Mann, zwei Tische von ihr entfernt, war ein ehemaliger Kommilitone.

Wolfram Proksch, ja, es gab keinen Zweifel. Einige nannten ihn hinter vorgehaltener Hand Wolfram Protz. *Nomen est Omen.*

Wie wenig sich Menschen doch verändern in ihrem Verhalten, in ihrer Ausstrahlung, sei sie positiv oder negativ, dachte Stella. Fülliger war er geworden, der laute Mann dort drüben, das damals dichte Haar war gelichtet, ergraut. Sie neigen doch alle zum Embonpoint, diese selbsternannten Latin Lover-Typen, ging es ihr durch den Kopf. Als Latin Lover hatte er sich damals selbst bezeichnet, mit dem Kamm eitel das schwarze, gelockte Haar striegelnd. Ein Tick von mehreren. Die Szenerie des Café Casino verschwand hinter jener anderen Kulisse aus dem Jahr 1969.

Summer of sixty-nine.

Stella war 22 Jahre alt, eine hübsche, introvertierte Anglistikstudentin, und sie hatte dem Drängen einer Kommilitonin, Gabriele Klein, nachgegeben und war in den Semesterferien mit einer Studentengruppe nach Spanien gefahren.

»Da ist jemand ausgefallen und so billig wie mit dem *Asta* kommst du nie mehr an die Costa Brava. Komm doch mit«, drängelte Gabriele.

Viel lieber wäre Stella nach England gefahren, vorzugsweise nach Dorset, um da vor Ort ihre Arbeit über Thomas Hardy fürs Herbstsemester vorzubereiten. Stonehenge hätte sie gerne besucht, wo der Schluss von *Tess of the D'Urbervilles* spielte, ihrem Lieblingsroman. Oder sie wäre gerne nach Paris und zum Grab von Oscar Wilde auf dem Père Lachaise gepilgert. Stattdessen gab sie dann endlich Gabrieles Drängen nach und meldete sich für die Reise nach Playa de Aro an.

Geistesabwesend, wie in Trance, nahm Stella den letzten Schluck ihres inzwischen erkalteten Kaffees, aß ein Stück von der Tarta de Santiago.

Die Reisegruppe bestand aus etwa zwölf Mädchen und Jungs, alles Heidelberger Studenten, die ein Ferienhäuschen gemietet hatten.

Wolfram Proksch, wie durch ein ungeschriebenes Gesetz, erhob sich bald zum Platzhirsch, zum absoluten Herrscher über diese Gruppe, die tagsüber am Strand von Playa de Aro herumlungerte und sich in der prallen Sonne aalte, bis die Haut zu platzen schien.

Die jungen Urlauber sahen nach wenigen Tagen aus wie gekochte Hummer. Drei Gruppenmitglieder mussten wegen schweren Sonnenbrands ärztlich versorgt werden.

Die Nächte waren lang und schwül, es wurde Sangria getrunken bis zum Umfallen und wer nicht mitmachte, der wurde gnadenlos ausgelacht, ausgegrenzt.

»Trübe Tasse.«

Wolfram Proksch erfand dieses Schimpfwort für Stella. Trübe Tassen waren auch diejenigen, die sich weigerten, am damals modischen Gruppensex teilzunehmen. Keiner wollte als verklemmt gelten, so fügten sich alle. Stella schlich sich dann heimlich aus dem Ferienhaus, lief zu ihrer Lieblingsstelle am Strand hinunter, hörte dem Schlagen der Wellen zu.

Eine trübe Tasse war auch, wer Mitleid mit einem armen streunenden Hund hatte, der, vom Hunger getrieben, die überquellenden, stinkenden Mülltonnen nach Essensresten durchwühlte. Stella kaufte Hundefutter in der Bodega der hässlichen Feriensiedlung für die herrenlosen Tiere, fütterte sie täglich. Wolfram Proksch kriegte sich nicht mehr ein, als er Stella mit den Hundeleckerlis sah, er deutete auf Stella, machte sie zum Gespött.

»Unsere trübe Tasse will die Welt verbessern: Köter füttern in Spanien.«

Stella nannte einen der Hunde »George« nach ihrem Lieblings-Beatle, George Harrison. Der hatte den gleichen scheuen, melancholischen Blick wie der Streuner mit dem struppigen honigfarbenen Fell. Eines Tages, es war zwei Tage vor der Abreise, rief Wolfram Proksch beim Abendessen in die Runde: »So, ich hab eine Überraschung für euch, Amigos.«

Es war eins von etwa zehn spanischen Wörtern, die er kannte, und dieses eine benutzte er oft und bis zum Erbrechen. Er benutzte nur die männliche Form, denn die Mädchen zählten für ihn eh nicht und galten nur als dekorative Staffage und »Schlafkätzchen«.

Die »Amigos« hielten im Kauen inne, spitzten die Ohren, schauten gebannt auf ihren Anführer.

Stella hielt den Kopf gesenkt, verschluckte sich fast an ihrem Stück Paella.

»Vamos, vamos«, rief Proksch. »Was meint Ihr, Amigos, wohin gehen wir?«

»A la playa«, antwortete Karl Kaufmann, genannt Carlos, der beste Kumpel des Platzhirschs.

»Nää, Carlos, viel besser. Viel, viel besser.«

Proksch zog aus der Tasche seiner Shorts einen etwas verknitterten roten Umschlag.

»Karten hab ich da drin. Tickets. Seht Ihr das Rot vom Umschlag? So rot sieht auch morgen der Stier in der Arena in Barcelona und wir sind mit dabei. Auf nach Barcelona, zur Corrida.«

Stella überlief es heiß und kalt. Zu einer Corrida zwang er die Gruppe, der Unmensch.

Sie hatte mit Widerwillen *The Sun also Rises* gelesen, die Pflichtlektüre für alle Anglistikstudenten der Uni Heidelberg, und Hemingway, dessen Kurzgeschichten sie zum Teil toll fand, war ihr seitdem verhasst. Die Stierkampfszenen in seinem Roman waren einfach ekelhaft.

Stella nahm ihren ganzen Mut zusammen.

»Zur Corrida geh ich nicht. Ich will nicht zum Stierkampf. Niemals«, sagte sie.

»Ha, die trübe Tasse, das war ja klar. Naja, dann verkauf ich deine Karte morgen. Ich hätte es mir ja schon denken können, dass du kneifst, du Langweilerin. Kannst ja hierbleiben und mit deinem Köter schmusen.«

Er lachte fett, und einige in der Runde lachten gequält mit. Gabriele schaute Stella über den Tisch weg ein wenig mitleidig an, schwieg aber. Gegen Proksch kam niemand an.

»Die Tickets waren nicht billig, aber das ist Euch der Spaß ja bestimmt wert. Ich hab das Geld vorgestreckt, Ihr könnt mir daheim die Moneten auf mein Konto überweisen.«

Er steckte den roten Umschlag zurück in die Hosentasche seiner Shorts.

Am nächsten Morgen stiegen alle in den Kleinbus, den Proksch bestellt hatte, um nach Barcelona zu fahren. Er saß am Steuer.

Als Stella einstieg, musterte er sie erstaunt, ja fast erschrocken von oben bis unten.

»Was, du hast doch nicht etwa deine Meinung gewechselt?«
Irgendwie schien es ihm nicht in den Kram zu passen, dass sie
mitfuhr.
»Ich schau mir die Santa Maria im Hafen an und die Kirche von
Gaudi.«
Proksch reagierte erleichtert mit einem für ihn typischen Scherz:
»Gaudi, Gaudi, was für eine Gaudi ist das? Wir haben eine andere
Gaudi, gell, Amigos?«
Er suchte etwas in der Handschuhablage.
»He, der Umschlag mit den Tickets ist weg«, rief er. »Den hab ich
vorhin reingetan.«
Er drehte sich zu Stella um. »Das warst du, ist doch klar, du hast
die Tickets geklaut. Verbrannt, ins Meer geschmissen, was weiß ich.«
Alle waren entrüstet. Proksch hatte recht. Die trübe Tasse war
eine Spielverderberin.
Und nun noch eine Diebin.
Alle Unschuldsbeteuerungen Stellas nützten nichts.
Die Gruppe stieg verärgert aus, Carlos gab Stella einen bösen
Knuff.
»Und das Geld für die Tickets krieg ich von dir zurück. Das sind
600 Mark.«
Wolfram Proksch, kein bisschen verärgert wegen der ausgefallenen Corrida, sondern eher mit sich und der Welt zufrieden, wandte
sich seinen Gefolgsleuten zu.
»Dann gehen wir halt zum Strand«, sagte Proksch. »Vamos a la
playa, Amigos.«
Stella rief er zu: »Und du bleibst hier, du putzt die Zimmer. Wir
müssen ja morgen früh abreisen, und da muss alles blinken. Strafe
muss sein.«
Alle fanden die Idee gut. Gabriele schaute Stella durch den Vorhang ihrer blonden langen Ponyfransen von der Seite an, biss sich
verlegen auf die Lippen. Sie schämte sich, folgte dann aber den andern nach.
Als alle gegangen waren, machte sich Stella, das Aschenputtel, an
die Arbeit. Es war eine Menge zu putzen, denn fast alle in der Grup-

pe waren chaotisch und faul und hatten während der ganzen Zeit kaum einen Finger gerührt, um Ordnung zu halten.

Als Stella den Mülleimer im Zimmer von Wolfram Proksch leerte, fiel ihr ein roter Umschlag auf. Es war *der* rote Umschlag. Sie öffnete ihn. Da waren die Tickets, von Proksch selbstgebastelt, Blankotickets. Fakes.

Am Abend, als die Gruppe schlapp und krebsrot vom Sonnenbaden heimkam, ließ Stella den Ballon steigen. Sie präsentierte den roten Umschlag mit den Blankotickets.

»Ha, das hast du so arrangiert, um mich bloßzustellen«, schrie Proksch Stella.

»Wer beweist, dass nicht *Du* diesen Umschlag mit getürkten Tickets zurecht geschnippelt hast?«

Er blickte Beifall heischend in die Runde, doch irgendwie schauten alle nach unten, außer Carlos, der dem Kumpel ermunternd auf die Schulter klopfte, obwohl die inszenierte Schmierenkomödie des Freundes offensichtlich aufgeflogen war.

Die geplante »letzte Sause mit Sangria und Paella« platzte, denn nach und nach verließen alle den Raum, ohne den Platzhirsch anzusehen, und gingen in ihre Zimmer.

Stella ging zum Strand hinunter. Sie merkte nicht, dass ihr jemand folgte. Als sie sich an ihrem Lieblingsplatz niederlassen wollte, wurde sie plötzlich brutal von hinten gepackt und zu Boden gerissen. Eine keuchende Stimme hechelte: »Krieg ich dich endlich, trübe Tasse. Jetzt kannst du dich nicht mehr drücken.«

Wolfram Proksch hielt der schreienden Stella den Mund zu, lag schwer über ihr. Plötzlich vernahm man ein Knurren, einen Laut wie vom Zuschnappen eines Tiermauls. Proksch stieß einen Fluch aus, gab einen Schmerzensschrei von sich.

»Verdammtes Biest.«

Er stolperte davon, in Todesangst.

Stella rief: »George, George, braver Hund, komm zurück.«

Der Streuner legte sich neben das schluchzende Mädchen, leckte ihm die zitternden Hände. Stella tastete nach ihrem Hals, der wie zugeschnürt war vom brutalen Zugriff des Vergewaltigers.

Stella, begleitet von George, ging langsam den sandigen Pfad entlang, der zur Terrasse des Ferienhauses führte.

Stella sah Wolfram Proksch nie wieder. Es hieß, er habe die Uni gewechselt, er sei in Berlin. Auch Gabriele Klein verschwand sang- und klanglos aus Heidelberg.

Das *Café Casino* nahm wieder Konturen an.

Die laute Stimme des Deutschen am übernächsten Tisch bramarbasierte weiter. Offenbar wollte er seine Begleiterin beeindrucken. Oder war dies gar ein Streit? Die Frau, eine Blonde mit Hochfrisur und matronenhafter Figur, saß mit dem Rücken zu Stella.

In Stellas Kopf purzelten merkwürdige Gedanken durcheinander.

Sie hatte in den Semesterferien als Studentin manchmal in einer Heidelberger Apotheke ausgeholfen, und eine Szene aus jener Zeit kam ihr nun in den Sinn. Ihr Chef, der nette Heinrich Ottmann, hatte einmal scherzend gesagt:»Also, wenn ich mal jemanden umbringen würde, dann würde ich ihm oder ihr Zyankali verabreichen. Zyankali ist nicht geschmacksneutral, denn es riecht und schmeckt nach bitteren Mandeln. 300-400 Milligramm pro Mensch sind tödlich: Tod durch inneres Ersticken durch Hemmung der zellulären Atmungskette im Komplex IV. Also natürlich ist es analytisch leicht nachzuweisen anhand der klinischen Symptomatik, aber ... da fiele mir im Fall der Fälle noch was ein. In einem Mandelkuchen verabreicht könnte das der perfekte Mord sein.«

Sie hatten damals beide sehr über dieses Gedankenspiel gelacht.

Der alte Groll, der unterdrückte und vergessene Hass auf diesen Menschen dort drüben am übernächsten Tisch flammte auf, ließ in Stella den Wunsch nach später Rache aufkommen.

Sie aß ihr letztes Stückchen der Tarta de Santiago.

Rache? Ein frommer Gedanke war das nicht, er passte nicht zu einer Pilgerreise.

Der laute Deutsche rief die Bedienung herbei.

»I want to pay«, hörte Stella ihn rufen. Er konnte immer noch kein Spanisch.

Stella faltete ihre Serviette zusammen, die mit dem Motiv der Jakobsmuschel bedruckt war.

Diesem Muschelmotiv begegnete man in dieser Stadt überall, es gab kein Entrinnen.

Der Geschmack von Bittermandelöl und Mandeln lag immer noch auf Stellas Zunge. Vor allem der von Bittermandelöl. Wie Proksch die Bedienung anglotzte, begierig und lauernd. Die Begleiterin lachte kurz und nervös auf.

Das gurrende Lachen kam Stella bekannt vor. Das Paar stand auf. Die Begleiterin von Wolfram Proksch war nun im Profil zu sehen. Es war Gabriele Klein. Trotz des Doppelkinns und der matronenhaften, gedrungenen Gestalt erkannte Stella in ihr die einstige Kommilitonin wieder.

Waren die beiden ein Ehepaar? Waren sie sich etwa zufällig hier begegnet? Es gab solche Zufälle im Leben.

Die beiden schlenderten dem Ausgang zu, Stella winkte der Bedienung und bezahlte. Sie folgte dem Paar, unerkannt, hinaus in die Rúa do Vilar durch die Gassen der Altstadt. Wie im Traum stand sie plötzlich vor der Kathedrale. Bedrohlicher als zuvor erschien ihr der monumentale Barockbau. In der Rúa do Franco hätte Stella im Menschengewühl das Paar beinahe aus den Augen verloren.

Doch die laute Stimme des Deutschen zeigte ihr den Weg. Vor einem Restaurant, das galizische Spezialitäten anbot, blieben sie stehen, lasen die Speisen auf der Schiefertafel: *vieira, pulpo cocido, tapas del mar*. Dann verschwanden die beiden, eng umschlungen, in einem Hotel. Das Hotel war das Hostal dos Reis Catolicos, das luxuriöse Hotel Parador.

Stella blieb wie in Trance vor der Prachtfassade stehen, sah sich hineingehen, an der Rezeption ein hübsches, mit Schleifen versehenes Päckchen abgeben für »Mister« Proksch. In dem Päckchen befände sich eine von Stella liebevoll selbst gebackene, mit 300-400 Milligramm eines besonderen Pulvers versehene Tarta de Santiago. Auf dem Zettel, am Päckchen befestigt, würde zu lesen sein: *Von einer heimlichen Verehrerin.*

Die Glocken der Kathedrale begannen zu läuten und rissen Stella aus ihren Träumen.

Unheimlich waren sie, diese Glocken, wie zu Zeiten der Inquisition. Die armen Delinquenten in ihren hohen, spitzen Ketzerhüten, die zum Autodafé gekarrt wurden, umringt von einer johlenden Menge. Fratzengesichter wie auf einem Goyagemälde.

Und wenn sie nun die Tarta de Santiago zubereiten würde für *Ihn*, um sich für die Demütigungen aus einer längst vergangenen Zeit zu rächen?

Stella erwachte beim Klang der Glocken wie aus einer Starre.

Nein. Keine Rache.

Ein ganz anderes, aus der Mode gekommenes Wort drängte sich in ihr Bewusstsein.

Verzicht. Verzicht auf Rache.

Dies war eine Pilgerreise.

Stella dankte Tante Agnes für das mysteriöse Geschenk. Das Geschenk einer Unfrommen an eine andere Unfromme. Und mit einem Gefühl der Leichtigkeit, der Befreiung wie von einer tonnenschweren Last, ging sie mit einem Lächeln langsam zurück in ihr Hotel.

Die Autorin möchte Heidi und Ernst Klungler
für Hinweise zu Galizien danken.

Tarta de Santiago wie auf dem Pilgerweg

Zutaten:

- 200 g Butter, zimmerwarm
- 200 g Zucker
- 500 g Mandeln, gemahlen
- 6 kleine Eier
- Bittermandelöl
- 1 Prise Salz
- etwas Öl für die Backform
- Puderzucker nach Belieben

Zubereitung:

Arbeitszeit: ca. 45 Min.

Den Ofen auf 150 °C vorheizen. Die weiche Butter schaumig rühren. Abwechselnd Zucker und Eier unterrühren. Salz und Bittermandelöl zugeben. Zuletzt die gemahlenen Mandeln unterrühren. Eine Springform (ca. 26 cm) leicht mit Öl ausfetten, den Boden und den Rand mit Backpapier auslegen. Den Teig einfüllen und glatt streichen. Ca. 1 Stunde backen. Die Torte mit einem Holz- oder Metallspießchen anstechen, bleibt keine Masse daran haften, ist die Torte fertig. Die Torte aus dem Ofen nehmen und in der Form auskühlen lassen.

Die Schablone in Form eines Jakobsschwertes aus festem Papier ausschneiden, auf die Mitte der Torte legen und die Torte mit Puderzucker bestreuen.

Die Schablone entfernen und die *Tarta de Santiago* genießen.

Rompeculos

Nun steht er da, nackt, das Meer vor sich und den frischen Wind am Genital, und beißt herzhaft in eine noch lauwarme *croqueta de puchero*. Selbstgemacht. Lecker. Und er kaut mit offenem Mund und er schmatzt und es schert ihn nicht, denn es ist niemand da, dem das nicht passen könnte. Hugo hat die *playa del rompeculos* ganz für sich. So wie geplant. Oder eher erhofft. Wer geht schon an einem 2. Januar an den Strand? An einen Strand, zu dem man nicht einfach mal schnellschnell hinkommt. Abgelegen und ruhig und er kann tun und lassen, was er will. Gut, dass er sich den 2. Januar ausgesucht hat und nicht, wie eigentlich mal gedacht, den 1., denn am herumliegenden Dreck ist zu erkennen, dass wohl doch einige die Abgeschiedenheit am Meer genutzt haben, um zum Jahreswechsel ihre Glückstrauben zu schlucken. Und vieles andere. Doch die sind längst wieder zuhause oder arbeiten oder schlafen ihren Kater aus oder sie tun, was auch immer sie tun, ihm ist das egal.

Die *croquetas* hat Hugo selbst gemacht aus den Resten des *puchero*, den er mit ein paar Freunden zu Silvester gekocht und gegessen hat. Auf die zwölf Trauben haben sie verzichtet, dafür lagen das Fleisch und die Kichererbsen zu schwer im Magen, sie hätten es sowieso nicht innerhalb der zwölf Glockenschläge geschafft. Nächstes Mal. Nächstes Jahr.

Und noch ein Grund fällt ihm ein, warum es gut war, heute erst zu kommen: Es ist warm. Für Anfang Januar sogar sehr warm, 18 oder 19 Grad, schätzungsweise, und die Silvesternacht war doch eher frostig-kalt.

Seine Finger sind fettig, nachdem er die dritte *croqueta* vertilgt hat, und er hat nichts, woran er sie abwischen könnte, Serviette vergessen. Seine Kleider liegen neben ihm auf seiner Tasche am letzten Ende des Holzsteges, der zwischen den Felsen zum Strand führt. Durch die Spalte des aufgerissenen Arsches, dem der Strand seinen Namen verdankt. Eigentlich beginnt der Nudistenbereich erst 500 Meter weiter links, doch da er ja allein ist …

Wobei er zugeben muss, dass er sich schon oben in den Dünen ausgezogen hat, bevor er überhaupt wissen konnte, ob sein Plan aufgehen, seine Hoffnung sich erfüllen würde. Vielleicht ist es ihm ja egal. Dann hätte er eben mit geschlossenem Mund und ohne Schmatzen gekaut, aber ob jetzt irgendwer sein Gemächt sieht oder nicht, das kümmert ihn nicht. Oder vielleicht doch. Vielleicht hat er ja sogar insgeheim, vor sich selbst geheim, darauf gehofft, dass jemand ihn sieht. Vielleicht kommt in diesem kleinen Detail der Exhibitionist in ihm durch, den er sich nicht zugestehen will, weshalb er an einem 2. Januar statt an einem 1. gekommen ist, um nackt da rumzustehen. Und weshalb er überhaupt noch da steht und mit den Fingern ein paar Fleischreste zwischen den Zähnen hervorpult, statt weiterzugehen bis dahin, wo er auch legal nackt sein darf. Denn, ja, das ist klar, er ist gerne nackt. Und das hat durchaus erotische Gründe. Es macht ihn an, wenn die kalte Luft ihn umweht und eine Gänsehaut sich über den ganzen Körper legt, dann ist nur eines warm, und das ist zwischen seinen Beinen. Und da macht er sich durchaus nichts vor: Er ist hierher gekommen, um das neue Jahr für ihn mittlerweile schon traditionell mit einer kleinen Onanie unter freiem Himmel zu begrüßen.

Hugo ist durchaus kein Perverser, sicher nicht, im Grunde ist es doch recht harmlos, wenn man einmal im Jahr sowas tun will, und selbst wenn er vielleicht darauf hofft, dabei beobachtet zu werden, so hätte er sich wahrlich andere Ortschaften aussuchen können, wo die Wahrscheinlichkeit dazu größer gewesen wäre. Der exhibitionistische Anteil in ihm ist also doch nur ein geringer.

Möglicherweise ist ja der Teil in ihm größer, der seine Phantasie beflügelt. Jedes Jahr aufs Neue. Wo es nämlich nicht nur darum geht, dass er vielleicht oder vielleicht auch nicht von irgendwem beobachtet wird, sondern dass jemand anderes da ist, dem es ebenso geht, und dass dieser Andere eine Andere ist, der es ebenso geht, die nackt ist und allein und hofft, nicht alleine nackt zu sein.

Und vielleicht ist es sein ehrgeiziger Teil, der der größte ist, denn nicht nur hat er gleich drei *croquetas de puchero* in sich gestopft, und die sind alles andere als leichte Kost, auch beinhaltet sein Vorhaben das Steigen ins kalte Atlantikwasser, um sich dort einen runterzuholen. Und die gegebene Wassertemperatur in dieser Jahreszeit macht dieses Bestreben alles andere als einfach. Weshalb er nun auf seinem Weg über den Sand zum Meer schonmal Hand anlegt, um ein wenig vorzuarbeiten, und mit aller Kraft seiner Phantasie freien Lauf lässt, und wenn die mal läuft, dann läuft sie unaufhaltsam und schnell und trotzdem ist das Wasser sehr kalt an seinen Füßen, da er in die letzten Ausläufer der Wellen tritt. Deshalb jetzt nicht stehenbleiben, das ist der größte Fehler, den man machen kann, weiter gehen, immer weiter, und nicht daran denken, dass nun schon die Knöchel vom eiskalten Wasser bedeckt sind, die Waden und Schienbeine, die Knie und die Oberschenkel, Schritt für Schritt weiterwaten und an die nackten Frauen denken, die warme Hände haben und warme Körper, auch wenn es schmerzhaft kalt ist, und nun sind die Wellen schon so hoch, dass sie seinen Penis erreichen, den er in seiner rechten Hand hält, das Meer ein Mund, der einen Eiswürfel gelutscht hat, doch ihm schießt nur durch den Kopf, dass seine Finger immer noch fettig sind. Das Schlimmste ist wie immer der Bauch, da muss er die Zähne fest zusammenbeißen und die Augen zu und weitergehen, gegen das schwere Wasser ankämpfen, sobald die Brust erreicht ist, ist es besser, nur noch ein paar Schritte, ein paar nur, dann steht ihm das Wasser bis zum Hals, wenn er den Meeresboden gerade noch mit den Zehen berührt, und er kann loslegen.

Doch da berühren seine Zehen etwas anderes als Sand. Und es ist auch kein Stein. Es ist auch keine Alge. Es fühlt sich an wie toter Fisch. Obwohl er noch nie auf einen toten Fisch getreten ist. Wie ein großer toter Fisch. Ein Delphin vielleicht. Er schaut hinunter und erkennt einen Umriss, anderhalb, vielleicht zwei Meter lang, der eindeutig etwas Fischiges an sich hat, bläulich grau, schuppig und blond.

Blond? Die blonden Haare des blauen Fisches, auf dem er gerade steht, verfangen sich zwischen seinen Zehen, und er denkt sich, dass da doch was nicht stimmen kann.

Er bemerkt, dass er die ganze Zeit seinen Pimmel, der sich der Kälte und der Ablenkung entsprechend zurückgezogen hat, mit beiden Händen hält, wie wenn es gefährlich werden könnte, wie wenn dieses Fischungetüm, ihm etwas antun könnte.

Und dann lässt er los und holt tief Luft und taucht unter und tastet nach dem leblosen Körper und versucht, die Arme zu finden, die Achseln, um ihn daran hochzuziehen, was nur unter schwerstem Kraftaufwand möglich ist. Doch da er ihn einmal angehoben hat, geht es besser und ohne stehenzubleiben zerrt er den Körper durch das Wasser an Land. Und lässt ihn schwer fallen. Und versucht, wieder zu Atem zu kommen. Und sieht sie vor sich, die tote Meerjungfrau, blond und barbusig und fischbeschwanzt. Und er weiß, dass es keine Meerjungfrau sein kann, denn Meerjungfrauen können nicht ertrinken. Andererseits hat er ja keine Ahnung, ob diese Frau ertrunken ist oder nicht, also könnte es sehr wohl eine Meerjungfrau sein. Da gluckst auf einmal ein Schwall zähflüssigen Schleims aus einer sich über den Hals ziehenden Wunde, die er bis dahin nicht bemerkt hatte. Das Blut stinkt. Irgendwer hat der Meerjungfrau die Kehle durchgeschnitten. Vielleicht war es ja ihr Vater, der Wassermann, der nicht wollte, dass sie immer so nah am Strand rumschwimmt, wo sie die nackten Männer beim Baden beobachten kann. Aber der Nacktbadestrand ist weiter weg. Und es gibt keine nackten Männer. Bis auf ihn. Und was soll eine Meerjungfrau mit einem nackten Mann, wenn sie doch nur einen Fischunterleib hat? Wie begatten sich Fische? Er weiß es nicht und ihm fällt auch nicht mehr ein, wie das war in diesem Märchen, wo die Meerjungfrau Beine bekommen hat und an Land gegangen ist. Aber das heißt also, sie können durchaus etwas mit einem menschlich-männlichen Penis anfangen oder …

So war das nicht geplant und nicht erhofft und für einen kurzen Moment ist Hugo sich nicht sicher, ob es seine Phantasie ist, die ihm hier einen ganz ganz üblen Streich spielt, oder ob es ihm ergeht wie den armen Männern, die ausgehungert und müde und am Ende ihrer psychischen und physischen Kräfte nach dem spanischen Bürgerkrieg nach Hause kamen, wo ihre Frauen es gut meinten und ihnen einen *puchero* zubereiteten, der ihnen wieder Kraft geben sollte und ihnen auch besonders gut schmeckte, aber so schwer war, dass ihre schwächlichen Körper nicht damit umgehen konnten und ihre Mägen platzten, und ihre Frauen, die sich zur Befriedigung der nächsten Bedürfnisse ins ausgeliehene Seidennegligée gezwängt hatten, sie sicher nicht vor Lust wimmernd vorfanden und nichts mehr tun konnten, als den Pfarrer zu holen, der ihnen die letzte Ölung verpasste. Und wenn sie nicht schon tot gewesen wären, sie hätten wohl im Delirium und mit dem letzten Atemzug»nur nichts Fettiges, Herr« gestöhnt. Und auf dem Grabstein stand nicht, dass er als Held im Feld gefallen war.

Aber nicht er ist tot, sie ist es. Und nicht an einem zu gut gemeinten *puchero* ist sie gestorben, sondern an einem Schnitt von Ohr zu Ohr.

Wirklich nur sehr kurz schießt ihm die Frage durchs Hirn, ob ihn die Barbusigkeit der toten Meerjungfrau in irgendeiner Weise anmacht. Viel mehr wundert es Hugo, dass die *croquetas* sich nicht wieder gemeldet haben, denn so ist es doch im Fernsehen, wenn Menschen eine Leiche finden, dann kotzen sie erstmal. Er nicht. Und schließlich die Frage, was er nun zu tun hat.

Als er den Blick endlich von den Brüsten oder dem offenen Hals der Meerjungfrau löst, um sich umzuschauen, wenn auch hilflos, denn was will er am menschenleeren Strand schon finden, was ihm in einer solchen Situation weiterhelfen könnte?, wird die Frage ganz anders beantwortet, als er es sich gedacht hätte. Denn da steht wer. Stand der schon die ganze Zeit da? Keine Ahnung, gehört hat er ihn nicht, und als er die Meerjungfrau aus dem Wasser gezogen hat, drehte er dem Strand den Rücken zu. Er beschaut sich den Mann, der da steht und ihn beschaut. Der Mann ist nackt. Aber der Nudistenstrand ist weiter drüben, hätte Hugo jetzt gerne gesagt, aber das wär dann doch etwas fehl am Platz gewesen. Und der Mann hält in seiner linken Hand ein schwarzes Etwas, das ein abgestreifter Neoprenanzug sein könnte. Und in der rechten hält er ein großes Messer, wie es die Taucher gerne an der Wade tragen. Um die bösen Haie abzuwehren und sich aus dem unerbittlichen Griff der Riesenmeeresmuscheln zu befreien, in die sie tolpatschig getreten sind. Oder um Meerjungfrauen die Kehle durchzuschneiden, auch möglich.

Der Taucher sagt: »Hat denn das jetzt sein müssen?«

»Bitte was?«, fragt Hugo zurück.

»Sie da rauszuschleppen.«

»Entschuldigung«, sagt Hugo.

»Wie hast denn das gemacht?«, fragt der Taucher.

»Wie jetzt, wie hab ich das gemacht? Ich hab halt dran gezogen.«

»Und der Stein?«

»Welcher Stein?«

»Der Stein, den ich draufgelegt hab, damit sie nicht wieder hochkommt.«

»Ich hab keinen Stein bemerkt.«

»Der war groß, der Stein.«

»Trotzdem habe ich ihn nicht bemerkt.«

»Das geht gar nicht, dass man den nicht bemerkt, so groß war der.«

»Obwohl, ja, am Anfang, da hab ich echt fest ziehen müssen, und dann auf einmal ging es viel leichter. Vielleicht ist er da abgerutscht, der Stein.«

»Und du hast dir nicht gedacht, dass da vielleicht wer absichtlich einen Stein drauf gelegt hat, und dass man dann den Stein vielleicht mal lieber drauf liegen lassen sollte, nein?«

»Nein.«

»Na, das ist ja mal wieder typisch.«

Obwohl es ihm auf der Zunge liegt, verkneift Hugo sich das »typisch wofür?«, und hält kurz mal die Klappe, um sich der Situation bewusst zu werden, in der er sich gerade befindet. Zwei nackte

Männer streiten sich darüber, ob der eine den Stein, den der andere auf eine Meerjungfrauenleiche unter Wasser gelegt hat, hätte auf der Meerjungfrauenleiche unter Wasser liegen lassen sollen oder nicht.

Doch dieses Innehalten hätte Hugo mal lieber bleiben lassen sollen, denn die kurze dadurch entstandene Pause hat der Taucher nicht nur dazu genutzt, näher zu kommen, nein, wohl auch um festzustellen, dass diese Diskussion irgendwie nicht wirklich zielführend ist, weshalb er das Thema wechselt und sagt: »Lecker, deine *croquetas*. Was hast denn da alles reingemacht?«

»Du hast meine *croquetas* gegessen?«

»Da lag eine herrenlose Tasche und da hab ich reingeschaut und ja.«

»Und dass die wem gehören, das hast du dir nicht gedacht? Dass die vielleicht dem nackten Mann gehören, der gerade im Meer badet, und dessen Klamotten auf der Tasche liegen?«

»Ich habe keinen nackten Mann gesehen, der im Meer badet.«

»Hallo.« Hugo deutet auf sich.

»Ach, du meinst den nackten Mann, der ins Meer gewankt ist, um dort zu masturbieren, ja, doch, den habe ich gesehen.«

»Und hast seine *croquetas* gegessen.«

»Die sind lecker.«

»Das weiß ich, dass sie lecker sind, ich habe sie ja selbst gemacht.«

»Und was hast du reingemacht? Ich krieg die nie so hin.«

Jetzt reicht es Hugo dann doch und er wird laut: »Du willst ganz ehrlich wissen, was ich in ein *puchero* gebe, während wir hier neben einer toten Meerjungfrau rumstehen?«

Das scheint den Taucher zu irritieren, er schaut sich die Meerjungfrau an. »Ach so, die meinst du. Das ist keine echte Meerjungfrau.«

»Das ist mir klar.«

»Stimmt, du hast recht, die sollte nicht hier einfach so rumliegen. Und da du sie rausgeschleppt hast, wirst du sie auch wieder dahin zurückbringen, wo du sie her hast.«

»Geht's noch?«

»Wenn es nach mir ginge, müssten wir diese Unterhaltung jetzt nicht führen. Also los.«

»Tu's doch selber.«

»Hab ich schon. Jetzt du.«

»Nein.«

»Doch.« Und mit diesem Wort hebt der Taucher die rechte Hand, in der er das Messer hält, und führt die Klinge langsam an Hugos Körper entlang nach oben. An Hugos nacktem Körper, wohlgemerkt. Und seltsamerweise ist das irgendwie beruhigend, denn auf einmal entsteht doch noch etwas, das der Gesamtsituation zumindest ein wenig mehr entspricht. Wenn man denn dem Fernsehen Glauben schenken darf. Aber das hat sich ja auch schon mit dem Kotzen geirrt.

Weshalb Hugo jetzt vollkommen fernsehreif reagiert, erstaunt über die stark behaarte Schulter des Tauchers hinwegschaut, mit dem rechten Arm zeigt und laut »Oh nein« ruft.

Darauf dreht sich der Taucher um, und Hugo ergreift die Gelegenheit, zu laufen.

Wohin?

Weg.

Wo ist weg?

Überall, wo nicht der Taucher mit seinem Messer steht.

Also einfach mal der Nase nach.

Und ja nicht umblicken, das kennt man ja, wer sich umblickt, hat schon verloren. Wenn sich die Fahrradfahrer der *Vuelta*, die sich durch die Pyrenäen kämpfen, umblicken, wo die Konkurrenz lauert, ist das immer ein untrügliches Zeichen dafür, dass sie hoffen, einen großen Vorsprung auf besagte Konkurrenz zu haben, denn sie haben nicht mehr die Kraft, besagten Vorsprung noch lange zu halten, geschweige denn zu vergrößern. Davon abgesehen stolpert man nur allzuleicht über ein Schwemmholz oder rutscht über eine sich in der Sonne aalende Qualle und fliegt mit dem Gesicht nach vorn in den Sand, der natürlich genau da steinhart ist, weil er nass ist, und dann ist es nicht besonders gut, auch noch nackt rumzurennen, denn das tut weh, so ein zwischen Sand und Steinen und Muscheln und Oberschenkel dahinschrubbender Penis, da kann die Nase so viel bluten, wie sie will.

Also lauschen. Hört er was? Hört er einen Taucher hinter sich? Hört er irgendwen hinter sich, denn wenn er irgendwen hört, wird es wohl der Taucher sein, oder nicht?

Er hört nichts.

Vielleicht ist sein Vorsprung ja schon so riesengroß, dass er den Taucher ewig weit hinter sich gelassen hat?

Möglich wär's.

Der Drang, das zu überprüfen, ist riesig.

Aber nein, nicht umdrehen, nicht nicht nicht. Das ist, wie wenn die Cheerleader in den Horrorfilmen immer aufs Dach des Hochhauses rennen, obwohl sie sich ja wohl denken können, dass sie von da nicht einfach wegfliegen können, denn sie sind in einem banalen Splattermovie drin, und nicht in einem Vampirschmachtstreifen, wo die reißzahnbewährten Helden von Baum zu Baum hüpfen und winselnde Teenies aufklauben, bevor die von Werwölfen zerfleischt werden.

Was für seltsame Gedanken einem durch den Kopf schießen, wenn man gerade auf der Flucht vor einem wilden Axtmörder ist.

Quatsch, Axt, ein Messer hat er, der Taucher.

Wieso Taucher? Vielleicht war das gar kein Neoprenanzug in seiner Hand? Sind die nicht blau? Eben. Oder gibt es die in allen möglichen Farben? Vielleicht war es ein Leichensack, die sind schwarz, das weiß doch jeder Krimifan.

Laufen, Hugo, laufen, nicht denken, das bringt doch nichts.

Nein, halt, doch denken, wo rennst du denn hin, du Hirni?, das ist die falsche Richtung, du rennst hier über den Nudistenstrand, und da kannst du zwar alles baumeln und schlackern lassen, was du willst, aber da gibt es kein Entkommen, denn die einzige Stelle, die vom Strand führt, ist auch der Eingang, die Spalte, der *rompeculos*, wo du herkommst und wo du hingehörst.

Hugo läuft einen großen Bogen, so dass etwaige Verfolger nicht gleich checken, dass er die Richtung ändern will, und er ist überrascht, als er feststellt, dass hinter ihm weit und breit keiner ist.

Vorsichtig und stets bereit, wieder loszusprinten, verlangsamt er seinen Schritt zu einem Joggen und schaut sich um.

Eine einzige langweilige Leere.

Wie wenn nie was geschehen wäre.

Nichts.

Wie wenn ...

Wie wenn ihm vielleicht doch seine Phantasie einen Streich gespielt hätte. Rumspinnen von wegen endlich mal auf eine nackte Frau treffen, und dann das eiskalte Wasser, und dann die *croquetas*, und dann kann es schonmal mit einem durchgehen, oder nicht?

Mannmannmann Hugo, eine Meerjungfrau, echt jetzt? Sowas spielt sich in deinem Hirn ab? Du bist doch krank.

Hugo bleibt stehen.

Hugo schaut sich um.

Niemand da.

Aber die Meerjungfrau, die muss doch noch da sein, die kann ja kaum weggelaufen sein, höchstens weggeschwommen, aber ist nicht gerade Ebbe?

Keine Ahnung.

Hugo geht wieder zurück zu der Stelle, an der er sie abgelegt haben muss, doch da ist nichts zu sehen.

Woanders?

Nein.

Vielleicht ist doch Flut und sie ist zurück ins Meer geschwommen.

Sie war doch tot.

Dann wurde sie zurück ins Meer geschwemmt.

Das war keine Meerjungfrau, jetzt hör endlich auf mit dem Quatsch, das hast du dir alles nur eingebildet, dummer Junge, dummer Hugo, Schluss jetzt, aus, sei brav.

Si, *señora*.

Und was ist denn das da?

Was?

Na, was hängt denn da so rum?

Oh, ja, hm, bin grad nackt.

Weil du was so nackt am Strand tun wolltest?

Naja, weil ich …

Er kann doch jetzt nicht einfach so tun als sei nichts gewesen und mit seinen Phantasien dort ansetzen, wo er aufgehört hat, nur um ein albernes Ritual fortzusetzen, das er weswegen nochmal überhaupt eingeführt hat? Wer war denn das nochmal, der gemeint hat, ein gutes Jahr beginnt mit gutem Sex?

Das war María José.

Und dann war sie nicht mehr da, María José, als er mit ihr das gute Jahr mit gutem Sex hatte beginnen wollen, da begann sie ein besseres Jahr mit besserem Sex mit irgendjemand anderem.

Und er begann seins allein.

Aber trotzdem mit Sex, ha, da lässt er sich doch nicht einfach so sein Jahr vermiesen, nur weil gerade niemand da ist, mit dem er Sex haben könnte, wär doch gelacht.

Die *croquetas*.

Nicht dass sie ihm nun doch wieder hochgekommen wären, nein, der Taucher, der vermeintliche, hat doch von seinen *croquetas* gefaselt, oder nicht? Der hat die gegessen. Daran wird Hugo erkennen, wer hier recht hat und wer nicht. Wer hier mit wem durchgeht, seine Phantasie mit ihm oder er mit … wem auch immer.

Tupperdose auf, sie sind noch da.

Ha.

Moment.

Sie sind nicht mehr alle da.

Er hat drei gegessen, es sind drei drin, gemacht hat er … acht. Es fehlen zwei. Mist.

Und seine Kleider fehlen.

Und es verlaufen feuchte Fußspuren über den Holzsteg durch die Spalte nach oben. Denen er natürlich folgt.

Laufend.

Aua.

Um die Kurve.

Aua an den Füßen.

Bis er einen nackten Hintern erblickt.

Einen behaarten nackten Hintern unter einem behaarten nackten Rücken. Und seitlich schaut auf der einen Seite ein blauer Fischschwanz hervor, auf der anderen blonde zerzauste Haare. Und der Taucher wankt schwer unter dem Gewicht der Meerjungfrau, die er vom Strand wegschleppt. Er droht umzufallen, berappelt sich, hebt die Merjungfrau neu auf seine Arme, geht langsam weiter.

»He«, ruft Hugo.

Der Taucher bleibt stehen, dreht sich aber nicht um.

»Du hast zwei meiner *croquetas* geklaut«, ruft Hugo weiter.

»Na und?«, ruft der Taucher über seine Schulter zurück.

»Das waren meine«, antwortet Hugo.

»Und schon wieder«, sagt der Taucher.

»Und schon wieder was?«, fragt Hugo.

»Nervst du.«

Darauf ist Hugo still.

Der Taucher wirft die Meerjungfrau grob auf den Boden, es fällt etwas hin, was Hugos Kleider sein müssen, und er dreht sich nun doch endlich um. Mann, hat der ein Gemächt, fährt es Hugo durch den Schädel, und das bei der Kälte. Er sagt aber weiterhin lieber mal nichts.

»Zuerst zerrst du sie aus dem Wasser, obwohl ich extra den Stein daraufgelegt habe ...«

»Das mit dem Stein tut mir leid, den hab ich wirklich nicht gesehen.«

»Klappe halten. Und dann rennst du weg, wie wenn ich dich abmurksen wollte, und dann denk ich mir, ok, soll mir recht sein, dann bring ich sie halt woanders hin, weil wer wird schon so einem kleinen Wichser glauben, der nackt rumrennt und was von einer toten Meerjungfrau erzählt?«

»Das ist keine echte Meerjungfrau.«

»Sagt wer?«

Hugo sagt nichts.

»Eben«, sagt der Taucher. »Sie ist eine Meerjungfrau und aus. Sie ist meine Meerjungfrau. Verstehst du? Wir haben Spaß und sie ist die sexy Meerjungfrau und ich bin der sexy Wassermann und sie verschwindet in den Dünen und ich verschwinde hinter ihr her und ich finde im Sand ihren Muschel-BH und ich gehe ihr nach und streife mein Kostüm ab und dann sehe ich da einen Piraten, der einen auf Johnny Depp macht, so rumtut und Perlen in der Perrücke und das Schwert schon gezogen, aber eigentlich nur schwul, und sie wehrt sich nicht einmal gegen ihn, die findet das gut. Und als sie mich sieht, da schreit sie rum und faucht mich an und ich weiß nicht, welcher Papagei mir grad ins Hirn geschissen hat, da nehm ich das Messer vom Pirat, das echt ist, was mich wundert, aber da ist der Schrei auch schon erstickt und sie ist tot.«

Stille.

»Und der Pirat?«, fragt Hugo.

»Über alle sieben Weltmeere.«

»Verstehe«, sagt Hugo.

»Was verstehst du?«, fragt der Taucher. Oder der Wassermann. Egal.

»Dann war das ja ein Unfall, nicht?«, meint Hugo.

»Ein Unfall?«

»Ja.«

»Nicht wirklich, nein.«

»Aha.«

Stille.

»Und dann bist du zurückgekommen, um sie im Meer unterzubringen?«, fragt Hugo weiter.

»Nein«, sagt der Wassermann, ehrlich erstaunt.

»Nicht?«, fragte nun ebenso erstaunt Hugo.

»Nein, wo soll ich denn hingegangen sein, dazwischen?«

»Ich weiß es nicht, nach Hause? Um den Leichensack zu holen? Irgendwo musst du ja gewesen sein seit Silvester, wir haben den 2.«

»Wer redet denn von Silvester? Das ist eben erst passiert, heut Morgen.«

»Ach so«, macht Hugo, »dann.«

»Dann was?«

»Dann warst du natürlich nicht weg dazwischen.«

»Und als ich dich gesehen habe, nackt, hab ich gedacht, ah, der Pirat will sich verkleiden, dass ich ihn nicht erkenn. Ich habe ihn aber erkannt. Respektive nicht. Also ich habe erkannt, dass du nicht der Pirat bist.«

»Das ist gut.«

»Geht so.«

Hugo weiß, dass es nicht das Intelligenteste und noch weniger das Wichtigste ist, das er in dieser Situation von sich geben kann, doch er muss einfach fragen, es ist stärker als seine Angst: »Und wie kommst du dann an den Leichensack?«

»Welcher Leichensack?«

»Der schwarze Leichensack, den du vorhin hattest.«

»Achso, nein, mein Kostüm, da.« Der Wassermanntaucher zieht ein Stück Stoff unter dem Leichnahm der Frau hervor, das nun, da er es ein wenig vom daran klebenden Sand befreit, tatsächlich aufgenähte glitzernde Fischschuppen aufweist.

»Und warum seid ihr hier als Wassermann und Meerjungfrau am Strand unterwegs?«, fragt Hugo weiter.

»Am Camping geht die Party seit drei Tagen.«

»Da gibt es einen Camping?«

»Bist du nicht vom Camping?«

»Ich komm aus Huelva.«

»Du kommst aus Huelva extra hierher?«

»Ja klar.«

»Zum Wichsen?«

Diese Frage beantwortet Hugo nicht mehr, denn die Antwort liegt auf der Hand. Und ist ihm peinlich. Dann doch. Und irgendwann, das weiß Hugo, kommt sie ja noch, die Frage, die gestellt werden muss, wenn zwei Männer sich nackt gegenüberstehen und der eine dem anderen gebeichtet hat, dass er eine Frau umgebracht hat. Dann muss der andere nämlich Stellung beziehen. Und fragen:

»Und jetzt?«

»Und jetzt«, sagt der Wassertaucher, »jetzt gibst du mir eine deiner *croquetas*.«

Ja, die hat Hugo schon die ganze Zeit in der Tupperdose in der Hand. Er öffnet sie und hält sie ihm hin.

Der Taucher fischt eine *croqueta* heraus und schiebt sie sich als Ganzes in den Mund und zerkaut sie laut schmatzend.

Als er ausgekaut hat und Hugo immer noch nur unschlüssig dasteht, fragt er abermals: »Und jetzt?«

Und der Wassermann antwortet: »Jetzt musst du dich entscheiden. Bist du ein Pirat oder bist du …«

»Was?«, fragt Hugo, da der andere den Satz nicht beendet, Hugo aber der Meinung ist, dass die Alternative die bessere Wahl sein könnte.

»Fällt mir jetzt nichts Witziges ein. Kein Pirat. Anders: Muss ich dich umbringen oder hilfst du mir? Ein Auto hast du ja, oder? Wenn du von Huelva kommst.«

»Ein Auto, ja«, sagt Hugo. Und dann lange nichts mehr. Er nimmt eine der beiden verbleibenden *croquetas* und schaut sich, während er sie mit kleinen Bissen isst, um. Vor ihm geht es zum Auto, hinter ihm geht es zum Strand, auf beiden Seiten ragen die mit dürren Gräsern bewachsenen Dünen mehrere Meter in die Höhe. Und er steht dazwischen. Und er denkt sich: *rompeculos.*

Und dann bietet er die letzte seiner selbstgemachten *croquetas* einem nackten Wassermann an.

Puchero Andaluz

Zutaten:

- 150 g Kichererbsen
- 1 Stange Lauch
- 3 Karotten
- 1 Sellerie
- 1 Kohlrabi
- 1 Stück Rindfleisch
- 1 Stück Hühnerbrust
- 1 Hühnerschenkel
- 1 Stück stark durchwachsener Speck
- 1 weißer Knochen
- 1 Stück Serranoschinken im Ganzen (optional)

Zubereitung:

Kichererbsen über Nacht einweichen lassen. Gemüse kleinwürfelig schneiden. Gemüse, Fleisch und Kichererbsen in kochendes Wasser geben. Den nach kurzer Zeit an der Wasseroberfläche entstehenden Schaum abschöpfen. Köcheln lassen. Nach etwa 20 Minuten vom Herd nehmen und etwas abkühlen lassen, Fleisch entnehmen und beiseite legen. Weitere 45 Minuten köcheln lassen, es entsteht eine weiße Brühe. Kichererbsen entnehmen und beiseite legen. Die Brühe kann (mit Reis oder Nudeln) als Vorspeise gegessen werden. Knochen entfernen, Fleisch in kleine Stücke zerteilen, mit den Kichererbsen als Hauptspeise servieren. Beilage: Brot.

 **Croquetas de Puchero**

Zutaten:

- *Fleisch- und Kichererbsenreste eines puchero andaluz*
- *Serranoschinken*
- *1 Zwiebel*
- *3 Esslöffel Mehl*
- *½ Liter Milch*
- *Salz, Pfeffer, Muskatnuss, Olivenöl*
- *1 Esslöffel Butter*
- *1 Ei*

Zubereitung:

Fleisch und Zwiebel kleinhacken. Kichererbsen zerdrücken. Schinken kleinwürfelig schneiden. Zwiebel in einer Pfanne mit etwas Öl anbraten. Fleisch dazugeben, anbraten. Abkühlen lassen. Butter schmelzen, Mehl unterrühren. Langsam ein wenig Milch unterrühren, bis eine sämige Konsistenz entsteht. Restliche Milch unterrühren, mit Salz, Pfeffer und geriebener Muskatnuss abschmecken. Weiterrühren, bis die Sauce dickflüssig wird. Einige Minuten ruhen lassen. Mit der Fleischmasse, den Kichererbsen und dem Schinken vermengen und mindestens 2 Stunden bei Raumtemperatur ruhen lassen. Anschließend 2 Stunden in den Kühlschrank geben. Mit einem Esslöffel die nunmehr kompakte Fleischmasse zu croquetas formen und zuerst in einem Teller mit Ei wenden, dann in einem Teller mit den Semmelbröseln. 10 Minuten ruhen lassen. In Olivenöl frittieren.

Astrid della Giustina

Tamborrada

Überall ist Blut und man riecht es längst, bevor man es sieht. Ein Geruch, der sich einprägt. Meine Schritte hallen auf Beton. Als ich mit angehaltenem Atem um die Ecke biege, starrt mich ein Mann an und lässt die Hand mit dem großen Messer sinken. Ein Schwarm Fliegen summt an die Decke.

»Sag mal, schlachtet ihr die Tiere eigentlich hier am Stand?«, frage ich den Verkäufer und zeige auf das Blut und den Berg Hühnerköpfe in der Auslage. Er grinst mich an; im Mund nur noch ein Restposten Zähne.

»Ich *Bestie von Biarritz*, du besser still!«

Die *Bestie von Biarritz … Das* Gesprächsthema seit Wochen …

Weil ich nicht antworte, zuckt er mit den Schultern und sagt:»Du hier in Markthalle, nix feiner *supermarché* für feine dames.«

Da hat er recht. Und ich bin hier, weil wir Fleisch essen wollen, der Supermarkt aber für unser schmales Budget meist zu teuer ist. Ich lasse mir zwei Kilo Rind durchdrehen und bin froh, dass morgen jemand anders für den Einkauf zuständig ist. Draußen pustet die frische Atlantikluft meine Nase frei und mir ist nach Belohnung. Ich habe zwei Nächte lang gekellnert und das Geld muss wieder unter die Leute.

Die Wohnung ist leer. Alle ausgeflogen. Nur unsere Waldkatze stakst über den voll gekrümelten Esstisch. Sobald ich das Fleischpaket in unserem Kühlschrank verstaut habe, ziehe ich los.

Ein alter Kassettenrekorder läuft. Die Haut des Mannes ist schwarz und glänzend. Stellenweise verhüllt in den Farben Jamaicas. Während er mir Perlen in die weißblonden Strähnen flicht, singen wir beide die Songs von Bob Marley mit. Laut und schräg. Vor allem ich.

Von Zeit zu Zeit zünde ich mir eine Marlboro an und er raucht auch irgendwas.

Obwohl meine Haare mehr lang als dick sind, sitze ich schon seit Stunden hier. Der Schwarze nimmt seine Arbeit sehr ernst und ich will auch gar nicht, dass er sich beeilt. Alles hat seine Zeit; ist im Fluss; hier und jetzt. Ich blicke versunken auf den Yachthafen von Biarritz, in dem viele bunte Boote sanft vor sich hinschaukeln.

»Look! Jesus is comin'!«

Ich reiße meinen Kopf herum – Perlen tanzen auf dem Asphalt – und schaue in die Richtung, die der muskulöse Arm des Rastas mir weist. Dort schlängelt sich zwischen meerblauen Hortensien ein Weg steil herab. Mit ihm ein schwarzhaariger Mann. Ein Gott. Jesus. Er heißt wirklich so. In Latein- und Südamerika ein ganz gewöhnlicher Vorname. Er ist Mexikaner. Und ich bin seine Jüngerin.

Der Rasta ist sauer, die Perlen rollen immer noch, Bob Marley singt von Redemption. *Wiedergutmachung.* Alles ist immer da, in dir – aber das weiß ich zu diesem Zeitpunkt noch nicht. Ich weiß nur: Da kommt mein Mann. Ich kenne ihn erst seit ein paar Wochen – trotzdem ist er mein Mann. Er gibt nicht viel von sich preis. *»Hoffentlich ist er kein Spitzbube ...«,* meinte mein Vater am Telefon. Mir ist das egal. Für mich ist er ein Spitzentyp. Ich liebe ihn.

»Ich liebe dich«, flüstere ich und küsse ihn auf seinen stets etwas spöttisch lächelnden Mund.

»Lass uns die Sonne, den Tag und das Leben genießen«, antwortet er und läuft zu der kleinen Hafenbar mit einem Dach aus Palmenblättern. Er trägt ein azurblaues T-Shirt, auf dessen Rücken *Vive le Pays Basque!* steht. Es lebe das Baskenland. Der Rasta vollendet eilig sein Perlenwerk an mir und schließt dann seinen Holzverschlag. Wir tauschen Reggae gegen Rock und vertrinken gemeinsam das Geld, das ich für meine Perlenzöpfe ausgegeben habe. Obwohl es Januar und recht frisch ist, sitzen wir draußen. Geschützt. Wir frieren nicht, wir haben ja uns und den billigen Wein. Irgendwann schaue ich in das abgegriffene Exemplar des *Bonjour Biarritz!*, das auf dem Nebentisch liegen geblieben ist. *Bestie von Biarritz: Viertes Opfer entkommt schwer verletzt!* schreit es mir von der Titelseite entgegen.

»Schon die vierte Frau«, bin ich einen Moment lang entsetzt und lese weiter; erfahre, dass die Frau trotz Hieb- und Stichwunden noch geschrien und somit den Mörder in letzter Sekunde zur Flucht gezwungen hat. Überfallen wurde sie in der alten Unterführung gegenüber der Bar *Les Colonnes,* wo die meisten unserer Abende beginnen und enden. Weil sie eine Abkürzung nehmen wollte, hat sie den Weg durch die alte gekachelte Unterführung gewählt. Ich lese auch, dass sie noch flüsterte, sie erinnere sich an etwas, bevor sie bewusstlos wurde. An was genau? Eine Sonderkommission wurde endlich gebildet. Die Soko *Stier* … Eine Sonderkommission namens Stier? Warum? Meine Augen fliegen über die Buchstaben. Etwas möchte wahrgenommen werden, sich in den Vordergrund drängen, die Kontrolle übernehmen …

Jesus reißt mir die Zeitung aus den Händen und lässt sie mit Hilfe des Windes in Richtung Hafenbecken entschweben.

»Ich will dich lachen sehen, Moonie«, lacht er selbst. »Hörst du die Musik?«

Ich nicke. Phil Collins. Bin elektrisiert.

»Komm … Lass deine Perlen für mich tanzen!«

Und ewig lockt der Auserwählte. Schon stehe ich mitten auf dem Kai und breite meine Arme aus so weit ich kann. *In the air tonight* nimmt mich völlig gefangen und steuert unausweichlich auf Phils Trommel-Solo zu. Ich bin ein Kind der Trommeln. Meine ganz große Schwäche. Immer schon. Ihr Sound kriecht in meine Ohren, windet sich um meine Adern, rast mit dem Blut durch meinen Körper und übernimmt schließlich den Herzschlag. *I can feel it comin' in the air tonight* … Meine Arme werden zu Drum Sticks, mit der Atlantikluft als Klangkörper. Ich tanze um mein Leben. *Well the hurt doesn't show, but the pain still grows. It's no stranger to you and me.* Padam – pam – padam …! Am Ende falle ich erschöpft auf den steinigen Boden, spüre keinen Schmerz, will nur schlafen. Natürlich hebt Jesus mich auf, sein ganzes Gesicht strahlt, Menschen applaudieren. Ich komme langsam wieder zu mir, aber nicht dazu, mich zu schämen.

Oh, Lord ...

Mit jedem Wein, den wir trinken, wird Jesus anschmiegsamer. Obwohl es erst vier Uhr nachmittags ist, streifen seine Lippen über meinen Hals und flüstern »Loony Moonie« in mein Ohr. Es heißt soviel wie verrückte Verträumte. Das mag dem ein oder anderen wie eine Frechheit vorkommen, aber ich liebe es. Eigentlich heiße ich Mona. Langweilig. Laaangweilig! Jesus hat Moonie draus gemacht und jetzt nennen mich alle so.

Verrückt, nicht?

Später muss er mal eben weg. Dinge erledigen. Ich sehe ihm nach und finde ihn göttlich.

Abends warte ich vergebens auf den Gott.

Bis drei Uhr morgens harre ich im *Les Colonnes* aus. Kein Jesus. Schräg gegenüber hat es gestern Nacht die Frau erwischt. Vielleicht sogar, während wir uns hier drinnen fröhlich dem Leben hingegeben haben. Nur die alten Kacheln waren Zeugen ... Meine Mitbewohner sind da; alle, bis auf eine, Annabel – ständig fehlt jemand unserer großen Hippie-Familie. Hat gestern auch jemand gefehlt, denke ich flüchtig. Bei uns Individualisten herrscht ein ständiges Gerenne: Mal eben Zigaretten kaufen oder kurz zum Geldautomaten; einen Pulli aus der Wohnung holen; einem Bekannten in einer anderen Bar Hallo sagen; schnell jemandem die Kehle durchschneiden ... Ich schüttele mich innerlich, als ich eine Hand auf meinem Schenkel spüre. Ziemlich weit oben. Es ist der ewig baggernde Typ aus Kanada, der sich dicht neben mich gequetscht hat.

»Na, du süßes kleines Luder«, wispert er mir jetzt ins Ohr. Fast ist es ein Stöhnen. Idiot.

Später, als ich im Zelt des Kanadiers auf dem Rücken liege, beobachte ich eine Spinne, die oben an der Stange ihr Netz webt. Das Tier trägt eine Zeichnung auf dem Rücken. Nein, kein Kreuz. Ich stelle meine Augen scharf. Es sieht eher wie ein Dolch mit kurzer

Klinge aus. Jesus trägt ständig ein Messer im Stiefel. Keinen Dolch. Das muss er ja, als Mexikaner. Also, ein Messer tragen. Ich würde gern schreiend aus dieser Behausung rennen, aber ich liege wie festgenagelt, *bin* festgenagelt und kann die Botschaft der Spinne doch nicht entziffern.

Auch der Kanadier ist gezeichnet. Womit? Ich erinnere mich nicht, bin abgelenkt. Noch später, als mein Gesicht in die Nähe kanadischer Knöchel gerät, komme ich ein weiteres Mal ins Grübeln, aber nur kurz.

Mit dem ersten Sonnenstrahl sind sowohl die dunklen Gedanken als auch die Spinne verschwunden. Ich küsse wen auch immer auf die Nase und mache mich zu Fuß auf den weiten Weg vom Campingplatz zu unserem Haus in der Avenue Foch. Barfuß, die High Heels in der Hand. Ich klingele, weil mein Kleid keine Tasche hat, in die gleichzeitig Geld, Zigaretten *und* Schlüssel passen. Michael aus Hamburg öffnet mir die Tür. Er trägt wie immer ein blau-weißes Halstuch und einen kleinen Rucksack. Bestimmt duscht er sogar damit … Michael ist Diabetiker und muss sein Insulin immer griffbereit haben, sagt er. Sein aktueller Gesichtsausdruck: gequält.

»Wo warst du nur? Ich habe die ganze Nacht kein Auge zugetan! Du weißt doch, die *Bestie von Biarritz* … Das ist sooo leichtsinnig, was du da machst!«

Hatte ich etwas erzählt?

»Ja, Mama«, sage ich und schiebe mich an seinem viel zu weichen Körper vorbei.

Die *Bestie von Biarritz* … da ist sie wieder.

Die anderen sitzen am Frühstückstisch und lächeln mir entgegen. Alle, außer Annabel, die konzentriert auf ihren Teller schaut. Sie trägt ein knallblaues Shirt und ich weiß, was auf ihrem Rücken steht.

»Es lebe das Baskenland und das Fremdvögeln, was, Annabel?!«, schleudere ich ihr als Gruß entgegen.

»Ach Quatsch, so was trägt doch jetzt jeder«, grinst sie dümmlich.

Wie viele Jünger hatte Jesus? Ich bin so wütend, dass ich ihn am liebsten eigenhändig ans Kreuz schlagen würde. Im selben Moment kommt er zur Tür herein. Er trägt ein weißes Hemd und eine Tüte, und er starrt mir ins Gesicht.

»Wo bist du gewesen?«

»Wieso ich?«, frage ich überrumpelt.

»Deine Wimperntusche«, sagt er und zeigt auf den Spiegel im Flur. Ich gehe aber nicht schauen, sondern freue mich, dass ihm jetzt auch das Herz wehtut. Sicher bin ich mir jedoch nicht. Bevor die Situation so richtig doof für die anderen wird, meldet sich Besorgnisträger Michael wieder zu Wort:

»Wir müssen über die Grenze. Unsere Vorräte gehen zu Ende.« Da hat er dieses Mal absolut Recht. Obwohl er weder raucht noch trinkt. Wir fahren nämlich regelmäßig nach San Sebastian, weil dort Zigaretten und Spirituosen preiswerter sind. Es gibt da so eine Quelle. Jesus hat uns zu ihr geführt. Er ist unser Hirte. Ich mag ein Schaf sein, aber Annabel ist eine Kuh, denke ich und gehe ins Bad, um mich abzuschminken.

»Blöde Kuh!« Nun schaue ich doch in den Spiegel. Er zeigt mein grimmiges Gesicht und funkelnde Augen mit verschmierter Mascara drum herum. Ich schnappe mir zwei Pads und reibe synchron über die geschlossenen Lider. Als ich sie wieder öffne, steht der Mexikaner hinter mir, drückt mir sein Messer mit dem Klingenrücken an den Hals und sagt leise: »Moonie, wenn du fremdgehst, mache ich dich fertig.« Das rettet meinen Tag. Oder meint er das ernst? Hoffentlich hält der Kanadier die Klappe. Jesus steckt das Messer zurück in den Stiefel und drückt mir seine Tüte in die Hand. Ich schaue hinein und stelle fest, dass ich jetzt auch ein meerblaues T-Shirt besitze, aber immer noch nicht mit Sicherheit weiß, ob es nun das zweite oder dritte in unserer verrückten WG ist. Egal. Wir haben keine Vorräte mehr – *das* ist wichtig.

Schnell schiebe ich Jesus in die Richtung des Zimmers, das ich mir meist mit Annabel teile. Sünde, Kniefall, Absolution – so viel Zeit ist immer. Bevor ich die Tür hinter uns schließe, sehe ich den jungen Marokkaner aus dem Nebenzimmer kommen. Annabel schläft mit ihm und nennt ihn Jerry, mit etwas, das sie für französische Betonung hält. Da sie aber kein Französisch kann, weiß sie nicht, dass er sich Cheri nennt und als Callboy in Paris arbeitet. Wenn wir anderen uns nächtelang unterhalten, küsst sie ehrfürchtig seine Fingerspitzen. Oder macht Trikottausch mit meinem Mann. Ich werde schon wieder sauer, aber Jesus lässt ein Wunder geschehen und verwandelt Wut in Lust.

Wir sind die letzten, die in den alten roten VW-Bus klettern. Am Steuer sitzt Michael, wer sonst? Vorne ist eine Sitzbank, auf der drei Leute Platz finden. Hinten liegen Kissen und Decken auf dem Boden. Der Kanadier ist ebenfalls mit von der Partie. Er trägt Shirt und Leinen-Jackett. Mir fällt wieder ein, dass er Jean heißt und aus Quebec kommt. *Quebec* – das klingt, als würde eine Ente sprechen. Ich kichere albern und kuschele mich in die Kissen. Der Kanadier zu meiner Linken versucht, den Arm um mich zu legen und ich denke, dass das nicht geht.

»Das geht nicht, Jean«, sage ich lahm, weil es mir peinlich ist, einen Aufstand zu machen. Jesus zu meiner Rechten greift an seinen Stiefel. Die Situation entkrampft sich glücklicherweise, als der Rastaman in den Bus springt und sich neben eine Frau namens Gaby setzt, die neu sein muss. Sie ist damit beschäftigt, Jean, der wirklich saugut aussieht, von oben bis unten zu mustern, bevor sie sich dem *Bonjour Biarritz!* in ihren Händen zuwendet. Bestimmt ist diese Trulla ein weiterer Pflegefall von Annabel, die mit Jerry-Cheri vorne sitzt und Zigaretten für alle aus der letzten Schachtel anzündet. Auch Jean bekommt eine. Ich zünde mir demonstrativ eine eigene an, *Keine-Macht-den-Drogen*-Michael wirft seine wie immer aus dem Fenster und der mit den Dreadlocks dreht sich zusätzlich einen Joint. Es riecht modrig-süßlich.

»Was …!«, regt Gaby sich plötzlich ansatzweise auf, starrt aber nicht den Rasta, sondern Jean an, der blitzschnell ihren Mund mit einem Kuss der Güteklasse Hollywood verschließt. Dann flüstert er ihr etwas ins Ohr und sie kriegt Kulleraugen. Aha.

»Aha«, sage ich. Dann muss ich mir ja wegen Jean und Jesus keinen Kopf mehr machen, ich Glückspilz. Ein bisschen schnell ging das jetzt aber schon …

Gaby bringt ihren Satz nie zu Ende. Bestimmt ist sie immer noch verblüfft, dass so eine Granate wie der Jean auf sie abfährt. Sie ist eher so das Modell graue Maus, klein und ein bisschen mopsig. Keine Konkurrenz. Wie zum Beispiel Annabel, die Kuh. Dann zwinge ich mich, das Gedanken-Karussell zu stoppen. Ich bin nicht so der Typ, der Lust hat, sich dauernd einen Kopf um irgendwas zu machen.

»Wie heißt du eigentlich?«, frage ich den Rasta.

»Jah«, antwortet er. Ich muss lachen.

»Jah heißt doch *Gott* auf Rastafari, oder?«

Er nickt. Ich kann mich kaum noch halten.

»Bist du etwa Jesus' Vater?« Jetzt lachen alle mit und die Stimmung ist wie sie sein soll. Jesus legt seinen Arm um meine Mitte und Michael beobachtet alles mit Leidensmiene im Rückspiegel; das sehe ich genau.

»Ich muss mal!«

Wir haben gerade bei Irun die spanische Grenze überquert und das ist unser Klassiker: Annabel sagt, sie muss mal und wir anderen rufen im Chor: »Wir haben Durst!«

Wir lieben unsere Rituale und schon bald parkt Michael vor einer Bretterbude. Während die meisten von uns gleich aus dem Bus springen, rangeln die beiden Neuverliebten, damit meine ich Jean und Gaby, noch um die blöde Zeitung in Gabys Händen. Liebe macht blöde, schießt es mir durch den Kopf. Mich auch? Trotz der Sonne ist es so kühl, wie es im Januar eben ist. Noch kühler ist die selbst gemachte Sangria von Paul, der vor zehn Jahren in Irun hängen geblieben ist und ursprünglich aus Bottrop kommt. Er sieht ein bisschen aus wie Jim Morrison und ich hatte mich eigentlich schon auf ihn eingeschossen, als Jesus kam und mich erweckte.

»Hey, ihr! Ist es mal wieder Zeit für Donostia?« Paul lebt schon lange genug im Baskenland, um den einheimischen Namen für San Sebastian zu benutzen.

»Ja, uns ist der leckere spanische Gin ausgegangen«, antwortet unser Pariser Loverboy, bevor er durch die Tür mit der Aufschrift

Exit nach draußen verschwindet. Dort steht eine kleinere Bruchbude, in der sich eine Toilette befindet, die ich höchstens nach sechs Sangrias betrete. Von draußen sind Stimmen zu hören. Wahrscheinlich Jean und Gaby, die sich immer noch um weiß-der-Teufel-was kabbeln.

»Dann macht euch mal auf ordentlich viel Trubel gefasst«, meint Paul, während er Gläser mit Sangria für uns alle auf die Theke stellt. Jah holt sich ein *San Miguel* aus dem Bier-Kühlschrank.

»Ist was Besonderes?«, will Michael wissen, der als Einziger Kaffee trinkt.

Paul nickt. »Schon mal was von der *Tamborrada* gehört?«

Nee, keiner von uns. So lange leben wir ja noch nicht in diesem Landstrich.

»Sie wird jedes Jahr am 20. Januar zu Ehren des Heiligen Sebastian gefeiert.«

»Und was geht da ab?«, fragt Annabel ein bisschen gelangweilt. Wir sind alle nicht so besonders heilig …

»Es wird vierundzwanzig Stunden lang in der ganzen Stadt getrommelt!« Paul strahlt mich an. Auch er kennt meine Leidenschaft. Ich spüre mein Herz schneller klopfen. Wenn das mal nicht mein Fest ist! Paul erklärt noch, dass sich zum Abschluss heute um Mitternacht alle Trommler auf der *Plaza de la Constitucion* versammeln.

»Da will ich hin!«, rufe ich begeistert und Annabel sagt augenverdrehend: »Da sind wir doch sowieso immer, Moonie …« Blöde Kuh. Aber sie hat recht: Es ist der Platz, wo sich unsere Lieblings-Bars und Restaurants befinden. Die Kuh und mein Liebster fangen gleich an zu planen, wohin wir später gehen wollen und Michael verkündet, dass er mal nach Gaby und Jean schauen will, weil die immer noch nicht zum Anstoßen aufgetaucht sind.

»Ich hab was für dich, Moonie«, sagt Paul dicht an meinem Ohr. Zu dicht. Jesus entgeht das nicht und er greift mir warnend in die Haare, so dass die Perlen aneinander klackern. Das mag ich nicht und befreie mich energisch.

»Und was ist das?«, gurre ich Paul entgegen.

»Ein *take* von einer völlig neuen Percussion-Truppe. Safri Duo.

Nimm es als Vorgeschmack auf die *Tamborrada*. Du wirst ausflippen. Pass auf!«

Ich höre Jesus noch »Da habe ich jetzt überhaupt keinen Bock drauf« sagen und sehe ihn den schummrigen Raum verlassen. Und wo ist Annabel? Egal – denn jetzt dreht Paul den Regler seiner Anlage voll auf und ich werde Zeugin eines erregenden Zusammenspiels von Mensch und Material. Die Musik wird zu meiner Haut, der Rhythmus bekommt Hände und schlägt mich. Ich bin eine Bongo. Dann passiert, was immer passiert: Ich flippe aus. Ich gehe ab wie eine Cruise Missile. Leider ist auch das Ziel immer wieder dasselbe. Hinter meinen Augenlidern blitzt es wie der Stahl von tausend Klingen. Ich tanze auf dem schmalen Grat zwischen Ekstase und Ohnmacht und finde mich schließlich auf dem Boden liegend wieder. Immerhin in Jesus' Armen, der mich beschwört, schnellstens aufzustehen.

»Wie lange war ich …?«, frage ich mühsam, aber Jesus winkt hektisch ab.

»Lange. Nicht wichtig. Wir müssen weg. Hier passieren seltsame Dinge. Komm jetzt!«

So durcheinander habe ich ihn noch nie erlebt. Da sind Flecken vorne auf seinem ehemals blütenweißen Hemd. Wenigstens trägt Annabel es nicht. Ich will mich noch von Paul verabschieden, aber erstens sehe ich ihn nirgends und zweitens trägt Jesus mich förmlich zum Bus. Verwundert sehe ich, dass es bereits dunkel ist. Im Bus legt Jesus mich vorsichtig auf die Kissen und verschwindet wieder. Kurz darauf kehrt er mit Michael zurück. Zusammen tragen sie den Kanadier, der die Augen geschlossen hat und sich nicht rührt.

»Nanu, noch einer mit Trommel-Flash?«, wundere ich mich. Um mich herum Gewusel und Stimmengewirr, jemand tritt mir auf die Haare, dass die Perlen knacken. Idiot! Das war eine scheiß Idee, mit den Perlen. Dauernd ecke ich damit an. Ich schaue mich um, als Michael den Bus startet.

»Wo ist Gaby?«, will ich wissen.

»Bei Paul geblieben«, ruft Michael von vorne. Die alte Gaby …, denke ich. Jesus bettet meinen Kopf auf seine Schenkel und singt leise mexikanische Lieder. Dabei wiegt er mit dem Oberkörper vor und zurück, aber ich fühle mich zu schwach zum Hinterfragen. Jah singt mit, allerdings auf Französisch.

Ich drehe mich auf die Seite und sehe etwas am Knöchel des schlafenden Kanadiers. Keine Ahnung, was das ist. Es ist zu dunkel. Vielleicht Dreck? War ich an diesem Punkt nicht schon mal? Vorne zankt Annabel, ohne es zu wissen, mit einem Callboy und Michael fährt uns wie ein Fels in der Brandung die letzten Kilometer nach San Sebastian hinein. Dann schlafe ich ein, ich kann nichts dagegen tun und träume von einem blutigen Stierkampf auf einem Platz mit kleinen Häuschen und dem innigen Wunsch, niemals ins Ausland gegangen zu sein. Am Schluss starrt mich der sterbende Stier an und ich kann der Angst dabei zuschauen, wie sie an uns beiden hochkriecht.

Trotzdem knurrt mein Magen, als ich aufwache. Ganz San Sebastian scheint eine einzige sich bewegende Fackel in der Nacht zu sein. Der Sound tausender Trommeln dringt an meine Ohren. Noch zu fern, um meinen Herzschlag zu übernehmen. Michael hat das Radio eingeschaltet, Nachrichten. Die Frau aus der Unterführung wird niemandem mehr etwas verraten. Sie ist ihren schweren Verletzungen erlegen. Ich kann es nicht ändern.

Neben mir stehen zig Plastiktüten, deren Inhalt leise aneinander klimpert. Wie es scheint, wurde bereits an der Bodega angehalten und Nachschub eingekauft, während ich schlief. Ich ziehe eine frische Stange Marlboro aus einer Tüte und breche sie an. Es sind Softpacks mit einem Cowboy vorne drauf, wie ich sie liebe und nicht dieser parfümierte Mist aus Frankreich. Wieder knurrt mein Magen.

»Hunger!«, rufe ich.

»Kein Wunder, du hast ja auch nicht gefrühstückt«, nörgelt Michael.

Jesus sieht mich streng an. Ich wünsche mir nur, dass Michael jetzt die Klappe hält. Der parkt dann auch brav den Wagen in einer düsteren Gasse nahe der *Plaza de la Constitucion*.

»Kommt, wir gehen *bacalao* essen und dann stürzen wir uns ins Nachtleben!«, ruft Annabel, hängt sich bei Jesus ein und zieht ihn mit sich fort. Ich frage mich, warum der keine Perlen im Haar trägt, an denen *ich* reißen kann.

»Was machen wir mit Jean?«, rufe ich ihnen hinterher.

»Schlafen lassen«, antwortet die Sirene.

Michael legt einen seiner weichen Arme um meine Schulter. »Lass uns erst mal zusehen, dass wir bei diesem Tamtam überhaupt einen Tisch bekommen. Ich schaue später nach ihm, okay?« Ich zögere, nicke aber schließlich.

»Was ist eigentlich mit Jean passiert?«

»Jesus wollte austreten und da lag er neben dem WC-Häuschen«, sagt Michael. *Austreten …*

»Dein Freund meint, jemand hat ihm was ins Getränk getan.«

»Jemand?« Ich reiße meine Augen auf. »Da waren doch nur wir.«

»Wir – und Paul.« Der Hamburger sieht mich bedeutungsvoll an. Paul? Und hatte Jean überhaupt was getrunken?

Es ist windig. Meine Haare fliegen mir ins Gesicht und es riecht wie in der Biarritzer Markthalle.

Fünf Minuten später finden wir Platz in der Bar *Pintxo*. Noch ein schummriger Laden. Meine Angst sitzt mit am Tisch und lässt sich nicht abschütteln. Ich lutsche Olivenfleisch vom Kern. Das empfinde ich sonst als puren Sex – warum heute nicht? Die Trommeln kommen näher. Ich kann sie hören und spüren. Der Wirt stellt weitere Teller mit kleinen Köstlichkeiten auf den Tisch und weiß schon, dass wir alle als Hauptgericht *bacalao*, den traditionellen Stockfisch, essen wollen. Wir lieben es, knuspriges Brot in den würzigen Sud zu tauchen und mit den Resten die Teller sauber auszuwischen. Im *Pintxo* ist *bacalao* fast wie eine Fischsuppe und der Koch geizt nicht mit Chilischoten. Ich hoffe, das Essen weckt meine Lebensgeister, bevor die Trommeln es tun. Der Wirt kommt noch einmal zurück und zündet Kerzen an – auch die vor mir.

»Moonie!«, schreit Cheri plötzlich und starrt mich entsetzt an. Auch die anderen drehen ihre Köpfe in meine Richtung und ihre Münder bleiben offen stehen. Ich bin wie erstarrt, aber Jesus packt mich mal wieder und schleift mich vor den Spiegel im Waschraum. Und dann weiß ich, warum es so riecht wie in der Markthalle. *Ich bin die Markthalle.* Ganze Strähnen meines hellen Haars und auch die Perlen sind besudelt von Blut, das allmählich verkrustet und einen wirklich ekelhaften Gestank verbreitet. Ich kann mich nicht rühren, kann nur weiter in den Spiegel starren und sehe darin auch Jesus' weißes Gesicht. Seine Augen verschmelzen mit meinen.

»Was ist hier los?«, flüstere ich.

»Ich weiß es nicht, Moonie«, flüstert er zurück.

»Was sind das für Flecken auf deinem Hemd?«

Er ist einen Moment unsicher, sieht an sich herab.

»Das? Rotwein. Hab eben wohl zu hastig getrunken.«

Wir alle trinken immer den unglaublich trockenen Txakoli, wenn wir in San Sebastian essen. Das ist ein Weißwein.

»Txakoli«, sage ich deshalb nur.

»Dann eben von Pauls Sangria. Was soll das jetzt, Moonie?«, fragt der Mann und rollt mit den Augen. Genervt oder dem Wahnsinn nahe? So wie ich allmählich. Sangria, denke ich. Klar. Wahrscheinlich schlafe ich seit Wochen mit einem Serienkiller. Mein Gehirn arbeitet fieberhaft, als ein Tumult im Gastraum entsteht. Statt endlich irgendetwas mit meinen Haaren zu machen, folge ich Jesus ahnungsvoll zurück an unseren Tisch. Dort steht Paul, der natürlich weiß, wo er uns findet. Auch er kreidebleich.

»Gaby«, stammelt er, »Gaby …«

Mittlerweile haben wir die Aufmerksamkeit aller.

»Was ist mit ihr?«, frage ich und kenne die Antwort im selben Moment.

»Sie … sie ist tot. Im Toilettenhaus. Überall Blut …«

Mechanisch fasse ich mir ins Haar. Hier drinnen ist die Stille fast greifbar, aber der Klang der Trommeln draußen wird beständig lauter, lähmt mein Denken.

»Und sie hatte das hier in der Hand«, setzt Paul nach und drückt ausgerechnet mir einen blutverschmierten Papierfetzen in die Hand. Ich erkenne einen Teil des Artikels aus dem *Bonjour Biarritz!* und dass man nicht mehr wirklich etwas lesen kann. Ich bin ratlos.

»Polizei?«

Paul schüttelt hilflos wie ein Kind seinen Kopf. Wir nicken voller Verständnis. Keiner von uns ruft einfach so die Bullen. Aber Mord? Ein Gedanke in meinem Kopf prescht endlich nach vorne.

»Paul, hast du gelesen, warum die Serienkiller-Soko in Biarritz den Namen *Stier* ausgewählt hat?« Paul schaut mich einen Moment lang an, als hätte ich ihn nach seiner Sozialversicherungsnummer gefragt. Dann aber antwortet er: »Sie heißt so, weil das überlebende Opfer … die Tote … ein Muttermal in Form eines Stierkopfes erkannt haben will …« Mein Gehirn schneidet abgehackte Bilder aneinander. Eins davon … »Der Knöchel des Kanadiers«, höre ich mich sagen. Jesus zuckt zusammen, aber ich ignoriere es.

»Ein Stierkopf?« Paul fasst mich hart am Arm. Ich bin mir nicht sicher, versuche verzweifelt, die Bilder in meinem Kopf schärfer zu stellen.

»Aber der war doch bewusstlos«, ruft Annabel.

»Weißt du das genau?«, fragt Cheri. »Vielleicht hat er nur so getan, um uns auf eine falsche Fährte zu lenken?«

»Zumindest hat er mich vom Gang ins Toilettenhaus abgelenkt«, bestätigt Jesus.

»Scheiße!«, schreit Jah vom anderen Tischende. »Michael! Wir müssen ihm helfen!«

»Wieso?«

»Weil er gerade nach Jean schaut!«

Und schon ist Jah zur Tür hinaus. Wir anderen hinterher. Mittlerweile erreichen vereinzelte Trommler die *Plaza de la Constitucion*. Tausende sind noch auf dem Weg hierher. Meine Kräfte schwinden schon wieder. Trotzdem hetze ich mit den anderen durch die engen Gassen zum Parkplatz unseres Busses. Schon von weitem sehen wir die Schiebetür weit aufstehen. Jesus holt eine Taschenlampe aus der Werkzeugkiste und leuchtet den Boden ab. Der Bus ist leer. Aber auch hier Blutspuren.

»Verdammt, wir müssen sie finden!«, ruft Jesus und schnappt sich das Messer aus seinem rechten Stiefel. Ich will ihm nach, aber ein Grüppchen Trommler kommt mir in die Quere und ich muss mich an eine Häuserwand drücken, weil sie an mir vorbei drängen. Weiter vorne in der Gasse sehe ich ein weißes Hemd leuchten. Ein Hemd mit Flecken und einem Messer in der Hand, schießt es mir wieder durch den Kopf. Ich mag auf einmal nicht mehr hinter ihm herlaufen. Plötzlich steht ein uniformierter Mann mit einer Pauke direkt neben mir und schlägt kraftvoll auf sie ein. Ich spüre den Rhythmus wie Wellen durch meinen Organismus fließen und mein Trommelfell spannt sich über meinen kompletten Körper. Als ich eben in die Trance abzutauchen drohe, werde ich unvermittelt in eine noch engere Gasse gezogen und sehe mich Michael gegenüber, der gehetzt in alle Richtungen guckt. Hier ist die Musik erträglicher. Trotz der Dunkelheit kann ich erkennen, dass Michaels Kleidung Risse aufweist und er zum ersten Mal ohne sein albernes Halstuch ist. Nur der Rucksack hält die Stellung.

»Wo ist Jean?«, will ich wissen. »Hat er dir was getan?«

Er dreht seinen Kopf zu mir, ich schaue auf den Hals ohne Tuch und endlich werden die Bilder gestochen scharf.

»*Du* bist das«, stammele ich und zeige auf sein Muttermal. »*Du* bist die *Bestie von Biarritz*!«

Er hat mir im Bus auf die Haare getreten, mit Gabys Blut an den Schuhen.

»Ja, klar – und du bist genau die Art von Schlampe, die zeitlebens Schindluder mit mir getrieben hat!«, spuckt er mir entgegen. »Jedem werft ihr euch an den Hals, von jedem lasst ihr euch flach legen …«

»Nur dich lassen wir nicht ran, richtig?!«, werde ich kurz sauer – dann habe ich zum zweiten Mal innerhalb von zwölf Stunden ein Messer am Hals. Leider nun mit der scharfen Seite direkt an meiner Haut. Ich spüre bereits das erste Ritzen in Kehlennähe, sehe das schöne besorgte Gesicht meines Vaters vor meinem inneren Auge, versuche zu schreien, aber das ist genau der Zeitpunkt, an dem immer größere Trommlergruppen die Altstadt erreichen und in ohrenbetäubender Lautstärke ihre Wiedervereinigung feiern.

»Bleib stehen oder ich bringe sie um!«, brüllt Michael, während ich meine tränennassen Augen schließe und etwas höre, das lauter ist, als der lauteste Paukenschlag. Dann falle ich in unendliche Tiefen.

»Meine Fresse, er hat ihm einfach die Rübe weggeschossen!«
Annabel ist immer noch fassungslos.

»Ja, kein Wunder! Hast du mal die Knarre gesehen?«

»Nee, ich nicht. Aber die arme Gaby muss sie im Bus gesehen haben. Unter seinem Jackett. Deshalb hat Jean sie ja geküsst. Nur, damit sie still ist.«

»Apropos arme Gaby. Warum hat Michael sie überhaupt umgebracht?«, frage ich.

»Ganz einfach«, erklärt Paul weiter. »Jean hat Michael auf den Kopf zugesagt, dass er die *Bestie* ist und Michael ist käseweiß geworden und hat gemeint, er muss sich erst mal Insulin spritzen. Die beiden wissen nicht, was sie nun machen sollen und er fummelt so an seinem Rucksack rum und dann hat er plötzlich eine Spritze in der Hand, die er Jean in den Oberschenkel rammt. Der wird sofort bewusstlos und Gaby will natürlich losschreien – da hat er ihr wohl die Kehle durchgeschnitten. Natürlich auch, weil sie ein Luder ist.«

Wieder kriecht etwas aus meinem Unterbewusstsein in Richtung Wahrnehmung, verharrt dann aber unterwegs.

»Woher weißt du das?«, frage ich.

»Na, von Jean. Von wem sonst?«

»Wieso war der eigentlich bewusstlos?«

»Weil in der Spritze kein Insulin war, sondern Ketamin, ein Narkosemittel.«

»Gott, wo kriegt man denn so was?«

»Keine Ahnung. Michael war anscheinend Krankenpfleger.«

»Du liebe Zeit, was Jean alles rausgefunden hat! Wer hätte gedacht, dass er ein verdeckter Ermittler ist!«

Wir reden alle durcheinander. Das Adrenalin kreist noch durch unsere Blutbahnen, auch ohne Trommeln. Wir genießen *bacalao*, das Paul so wunderbar als Entschädigung für die gestrige Nacht für uns gekocht hat. Mit Kabeljau, Tomaten, Paprika und Oliven. Ich schnicke nebenbei ein paar Perlen vom Tisch, die vor kurzem noch meine Haare schmückten und die Waldkatze fegt glücklich hinterher.

»Und unsere ahnungslose Moonie hat mit einem Undercover-Bullen gepennt!«

Das ist jetzt Annabel, die blöde Kuh, die sich ihr dämliches Gelächter nicht verkneifen kann. Ich antworte »Besser als mit jemandem, der für zwanzig Euro mit deiner Großmutter schläft«. Annabel fällt das Lachen aus dem Gesicht. Wahrscheinlich auch, weil Cheri noch in der Nacht nach Paris abgehauen ist.

»Toll, wie Jean uns aus allem rausgehalten und so getan hat, als hätte er Michael ganz alleine verfolgt«, lenkt unser Koch ab.

»Alle, bis auf Jesus.« Annabel gibt noch nicht auf. »Tut mir leid für dich, dass er ihn mitgenommen hat, Moonie.«

Ich zucke mit den Schultern. Das Messer im rechten Stiefel kannte ich ja. Das Heroin im linken muss ich wohl übersehen haben. Ich betrachte einen Moment lang nachdenklich den weißen Fisch in der köstlichen roten Sauce auf meinem Löffel, bevor ich mir alles zusammen genüsslich auf der Zunge zergehen lasse. Ich mache mir ungern einen Kopf. Das gibt nur Falten. Jesus war mein Hirte, aber was nützt mir das, wenn er die nächsten Jahre im Knast verbringt? Ich fische noch schnell eine Olive aus dem Tomaten-Sud, dann schnappe ich mir meine Umhängetasche.

»Wohin gehst du«, fragt Paul und legt einen Arm um Annabel, die sich nach dem Essen einen Joint mit Jah teilt.

»Zum Campingplatz«, sage ich und frage mich auf dem Weg dorthin, woher Jean von Michaels Muttermal wusste.

El bacalao vasco – Stockfisch-Gericht aus dem Baskenland

Stockfisch wird mittels Salzen und Trocknen haltbar gemacht. Bekommen Sie ihn nicht, so verwenden Sie an seiner Stelle frischen Kabeljau oder Schellfisch.

Zutaten:
- 500 g bacalao
- Olivenöl zum Anbraten, Mehl zum Fischwenden
- 3 gehackte Zwiebeln und 2 gehackte Knoblauchzehen
- 1 Lorbeerblatt
- 1 rote gehackte Chilischote (Größe je nach Spaß an Schärfe)
- 1 Glas trockenen Weißwein oder auch 2
- 2 rote Paprikaschoten und 1 Zucchino in kleinen Würfeln
- 4 große gewürfelte Tomaten mit Geschmack oder ein Tetra-Pack Tomatenpüree
- 1 Tasse schwarze Oliven ohne Kerne
- 1 Glas Fischfond
- Salz, frisch gemahlener Pfeffer

Zubereitung:
Den bacalao mindestens 24 Stunden wässern, um das Salz auszuspülen. Alle paar Stunden das Wasser erneuern. (Diese Prozedur entfällt bei frischem Fisch) Den Fisch aus dem Wasser nehmen, trocken tupfen, Haut und Gräten entfernen und in mundgerechte Stücke schneiden. In Mehl wenden, überschüssiges abklopfen, in Olivenöl kurz von beiden Seiten anbraten, aus der Pfanne nehmen und beiseite stellen. Pfanne säubern, neues Olivenöl erhitzen und Zwiebeln, Knoblauch, Lorbeerblatt und Chili unter Wenden dünsten. Mit einem Glas Weißwein ablöschen, dann Paprika und Zucchini dazu und fünf Minuten lang unaufgeregt dünsten lassen. Tomaten einrühren, den Fisch vorsichtig zurück in die Pfanne geben und die gesamte Mischung mit dem Fischfond auffüllen. Fünfzehn Minuten leise simmern lassen. Kurz vor dem Servieren pfeffern und salzen, abschmecken. Ggf. noch ein Glas Wein dazugeben, kurz aufkochen und mit knusprigem Weißbrot auf den Tisch bringen.

Marcus Imbsweiler

Die Aale der Albufera

Sie kennen das: ein Flur, endlos lang. Das Flackern von Neonlampen. Der Widerhall der eigenen Schritte. Deren Echo fremd wirkt, wie die Schritte eines anderen.

Jeder von uns kennt das. Die Beklemmung. Den Geruch nach Chlor und Desinfektionsmitteln. Nach Krankheit und Tod.

Plötzlich eine Abzweigung, die an einer Tür endet. Dahinter eine Treppe. Spärlich beleuchtet führt sie in die Tiefe. An der Wand die Reste grüner Farbe. Unten der nächste Gang, von Notlichtern erhellt. Alle zehn Meter eines. Dunkel, Licht, Dunkel. Weitergehen, immer weiter. Im Nacken Schweiß, Kampf gegen aufkommenden Ekel. Rechts ein ungemachtes Bett, vielleicht eben erst verlassen. Dann ein kaputter Plastikkanister mit Flüssigseife. Stechend orange ergießt sich sein Inhalt über den Boden.

Dort hinten, ein Streifen Licht. Eine Tür steht einen Spalt offen. Was tun? Sie heben eine Hand und stoßen die Tür auf. Mit den Fingerspitzen. Grelles Licht flutet aus dem Raum. Sie blinzeln. Ich ebenfalls.

Kennen Sie das?

Ihre Augen gewöhnen sich an die Helligkeit. Sie sehen eine schwarzgekleidete Figur. Eine Nonne. Sie steht mit dem Rücken zu Ihnen. Vor einer Tiefkühltruhe, deren Deckel hochgeklappt ist. Ich weiß, was uns erwartet. Wissen Sie es? Weil ich es weiß, sträubt sich alles in mir, und doch gehe ich zu der Truhe. Mit Ihnen. Während wir gehen, durch die schmerzende Helligkeit des Kellerraums hindurch, erkaltet der Schweiß in meinem Nacken, trocknet meine

Kehle aus. Ich weiß, was in der Truhe liegt, und gerade deshalb zieht sie mich magisch an. Genau wie Sie.

Endlich stehen wir neben der Nonne. Vor uns die offene Truhe, ein grellweißes Rechteck.

Und dort liegt er, der kleine gefrorene Körper. Ein Baby, grau, mit geschlossenen Augen. In einer Plastikhülle.

Schweißgebadet wache ich auf.

Und Sie?

*

»Ist der Aal von hier?«

Ich erhielt keine Antwort. Der Wirt schien mit einem Kreuzworträtsel beschäftigt.

»Ist er?«, wiederholte ich.

Jetzt sah er auf. Er kratzte sich mit dem Stift im Ohr, dann wies er auf eine Schiefertafel. Dort stand in Valenciano, was ich gerade aß: »All i pebre original«. Dreimal tippte er mit dem Stift auf das Wort »original«.

»Schreiben kann man viel.«

Sein Blick verfinsterte sich. »Sie sind nicht aus der Gegend. Woher?«

»Galizien.«

»Dachte ich mir. Ich nehme nur Aal aus der Albufera. Solange es ihn noch gibt. Und es wird immer schwieriger. Die Fischbestände gehen zurück. Zu viel Verkehr, zu viele Neubauten.«

»In einem Nationalpark?«

Er lachte. »Vergessen Sie's. Bald wird man sich Albufera-Aal nicht mehr leisten können. Außerdem schrumpft der See. Verliert jedes Jahr ein paar Meter. Die Albufera stirbt.«

»Wenn Sie meine Meinung hören wollen: Es schmeckt ausgezeichnet.«

Der Wirt nickte. Ich riss ein Stück Weißbrot ab und tunkte es in die Brühe. Sie war würzig, vor allem aber unglaublich fettig. Große Stücke Aal schwammen in der Flüssigkeit. Wie zu Lebzeiten durch die Albufera, die flache Lagune südlich von Valencia.

»Kennen Sie Doktor Fernández von gegenüber?«, fragte ich zwischen zwei Bissen.

»Den Gynäkologen? Warum?«

»An der Praxis steht zweimal der Name Fernández.«

»Es sind Vater und Sohn. Was wollen Sie von denen?«

Ich winkte ab. »Alte Geschichten.«

*

An die Geburt habe ich keine Erinnerung. Sie werden mir Medikamente gegeben haben. Als ich erwachte, sagte man mir, mein Kind sei tot. Ich war untröstlich und wollte das Baby sehen, aber es hieß, das sei nicht üblich. Der Anblick würde mir nicht guttun. Ich war allein und von der Geburt geschwächt. Nach vier Tagen verließ ich die Klinik.

Mein Kind habe ich nie zu Gesicht bekommen.

*

Um kurz nach drei betrat ich die Praxis. Porzellanhunde säumten die Eingangshalle. An der Rezeption lief ich in das routinierte Lächeln einer jungen Frau.

»Ich möchte Doktor Fernández sprechen«, sagte ich. »Den Vater.«

»Er praktiziert nur noch montags und donnerstags. Tut mir leid.«

»Würden Sie mir seine Privatnummer geben? Oder seine Adresse? Es ist sehr dringend. Ich komme aus Barcelona.«

Das Lächeln verschwand. Zurück blieb ein weniger abweisender als verwunderter Blick.

»Ich müsste ihn dringend persönlich sprechen«, wiederholte ich.

»Das darf ich nicht.« Ein Kugelschreiber wanderte in ihre Hand. »Verstehen Sie, ich darf keine Privatnummern herausgeben. Ich komme sonst in Teufels Küche.«

»Schon klar. Trotzdem, ich werde nicht nach Barcelona zurückfahren, ohne Doktor Fernández gesprochen zu haben.«

Sie wand sich. Der Kugelschreiber legte weite Wege zwischen ihren Fingern zurück. »Komisch«, sagte sie schließlich. »Sie sind heute schon der Zweite … Warum wollen plötzlich alle Leute zum Herrn Doktor?«

»Der Zweite? Sie meinen, es war heute bereits jemand da, der sich nach seiner Privatanschrift erkundigt hat?«

Sie nickte.

»Ein junger Mann? Etwa 30, größer als ich, mit schütterem Haar?«

Wieder nickte sie. »Was ist mit ihm?«

»Haben Sie ihm die Adresse gegeben?«

Sie errötete. »Nein! Nur ... Er hat so gebettelt und wirkte so verzweifelt ...«

»Und?«

»... da habe ich ihm gesagt, sollte er mal in El Saler Urlaub machen, könnte es sein, dass er ihm über den Weg läuft.«

»El Saler?«

»Ein kleiner Ort, nicht weit von hier. Richtung Albufera.«

»Wann war das?«

»Kurz vor Mittag.«

Sie zuckte zusammen, als meine Faust auf den Empfangstresen knallte. Grußlos stürmte ich hinaus.

*

Ich bekam meinen Jungen in einer Privatklinik am Stadtrand. Er wog über sieben Pfund. Seine Stimme war laut, ich erinnere mich noch gut an seine ersten Schreie. Aber dann behauptete der Arzt, mit meinem Sohn sei etwas nicht in Ordnung, sie brächten ihn zur Kontrolle in ein Hospital. Am nächsten Tag kam die Nachricht, er sei tot. Angeborener Herzfehler. Ich wurde daraufhin selbst so krank, dass ich noch zwei Wochen in der Klinik blieb. Heute weiß ich, dass mein Sohn das Hospital nie erreicht hat.

*

Als ich mich der Umarmung Valencias und seiner engen Gassen erst einmal entzogen hatte, ging alles ganz schnell. Nach wenigen Minuten Fahrtzeit erreichte ich El Saler, eine schmale Siedlung in Strandnähe. Ich erkundigte mich am Campingplatz nach dem Haus von Doktor Fernández und wurde weiter Richtung Süden geschickt. Rechts von mir die smaragdgrüne Pracht der Reisfelder. Links ein Kiefernwald, der den Blick aufs Meer versperrte. Ein verwittertes Schild wies mir den Weg zur Villa *Los cormoranes*. Ich überquerte Kanäle, fuhr Zickzack durch die wogenden Felder, dachte an den *All i pebre* von vorhin.

Und natürlich dachte ich an Tomás. An unser gestriges Gespräch.

Seine Augen hatten geleuchtet, als ich ihm den Namen des Arztes nannte. Hätte ich vorsichtiger sein müssen? Misstrauischer? Ich konnte doch nicht ahnen, dass er Doktor Fernández persönlich aufsuchen wollte, und zwar ohne mich! Er hatte versprochen, mir die nächsten Schritte zu überlassen. Schließlich war ich es gewesen, der die Identität des Gynäkologen gelüftet hatte.

Es würde Ärger geben.

Fragte sich nur, für wen.

*

Ich habe mich einschüchtern lassen, damals. Ich war ja allein. Kein Ehemann, kein Geld, keine einflussreichen Freunde. Ich sei nicht besser als eine Prostituierte, sagten sie mir. Ich hätte es nicht verdient, ein Kind großziehen zu dürfen. Da seien andere besser geeignet, fromme Leute. Wie hätte ich mich denn gegen Ärzte und Schwestern auflehnen können? Ich meine, sie waren Nonnen. Einer Nonne widersprach man nicht. Sie waren immer noch mächtig, auch nach Francos Tod.

*

Die Villa war ein uraltes Steingebäude mit einem baufälligen Turm. Ockerfarben ragte er in den diesigen Himmel. Eine Handvoll Hühner flatterte auf, als ich in den Hof einbog. Die Haustür stand offen. Ich eilte hinein.

Kein Mensch zu sehen. Ein breiter Flur führte in den rückwärtigen Teil des Gebäudes. Von dort kamen Stimmen, etwas polterte zu Boden. Also weiter.

Die Stimmen wurden lauter. Jemand brüllte, ein Wimmern antwortete. Ich stieß eine Tür auf und betrat einen großen Raum, offensichtlich das Speisezimmer. Auf einem dunklen Tisch, der mehr als einem Dutzend Personen Platz bot, stand und lag Geschirr bunt durcheinander. Teller, Besteck, umgestürzte Gläser, eine Schüssel, aus der ein schwerer Löffel ragte, eine Olivenölflasche, Kännchen und Karaffen.

Doktor Fernández aß anscheinend noch später als andere zu Mittag.

»Was wollen Sie?«, schrie mich Tomás an. »Hauen Sie ab!« Er stand am Kopfende des Tisches. Mit einer Pistole zielte er auf einen hageren Mann in den Sechzigern. Dieser Mann lag auf dem Tisch, zwischen dem umgestürzten Geschirr, in den Wasserlachen und Essensresten. Er wimmerte. Angstvoll starrte er in den Lauf der Pistole. Doktor Fernández, nahm ich an.

»Nur die Ruhe«, sagte ich. »Tun Sie jetzt nichts Unüberlegtes, Tomás.«

»Verschwinden Sie!«

Ich rührte mich nicht. Dafür bewegte sich der Doktor. Ohne die Waffe aus den Augen zu lassen, schob er sich über die Tischplatte, weg von Tomás. Seine Schulter rutschte durch verschütteten Rotwein, mit der Hand stieß er an ein Glas, das davonrollte, über die Tischkante fiel und auf den Fliesen zersplitterte.

»Du kannst mir nicht entkommen!«, brüllte Tomás ihn an.

Der Doktor kroch weiter. Mit dem Rücken über die polierte Tischplatte, Zentimeter für Zentimeter. Seine Hände tasteten seitlich nach einem Halt. Er zog die Beine ein Stückchen an, um sich wieder abzustoßen. Tomás folgte ihm. Er ging einfach am Tisch entlang und hielt Doktor Fernández die Pistole vor die Nase.

»Bitte«, flüsterte der Alte. »Bitte …«

»Tomás«, sagte ich und machte einen Schritt auf den jungen Mann zu. Sofort schnellte er herum.

»Bleiben Sie, wo Sie sind«, schrie er und richtete die Pistole auf mich.

Instinktiv wich ich zurück. Dabei trat ich auf etwas Glitschiges und verlor das Gleichgewicht. In geradezu lächerlich langsamem Tempo fiel ich zu Boden. Unter mir klebten Reiskörner, eine undefinierbare Flüssigkeit und Teile eines Fisches. Ganz in der Nähe lagen die Scherben des kaputten Glases.

Dann fiel mir auf, dass es noch eine Person im Raum gab. Zwischen den Tischbeinen hindurch sah ich sie: eine kleine, aschfahle Frau in Nonnentracht. Regungslos kauerte sie in einer Ecke. Vielleicht war sie tot.

»Ich will die Namen«, hörte ich Tomás rufen. »Es ist Zeit, Farbe zu bekennen, Doktor. Die Namen meiner Eltern!«

»Das … das ist alles so lange her«, stammelte Fernández.

»Es muss noch Unterlagen geben. Ohne die Namen meiner Eltern gehe ich hier nicht raus!«

»Aber …«

»Die Namen, du Scheißkerl!«

*

Als mein damaliger Freund von meiner Schwangerschaft erfuhr, ließ er mich sitzen. Ich wollte das Kind trotzdem. Hatte ja schon eines, zu dem es keinen Vater gab. Nach der Geburt kam eine Nonne zu mir und sagte, sie hätten meine Tochter nicht retten können. Das glaubte ich ihr nicht. Ich begann die Klinik zu durchsuchen, bis die Nonne gestand, dass sie mein Baby zur Adoption freigegeben habe. Ich sei nicht fähig, Kinder großzuziehen. Wenn ich das nicht einsähe, würden sie mir auch noch mein anderes Kind wegnehmen.

*

Plötzlich waren Schritte zu hören. Ein Kerl, an die zwei Meter groß, erschien auf der Türschwelle.

»Hallo?«, rief er. »Geht's noch?«

»Raus hier oder ich knalle ihn ab!«, brüllte Tomás zurück.

Der Mann stand starr. Dafür kam Bewegung in das Bündel Nonne, das in der Ecke kauerte. Mühsam richtete sich die Alte auf. Es war, als werde ein schwarzer Fächer entfaltet. Sie war klapperdürr, ihr Gesicht voller Furchen.

»Er will deinen Vater umbringen«, krächzte sie. »Tu was, Álvaro, in Gottes Namen, tu etwas!«

Fernández senior klammerte sich an der Tischkante fest. Tomás richtete die Waffe auf den Neuankömmling. Auf seiner Stirn glänzte Schweiß.

»Nun lasst uns alle mal einen Gang runterschalten«, sagte ich. »Ich bin Journalist und schreibe über die niños perdidos-Affäre. Der junge Mann hier …«

»Hören Sie auf!«, fiel mir Tomás ins Wort. »Das bringt doch nichts.«

»Er ist auf der Suche nach seinen Eltern«, fuhr ich fort. »Sein Vater hat kurz vor seinem Tod gestanden, ihn als Baby gekauft zu haben. In Barcelona, Doktor Fernández, in der Klinik, in der Sie arbeiteten.«

Der Arzt schüttelte den Kopf. »Nein«, flüsterte er. »Nein …«

»Sie sind ein Scheusal«, schrie die Nonne. »Verschwinden Sie und lassen Sie sich nie wieder hier blicken!«

Tomás wandte sich ihr zu. Seine Hand zitterte, als er die Waffe gegen die Alte hob. Auf halbem Weg ließ er sie wieder sinken.

»Eine Nonne hat sich damals um die Mütter gekümmert«, sagte ich. »Waren Sie das?«

Die Schwarzgekleidete warf mir einen vernichtenden Blick zu. Im selben Moment erwachte Fernández junior aus seiner Erstarrung. Er ging um den Tisch herum, bis er direkt vor Tomás stand, und schlug ihm mit einer wischenden, fast flüchtigen Bewegung die Pistole aus der Hand. Einfach so. Dann holte er ein zweites Mal aus. Tomás wich zurück.

»Halt!«, rief ich und hob die Pistole vom Boden auf. »Ganz locker bleiben, hören Sie? Ganz locker!«

Der Hüne schnaufte. Zu den Schnelldenkern gehörte er nicht. Stumpfe Äuglein in einem rosigen Gesicht, Pranken wie Schaufeln. Eher Handwerker als Arzt.

»Wir wollten nur mit Ihnen reden«, sagte ich, die Pistole umklammernd. »Es ist sehr bedauerlich, dass die Situation so eskalieren musste.«

»Ruf die Polizei, Álvaro«, zischte die Nonne aus dem Hintergrund.

Die Lippen des Hünen öffneten sich. »Wieso Barcelona, Papa? Davon weiß ich nichts.«

Sein Vater krabbelte vom Tisch. Auf wackligen Beinen stolperte er zu einem offenen Durchgang und eilte ins Freie.

»Der türmt!«, schrie Tomás. »Der haut ab!« Er wollte dem Doktor nach, doch der Sohn trat ihm in den Weg.

»In der Klinik Ihres Vaters wurden Kinder geraubt«, sagte ich. »Sie müssen davon gelesen haben, es stand in allen Zeitungen. Man nahm die Babys alleinerziehenden Müttern nach der Geburt fort und verkaufte sie. Ein Arzt unterschrieb falsche Totenscheine, eine Nonne setzte die Frauen unter Druck.«

»Alles Propaganda!«, zeterte die Dürre.

»Nein. Fakten, durch DNA-Tests untermauert.«

»Aber doch nicht dein Vater! Álvaro, glaubst du das?«

Der Hüne sah verwirrt von mir zu ihr. Tomás nutzte die Gelegenheit, um sich an ihm vorbeizuschlängeln und den flüchtenden Doktor zu verfolgen.

»Halten Sie ihn auf!«, brüllte die Nonne mich an. »Er wird ihn umbringen!«

»Das wird Gott nicht zulassen. Ihr Gott ist doch gerecht, nicht wahr?«

Ich machte Anstalten, den beiden nachzugehen. Álvaro hinderte mich nicht. Als ich an der Nonne vorbeikam, krallte sich ihre Hand in meine Schulter.

»Es waren gefallene Mädchen«, zischte sie. »Lauter gefallene junge Dinger. Ein Segen für die Kinder, in besseren Verhältnissen aufwachsen zu dürfen.«

Ich schüttelte sie ab. »Sie meinen, in Verhältnissen wie diesen hier? Ist Álvaro auch so ein niño perdido?«

Es sollte bloß eine Provokation sein, doch dann sah ich, wie ihr Mund schmal wurde. »He, Álvaro, haben Sie sich nie gefragt, warum Sie Ihrem Vater überhaupt nicht ähnlich sehen? Vielleicht weiß Madame hier eine Antwort.«

Damit verließ ich die Villa ebenfalls.

*

Ich bat und bettelte, bis sie mich endlich zu meinem Kind ließen. Es war tot – aber war es mein Kind? Kürzlich stand in der Zeitung, dass

eine der Kliniken ein totes Baby im Kühlfach aufbewahrte. Um es im
Fall der Fälle hervorholen zu können. Und all das ist hier in Spanien
passiert! Hier bei uns. An was soll ich noch glauben?

*

Ich fand Tomás und den Doktor am Rand der Albufera. Der Übergang zwischen Land und Lagune war fließend: schlammiger Boden, von Binsen bedeckt, Schlick und Schilf, irgendwann offenes Wasser, das sich bis zum Horizont erstreckte. Der alte Fernández kniete in einem halb verrotteten flachen Kahn und hielt die Hände schützend vors Gesicht. Tomás stand vor ihm, schweratmend, beide Füße im Wasser. Er wirkte so erschöpft wie ratlos.

»Warum sagt er nichts?«, rief er, als er mich sah. »Ich will doch nur die Namen. Die Namen meiner Eltern.«

Ein Graureiher flog auf. Sein geschwungener Hals formte ein Fragezeichen vor dem diesigen Himmel, das Flapp-flapp seiner Riesenflügel durchzitterte die Luft noch lange.

»Warum schweigt der Kerl?«, wiederholte Tomás.

Ich sah über die Lagune. Leichter Wind kräuselte die Wasseroberfläche. In meinem Rücken wogten die Reisfelder. Ein unangenehmer Geruch lag in der Luft, der Geruch fauligen Brackwassers. Meine Hand umklammerte den Pistolengriff.

Dann hörte ich ein Geräusch hinter mir. Bevor ich mich umdrehen konnte, bekam ich einen Schlag gegen den Hinterkopf, dass mir schwarz vor Augen wurde.

*

Als ich wieder zur Besinnung kam, lag ich mit dem Bauch auf dem Boden. Das Gesicht voller Sand, ein bitterer Geschmack im Mund. Langsam setzte ich mich auf. Kopf und Nacken schmerzten. Der Wind strich durch das Röhricht.

Drüben in dem altersschwachen Kahn saß Tomás und knabberte an den Fingernägeln. Er sah nicht auf, auch nicht, als ich mich hochrappelte und auf ihn zukam. Vor ihm, im Schlamm der Albufera, lag Doktor Fernández. Auf dem Bauch, genau wie ich. Das

Gesicht in einer Pfütze. Zwischen den Schulterblättern entdeckte ich zwei Einschusslöcher, das Hemd klebte am Körper. Es gab auch einen Rotweinfleck unterhalb des Kragens. In den Haaren einzelne Reiskörner.

*

Mein Sohn lebt, ich weiß es. Irgendwo in diesem Land oder in einem anderen. Er ist Anfang 30 und er lebt. Vielleicht sieht er mir ähnlich. Ich hoffe, dass er eine gute Familie hat. Dass er glücklich ist. Ich will ihn seiner Familie nicht entreißen, Gott bewahre. Er soll nur wissen, dass es uns gibt. Seine Mutter, seinen Vater, seine Geschwister. Dass wir niemals aufgehört haben, an ihn zu denken.

*

Der junge Fernández stellte sich erst Tage später. Erst, nachdem er sich durch einen Gentest Gewissheit über seine Herkunft verschafft hatte.

Auf seinen Hinweis fand man die Leiche der alten Nonne. Sie trieb im flachen Wasser der Lagune. Um ihren Körper wimmelten die Albufera-Aale.

Arròs melós d'all i pebre (Reis mit Knoblauch und Pfeffer)

Auf der iberischen Halbinsel wird Reis hauptsächlich in der Region Valencia angebaut, und zwar bevorzugt im Flachland rund um die Albufera. Auch die meisten traditionellen Reisgerichte stammen von dort, darunter die berühmte Paella. Das All i pebre-Rezept trägt, wie man den Mengenangaben zu Knoblauch und Pfeffer entnehmen kann, seinen Namen zu Recht. Aber erst durch die Zugabe von Aal wird es zur typischen Albufera-Mahlzeit. Auf die im Rezept erwähnten Glasaale wird man in aller Regel verzichten müssen; aus der Arme-Leute-Zutat ist eine seltene und daher kaum bezahlbare Delikatesse geworden. Aber auch so wird dieser kräftige, würzige Reiseintopf munden – Aal und Knoblauch sei Dank!
Mehr zur Affäre um die niños perdidos findet sich z.B. auf der Webseite der Zeitung El País: www.elpais.com (nur in Spanisch).

Zutaten

1 kg Aal (Anguila) / 200 g Glasaal (Angulas)
500 g Kartoffeln / 200 g Reis
7 EL Olivenöl
2 Knoblauchknollen (wohlgemerkt: Knollen!) / 2 Lorbeerblätter /
1 EL roter Pfeffer / Safran
50 g geröstete Mandeln / 1 Bund Petersilie
Weißer Pfeffer / Salz
3 Gläser Wasser oder Fischbrühe

Zubereitung

Die Knoblauchknollen zerteilen, schälen und in einer Pfanne mit Olivenöl anbraten. Den roten Pfeffer einstreuen, anschließend die Brühe bzw. das Wasser anschütten. Aufkochen lassen, den Aal und die geschälten Kartoffeln, jeweils in große Stücke geschnitten, sowie Lorbeerblätter und Safran hinzugeben. Nach ca. 5 Minuten Kochzeit Reis dazugeben, außerdem den Glasaal, falls vorhanden. Gut mit Salz würzen und ungefähr 15 Minuten langsam kochen lassen. Zwei Minuten, bevor der Reis fertig ist, kommt als typisch valencianische Ergänzung eine sogenannte »picaeta« hinzu: eine im Mörser hergestellte Paste aus ein paar Knoblauchzehen, den gerösteten Mandeln, der Petersilie und etwas weißem Pfeffer.

Tatjana Kruse

›Sardine Kebratten‹ heute leider aus

»Ich hab da was ganz Großes entdeckt! Aber es könnte verdammt gefährlich werden!«, ruft mein alter WG-Kumpel Bene mir zu. Er ruft es lautstark. Es geht nicht anders. Er muss den Wind übertönen. Wir sitzen auf der Terrasse eines malerischen, kleinen Fischrestaurants mit Blick auf den Atlantik. Der Wind kommt vom Meer, das heute tost. Die Gischt spritzt fast bis zu uns.

Die Kellnerin – eine Festlandspanierin, wie ich schon erfahren habe, ich erfahre so etwas immer sehr schnell, ihre Telefonnummer habe ich auch schon – legt zwei Plastikspeisekarten vor uns auf den Tisch. »Sardine Kebratten heute aus«, sagt sie bedauernd. »Aber ich könne empfehle Tintefisch gerostet oder Langostinos mit Sossen.« Sie zwinkert mir zu.

Ich will gerade sagen: »Wie schade, auf die gebratenen Sardinen habe ich mich schon besonders gefreut!«, da fällt Bene vom Plastikstuhl. Sichtlich mausetot.

Mitten auf der Terrasse der Fischerkneipe. In Punta del Hidalgo auf Teneriffa.

Zwei Männer sitzen auf dem Mäuerchen über dem berühmten Meeresbecken des kleinen Fischerdorfes. Das Becken ist geschlossen. Meterhohe Wellen schlagen an die äußeren Begrenzungsmauern. Das Schwimmen wäre viel zu gefährlich.

Der Ältere räuspert sich. »Hat Ben mit ihm gesprochen?«

»Nur kurz. Viel kann er nicht gesagt haben.«

»Wär auch nicht nötig.« Nachdenklich kratzt er sich am Kinn.

Die Wagen der Guardía Civil, der Policía Nacional und der Policía Autonómica haben kaum genug Platz auf dem schmalen Hafenweg. Ein Inspektor, der exzellent Englisch spricht, verhört mich.

»Benjamin war Chemiker. Wir haben uns an der Uni in Oxford kennen gelernt, nach dem Studium aber aus den Augen verloren. Er ist viel herumgekommen. London, New York, Shanghai.« Der Inspektor schreibt nicht mit. Das weiß er offenbar alles schon. »Er hat für einen umstrittenen Menschen auf unserer Insel gearbeitet. Einen Ausländer namens Gabriel. Was wissen Sie darüber?«

Ich schürze die Lippen. Mein Ruf als Lebemann, Abenteurer und Privatdetektiv muss mir, wie so oft, vorausgeeilt sein.

Bevor ich sagen kann, dass ich nichts weiß, kommt ein Beamter der Spurensicherung mit einer Plastiktüte, die er dem Inspektor reicht.

Mein Blick ist scharf. »Ah, daran ist er also gestorben. Ein Giftpfeil. Erstaunlich – bei diesem Wind so zielgenau einen Pfeil schießen zu können.«

Der Inspektor findet mich verdächtig, ich darf die Insel nicht verlassen.

Wenn man sich zwanzig Jahre nicht gesehen hat und dann plötzlich einen Anruf erhält von wegen »Ich muss dich unbedingt sprechen, ich brauche deinen Rat!«, wirft das Fragen auf. Fragen, die nun unbeantwortet in der Sturmluft über dem Nordzipfel von Teneriffa hängen. Darauf ein Glas Wein. Leicht alkoholisiert kann ich am besten nachdenken.

Auf meinem Weg entlang der pittoresken Uferpromenade zur nächsten Bar werde ich verfolgt. Was ich aber – gedankenverloren, wie ich bin – erst merke, als ich in eine Tapas-Bar einkehre und mir der Kerl einen Drink über den Leinenanzug schüttet. Während ich mich sauber wische, drückt er mir eine Waffe zwischen die Rippen.

»So ja nicht!«, rufe ich und schlage ihm reaktionsschnell die Waffe aus der Hand. Das Geheimnis liegt darin, nicht zu zögern. Das überrumpelt die allermeisten. Ich will ihn in eine Prügelei verwickeln, aber er sucht sein Heil in der Flucht.

Dabei verliert er allerdings ein Blasrohr.

Eine Fotografin – Profi, wie ich aus ihrem Equipment schließe – schießt ein Foto vom Rücken des Flüchtenden. Sie wird vom Inspektor, der erstaunlich schnell mit seiner Entourage auftaucht, weggeschickt. »Sie kannten Ihren Angreifer?«, will er wissen.

»Nein!«

Er glaubt mir nicht.

Ich finde, ich schulde es Bene, mich mit seinem Arbeitgeber zu unterhalten. Es muss doch einen Grund haben, dass es der Blasrohrmörder auf ihn abgesehen hat. Wie ich mir – mit einem Glas Rotwein in der Hand unter einer Palme stehend auf das peitschende Meer schauend – überlege, wo ich diesen Gabriel finden könnte, stellt sich die Fotografin neben mich.

»Sie wissen nicht zufällig, wo ein Señor Gabriel wohnt?«, frage ich.

»Zufällig soll ich ihn fotografieren«, sagt sie. »Kommen Sie doch einfach mit.«

Ich glaube nicht an Zufälle. Aber ich komme mit.

Wir gehen immer am Strand entlang, mit seinen Lavabecken, in denen Möwen dümpeln, vorbei am futuristischen Leuchtturm und einer Bananenplantage. Als der Weg nur noch ein schmaler Pfad ist, sieht man in der Ferne eine weiße Villa.

»Wer ist dieser Gabriel?«, will ich wissen, als der Wind nachlässt und man sich wieder unterhalten kann.

»Gabriel ist eine Legende! Er hat sich ganz der Medizin verschrieben. Nur Zyniker können ihn nicht verehren. Er hat unendlich viele Heilmittel entwickelt und auf keines ein Patent angemeldet, damit die Medikamente für jedermann erschwinglich bleiben.«

Die Villa, die im ewigen Frühling von Teneriffa trotzdem nur von kläglichen Zwergsträuchern umgeben ist, weil hier am Nordende der Insel der Wind sein gnadenloses Regiment führt, wird von einem bulligen Pförtner bewacht, dem mich die Fotografin als ihren Assistenten vorstellt. Er schaut misstrauisch. Nicht viele Assistenten tragen maßgeschneiderte Leinenanzüge. Aber das asymmetrische Muster an Rotweinflecken besänftigt offenbar sein Misstrauen – er lässt uns ein.

Im rundum verglasten Foyer der Villa warten wir am Fuß einer ausladenden Treppe, an deren Kopf eine rassige Frau steht. Erst als wir zu ihr hochschauen, schreitet sie die Stufen hinunter. Man merkt: Hier ist jemand, der dramatische Auftritte liebt.

»Chrissy Bates«, flüstert mir die Fotografin zu. »Sie gehört angeblich zu den zwanzig reichsten Menschen der Welt. Gabriels Lebensgefährtin.«

»Chrissy Bates«, gurrt die rassige Schönheit mir zu, als sie uns erreicht. Von nahem wirkt sie älter.

»Werden wir auch Mr. Gabriel fotografieren können?«, will meine Begleiterin wissen.

»Es tut mir leid, Gabriel hat nicht viel übrig für PR. Ich werde Sie beide an seiner Stelle herumführen. Vielleicht treffen Sie ihn aber zum Abendessen.«

Chrissy Bates kann offenbar nicht gehen, nur schreiten. Schreitend führt sie uns in das Allerheiligste – das Büro von Gabriel mit angeschlossenem Labor.

»Ich widme Gabriel mein ganzes Leben und alles, was ich habe. Für ihn da zu sein, ist ein Geschenk des Schicksals. Er ist ein großer Mann«, haucht sie und drapiert sich auf den riesigen Mahagoni-Schreibtisch. Die Fotografin knipst. »Er ist ein Visionär. Momentan arbeitet er daran, jede Zelle im menschlichen Körper so stark zu machen, dass der Betreffende unverwundbar wird. Mit einer Dosis seines Serums wird man zwei Mal jährlich geimpft und bleibt dann für immer gesund.«

Ich halte das nicht für eine Vision, sondern für Quatsch, aber ich sage nichts.

»Nicht alle bringen ihm solche Hochachtung entgegen ...«, deutet die Fotografin zwischen Klick-Lauten ihrer Nikon an.

Chrissy Bates würde jetzt die Stirn in Falten legen. Wenn sie könnte. Kann sie aber nicht. Ich tippe auf Botox.

»Große Menschen haben immer Neider, die an ihnen herumkritteln. Ich weiß, worauf Sie anspielen. Gabriel hat dieses Mädchen nur behandelt, weil es unheilbar krank war. Er hat der Kleinen eine

Chance gegeben, als er ihr sein Serum spritzte. Aber als es nicht anschlug – seine Forschungen waren einfach noch nicht weit genug gediehen – haben ihn die Eltern der Kurpfuscherei angeklagt. Seitdem wird er geächtet. Er hat die USA verlassen und sein geliebtes Forschungslabor, weil er in den Augen der Welt ein Mörder ist. Das ist allein die Schuld der Medien. Ich habe ihm dann hier auf Teneriffa ein neues Labor eingerichtet. Ich glaube an ihn!«

Sie presst sich die Hand in den Ausschnitt. Das ist wohl als Geste des Urvertrauens gedacht.

»Haben Sie schon gehört, was seinem Assistenten Benjamin Wilkes zugestoßen ist?«, frage ich.

Chrissy Bates schaut mich aus schmalen Augen an.

»Ja, furchtbar«, sagt sie, mit monotoner Stimme und ohne große Geste.

Irgendwann während der anschließenden Führung durch das High-Tech-Labor entschuldige ich mich, aber statt die Keramikabteilung aufzusuchen, schleiche ich in den ersten Stock der Villa. Das Zimmer von Bene finde ich rasch. Mir hilft der Umstand, dass Namensschilder neben den Türen befestigt sind. Ich durchsuche seine Sachen und stoße auf Fotos, darunter zwei meines Angreifers – einmal im knallbunten Kostüm als Blasrohr-Artist in einem mexikanischen Zirkus, und einmal hier vor Gabriels Villa, neben einer kleinen, windschiefen Hütte.

Als ich mich Chrissy Bates und der Fotografin wieder anschließe, erfahre ich, dass Gabriel doch nicht mit uns zu Abend essen möchte.

»Ohne Gabriel macht es keinen Sinn, lassen wir das Essen doch einfach ausfallen«, schlägt die Hausherrin vor.

Wir sollen am nächsten Morgen wiederkommen.

»Wie heißen Sie eigentlich?«, frage ich auf dem Rückweg am Meer entlang. »Und für wen arbeiten Sie?«

»Sie dürfen mich Maria nennen«, sagt die Fotografin, lacht und lässt mich einfach stehen.

Den kleinen Bastkorb in der Wandecke meines Hotelzimmers bemerke ich nicht, als ich mich nach dem Abendessen – es gab schon wieder keine Sardinen, aber die Kellnerin versicherte »Maana, mañana!« – zur Ruhe bette.

Nachts, als die Temperaturen fallen, schlängelt sich eine Giftschlange aus dem Korb. Meine Körperwärme zieht sie an. Ich schlafe noch nicht und sehe sie. Ruhig Blut! Sie züngelt mich an. Langsam fahre ich die Hand zu meinem Revolver in der Nachttischschublade aus. Und puste ihr den Kopf vom Körper.

Das war knapp!

Am nächsten Morgen zeigt sich Gabriel entsetzt.

»Wer macht sowas?«

Er meint nicht die Sache mit der Giftschlange, die habe ich für mich behalten. Er spricht vom Mord an Bene. Und scheint ehrlich entsetzt.

»Dann wissen Sie also keinen Grund, warum ihn jemand ermorden wollte?«

»N-nein«, stottert Gabriel, der genauso aussieht, wie man sich einen großen Wissenschaftler vorstellt, nämlich klein und zerzaust. »Wir haben Tag und Nacht zusammen im Labor gearbeitet, hatten beide keinerlei Kontakt zur Außenwelt. Wir stehen kurz vor dem Durchbruch. Das kommt jetzt wirklich ungünstig!«

Ungünstig – so kann man das gewaltsam herbeigeführte Ableben eines Menschen natürlich auch beschreiben. Ich betrachte Chrissy Bates, die an diesem Tag ein hautenges, rotes Kleid trägt. Wenn Bene nicht schwul gewesen wäre, hätte ich vermutet, dass er sich auf eine Affäre mit der Frau seines Chefs eingelassen hatte, woraufhin der Gehörnte zum Äußersten griff. Aber erstens scheint Gabriel wirklich total in seiner Aufgabe aufzugehen und zweitens ist er zu alt und zu zittrig, um mit einem Blasrohr noch treffsicher zielen zu können. Andererseits konnte er durchaus den mexikanischen Blasrohrartisten angeheuert haben.

Das Frühstück ist äußerst frugal. Der bullige Pförtner – haben solche Leute nicht eigentlich einen Butler – serviert dünnen Tee, kalten Toast und einen Frischkäseaufstrich. Natürlich keine gebratenen Sardinen. Dabei waren die der Hauptgrund, warum ich die ruckelige Landung auf dem berüchtigten Flughafen von Teneriffa überhaupt nur auf mich genommen hatte. Mit Bene hätte ich auch einfach nur skypen können.

»Wir achten auf eine gesunde Ernährung«, erklärt Chrissy Bates, als sie meinen enttäuschten Blick sieht, dann wird sie vom Pförtner gerufen.

»Es geht das Gerücht, dass sie seit der Finanzkrise pleite ist«, flüstert mir Maria zu. Sie hätte nicht zu flüstern brauchen. Gabriel ist mit seinen Gedanken sichtlich an einem völlig anderen Ort. Er kritzelt Formeln auf das Papiertischtuch.

Nach dem Frühstück will Maria Außenaufnahmen des Labors im Garten machen.

Ich entdecke hügelaufwärts die kleine, windschiefe Hütte, die ich von dem Foto in Benes Zimmer kenne. Vor der sich der Blasrohrler hatte fotografieren lassen.

»Wo wollen Sie denn hin?«, ruft Maria.

Ich antworte nicht. Sie folgt mir. Ein Schwarm braungelber Kanarienvögel fliegt auf.

Die Hütte ist leer, aber Maria fährt mit dem Fuß ein paar Mal über den sandigen Boden, und wir entdecken eine Falltür.

»Sie sind doch nie im Leben nur Fotografin«, sage ich zu ihr. »CIA? Steuerbehörde? Auftragskillerin?«

Maria lächelt nur.

Natürlich heben wir die Falltür an.

In den Steinboden ist eine Grube eingelassen. Eine Holzleiter führt nach unten. Maria hat eine Taschenlampe dabei und leuchtet uns. Wir finden eine Holzkiste, randvoll mit Goldbarren.

Und die noch warme Leiche von Chrissy Bates.

Gleich darauf werden wir entdeckt. Von dem Blasrohrmann-Schrägstrich-Tapasbarschläger, der mit einer Schaufel gekommen ist, vermutlich um Chrissy Bates an einem passenderen Ort zu vergraben, damit die Goldbarren nicht demnächst nach Verwesung duften. Es kommt zur Keilerei. Die natürlich ich gewinne.

Als ich auf ihm knie – vorsichtig, damit das Blut aus seiner gebrochenen Nase nicht auf die Hosenbeine meines Ersatzleinenanzugs tropft –, ziehe ich meinen Revolver aus der Innentasche meines Jacketts und halte ihn an seine Schläfe. »Wie wäre es mit einer Partie Russisch Roulette?«, frage ich. »Erzählen Sie mir, woher das Gold stammt.«

Er spuckt mich an. Ich drücke ab.

»Glück gehabt«, sage ich, während er in Schweiß ausbricht. »Nächste Runde. Woher stammt das Gold?«

»Das haben wir einem russischen Oligarchen abgenommen.«

Ich nicke. »Bene hat das Gold hier entdeckt und wollte Sie verraten, da haben Sie ihn umgebracht. Stimmt's?«

Bevor er die Chance hat, darauf zu antworten, drücke ich schon ab.

Er hat wieder Glück. Die Trommel ist leer. Aber kreislauftechnisch steht er das nicht gut durch. Er wird totenbleich und verliert das Bewusstsein.

Wir verschnüren ihn mit Seilresten und Gummischläuchen aus der Hütte und lassen ihn für den Inspektor dort liegen.

Doch bevor wir die Polizei verständigen, ist ein Plauderstündchen mit unserem Gastgeber angesagt. Auf dem Weg zur Villa schimpft Maria mit mir wegen dem Russisch Roulette. Sie hat wohl moralische Bedenken gegen derlei Verhörmethoden. Woraufhin ich schlussfolgere, dass sie nicht vom CIA ist.

»Keine Sorge, mein Ballermann ist nicht geladen«, sage ich. »Meine letzte Kugel ging für die Schlange drauf.«

Wir finden Gabriel in seinem Labor. Als wir ihm sagen, dass seine Freundin tot ist, lässt er sich schwer auf einen Hocker sinken. Die Phiole in seiner Hand zittert.

»Als ich Holmqvist kennenlernte, brauchte ich dringend Geld.« Holmqvist? Egal, erstmal ausreden lassen. »Chrissy war pleite, und meine Forschungen sind nicht billig. Er hat sich bei mir eingekauft.

Aber wir konnten das Gold nicht auf einmal abstoßen. Ein oder zwei Barren pro Monat, sonst wäre es den Russen aufgefallen.« Er schaut waidwund zu uns auf. »Lassen Sie mich mit meiner Arbeit weitermachen.«

»Wieso musste Chrissy sterben?«

»Ich habe beschlossen, mein Serum patentieren zu lassen. Das bringt Millionengewinne. Chrissy wollte das nicht. Sie hat mich auf dieses Podest der Selbstlosigkeit gestellt. Sie war menschlich von mir enttäuscht, wie sie sagte, und sie drohte wie schon vor ihr mein Assistent, alles auffliegen zu lassen.« Er runzelte die Stirn. »Meine Arbeit darf aber nicht torpediert werden, dazu ist sie zu kostbar. Das sehen Sie doch ein, oder?«

»Wir sollen die Morde ignorieren?«

»Zwei Tote, das ist schmerzlich. Aber denken wir an die Lebenden. Ich kann die gesamte Menschheit retten.« Gabriel steht auf. »Was sind zwei Menschenleben gegenüber sieben Milliarden?!«

Da wird die Tür aufgestoßen, und der bullige Pförtner kommt herein.

»Ah … Holmqvist«, sagt Gabriel.

Ich staune nur kurz, fasse mich aber schnell wieder und werfe mich auf Holmqvist. Aus den Augenwinkel bekomme ich mit, wie Maria Gabriel die Phiole aus der Hand nimmt. Gut so.

Ich versuche, Holmqvist zu überwältigen, aber er prügelt wesentlich besser als sein Blasrohr-Adjutant. Es geht heftig zur Sache, mein Ersatzanzug trägt ernste Blessuren davon, aber es gelingt mir zu guter Letzt, meinen Revolver zu ziehen. Holmqvist reißt ihn mir aus der Hand und zielt auf meine Brust. Maria stößt mich zur Seite und die Kugel trifft Gabriel. Hoppla. Ich hätte schwören können, dass keine Kugel mehr in der Trommel war. Da hatte ich mich wohl geirrt. Während Holmqvist noch entsetzt auf seine sterbende Henne schaut, die ihm goldene Eier legen sollte, greife ich nach einem Tablett und knalle es dem Schweden schwungvoll gegen die Schläfe. Ohnmächtig sinkt er zu Boden.

Maria kniet neben dem toten Gabriel und schließt ihm die Augen. »Verdammt, jetzt wird seine Arbeit unvollendet bleiben. Ich bin von der Weltgesundheitsbehörde. Wir hatten gehofft, dass er erfolgreich sein würde. Aber jetzt ...« Sie klingt bedauernd und gleich darauf vorwurfsvoll. »Ich dachte, die letzte Kugel ging für die Schlange drauf!«

»Na, da habe ich mich wohl geirrt.« Ich zucke mit den Schultern und fasse mir an den Bauch. »Haben Sie jetzt nicht auch Hunger? Wie wäre es mit gebratenen Sardinen? Ich weiß zufällig, wo es heute welche gibt ...«

Gebratene Sardinen / Sardiñhas assadas

Zutaten:
- *8 große Sardinen*
- *1/2 Tasse Öl*
- *1 Tasse Maismehl*

Für die Marinade:
- *1 Tasse Weißwein*
- *3 Knoblauchzehen*
- *1 EL Paprikapulver*
- *Salz*

Zubereitung:
Den Wein, den in Scheiben geschnittenen Knoblauch, das Paprikapulver und eine Prise Salz zu einer Marinade vermischen.

Die Sardinen säubern, ausnehmen, waschen und mit Küchenpapier abtrocknen. Zwei Stunden in der Marinade einlegen.

Einen feuerfesten Topf mit Öl einfetten. Die Sardinen mit dem Maismehl bestreuen, in den Topf legen und mit dem Rest der Marinade begießen.

Im vorgeheizten Ofen bei 225 °C goldbraun braten. Dabei die Sardinen umdrehen, damit sie von beiden Seiten anbraten.

Fertig.

Jens Luckwaldt

Der Raub des El Dorado

aufgezeichnet von Don Jorge Manuel Malipas

Ein indischer Tiger war das kostbarste Tier in der Menagerie Seiner Exzellenz Tomàs de Sangrenal, Erzbischof von Torquevillas: eine große und schöne Bestie.

Der Bischof unterhielt nicht nur eine Menagerie, sondern auch ein eigenes Orchester, Wasserspiele in den Gärten, eine umfangreiche Bibliothek und eine Gemäldegalerie. Er war ein ruhmversessener, ehrgeiziger Mann. Und wie alle ehrgeizigen Männer war er misstrauisch.

Sein Misstrauen vertrug sich schlecht mit dem Glanz, den die Residenz in den Augen der Welt erlangt hatte. Denn natürlich kamen viele Reisende, um die Schätze des Bischofs zu sehen, seine Gemälde und Wasserspiele, um sein Orchester zu hören und seine Bücher zu studieren. Nur wenigen wurde Zugang gestattet.

Auch mich, als ich am ersten Maitag des Jahres 17** an die Pforte des Palastes klopfte, hätte man am liebsten sofort abgewiesen. Doch ich führte ein Empfehlungsschreiben meines Brotherren, des Bischofs von Pau, mit mir, welches belegte: Ich, Jorge Manuel Malipas, war mit einem großangelegten Werk über die Geschichte der Eroberung Südamerikas beschäftigt. Don Tomàs blieb kaum etwas anderes übrig, als der Bitte seines Amtsbruders zu willfahren. Mir wurde für eine Weile Logis und Zugang zur Bibliothek gewährt.

Seinem Haushalt erschien der Bischof zur Zeit noch grimmiger als ohnehin. Wie es hieß, rührte sein Ärger von einem Brief her.

Seine Geheimwachen hatten ihn entdeckt. Den genauen Inhalt des Briefes kannte niemand außer Seiner Exzellenz und den Wächtern – und dem unbekannten, ungenannten Verfasser. Dennoch gingen, wie es zu sein pflegt, Gerüchte umher. Sie hingen damit zusammen, dass allgemein zu Torquevillas in diesem Frühjahr eine ungewohnte, halb verborgene Geschäftigkeit herrschte. Und damit, dass Exzellenz jenen Edelstein besaß …

Der Erzbischof glich, wie er vor dem Käfig seines Tigers auf und ab lief, selbst einer Raubkatze. Dabei hielt er den Blick seiner kalten Augen auf seinen Gesprächspartner geheftet.

»Man will ihn mir stehlen«, stieß er zwischen den Zähnen hervor.

Sein Besucher, ein großgewachsener Mann in mittleren Jahren, hütete sich zu sprechen. Vielmehr bemühte er sich, den ironischen Ausdruck zu mildern, welcher seinem Gesicht zu eigen war, auch wenn er gar keine Ironie empfand oder zeigen wollte. Der Besucher war Brite.

Wohl war er neugierig, wen der Bischof mit »man« meinte, und was mit »ihn«. Er wartete auf weitere Erklärungen.

Tatsächlich unterbrach der Bischof seine nervöse Wanderschaft. Aus dem Ärmelaufschlag nestelte er ein Papier hervor und gab es Alexander MacKendrick – so lautete der Name des britischen Gastes.

MacKendrick las auf Spanisch die Worte:

»Teurer Bruder, ich habe mir Zugang zur Residenz verschafft. Und ich habe eine Idee, wie wir unseren Plan verwirklichen. Komm bald! Wenn wir den Stein erst in Händen haben, ist der Bischof erledigt. Ich sende diesen Brief in mehrfacher Ausfertigung, falls eine verloren geht oder gefunden wird, was Gott verhüten möge. Wir müssen sehr vorsichtig sein! Ich grüße Dich in steter Treue.«

»Keine Ahnung, wo diese anderen Briefe sind«, schnaubte der Bischof. »Meine Männer haben nur diesen einen gefunden. Verborgen in einem Mauerspalt, am hinteren Ende des Obstgartens.«

»Soso.«

»Offenbar für jemanden dort deponiert, jemanden von draußen. Ich muss wissen, wer diese Leute sind.«

»Haben Exzellenz einen Verdacht?«

»Keinen. Aber eins ist klar: Sie wollen meinen El Dorado.«

»El Dorado …«

Der Bischof brachte sein Gesicht ganz nahe vor dasjenige Mac-Kendricks. »Haben Sie auch schon davon gehört, dass er in meinem Besitz ist? Der schönste Smaragd, den die Welt je gesehen hat.«

»Ah. Und Exzellenz bangen um den Preis, den er gekostet hat.«

»Ich bange um viel mehr. Morgen Mittag kommt der Nuntius seiner Heiligkeit des Papstes hier an. Mit kleinstem Gefolge. Ein diskreter Besuch, den einzufädeln mir mit äußerstem Geschick gelang. Ich übergebe ihm den Edelstein, als ein Geschenk für den Heiligen Stuhl. Zum Dank wird der Papst mich zum Kardinal ernennen.«

»Ich verstehe.«

»Nichts, aber auch nichts darf dieses empfindliche Abkommen stören. Wenn dem Smaragd etwas passiert …«

»… sind Exzellenz erledigt. So wie es in dem geheimen Brief steht.«

Der Bischof packte MacKendrick am Kragen. Dann besann er sich und ließ wieder los. »*Sie* werden mir helfen«, sagte er. »Ich weiß um Ihre Verdienste beim Lösen von Rätseln, beim Aufdecken von Verbrechen. Sie werden die Übeltäter für mich finden!«

Der Brite rückte sein Brusttuch zurecht. »So sehr es mich ehrt, dass mein Ruf mir bis hierher nach Spanien vorauseilt – aus diplomatischen Angelegenheiten halte ich mich lieber heraus. Ich muss die Bitte Euer Exzellenz leider ablehnen.«

»Meine Worte waren nicht als Bitte gemeint«, bemerkte der Bischof. »Haben Sie schon meinen Tiger bewundert?«

»Ein schönes Tier …«

»Und sehr gefährlich. Es gab einmal einen Gast, einen vorwitzigen Deutschen – niemand hatte gesehen, wie er in den Käfig hineingeraten war. Ich erspare Ihnen die Einzelheiten.«

MacKendrick sah den Bischof an. Schließlich fragte er:»Wo wird der El Dorado aufbewahrt?«

Sein Gastgeber lächelte katzenhaft.»In meiner Kammer. In einem Kästchen am Kopfende meines Bettes. Am Tage stehen jederzeit zwei Wächter daneben. Bei Nacht schließe ich mich ein und bewache den Stein selbst.«

»Es kann ihm also eigentlich nichts passieren.«

Das Lächeln verschwand.»Ich will nichts riskieren!«

MacKendrick räusperte sich.»Nun gut, ich werde der Sache nachgehen.«

»Ich gebe Ihnen eine Wache an die Seite.«

»Nur kein Aufsehen! Ich werde mich ein wenig im Palast umhören. Dabei kann ich alleine mehr erreichen. Wenn ich diese geheimen Korrespondenten finden soll, müssen Exzellenz mir völlige Freiheit gewähren.«

Der Bischof begann wieder erregt auf und ab zu wandern. »Aber niemand, hören Sie, niemand darf etwas Genaues erfahren! Sonst ...« Und er schlug gegen die Gitterstäbe, sodass der Tiger fauchte.

Diese Unterhaltung hatte keinen weiteren Zeugen als den Bischof und MacKendrick selbst – abgesehen von dem Tigertier. Wenn ich sie dennoch aufschreiben kann, dann deshalb, weil man mir nach dem Ende der ganzen Geschichte davon berichtete.

Ich blickte von meinen Studien auf, als Alexander MacKendrick die Bibliothek betrat. Sein grasgrüner Rock mit den rosaroten Schleifen musste Argwohn erwecken. Dann nannte er seinen Namen, und ich war überrascht. Ich kannte einige seiner Reiseberichte. Ich bewunderte seinen Stil. Und selbst wenn er nur die Hälfte der Abenteuer, die er in seinen Büchern schilderte, wirklich erlebt und überstanden hatte, so gebührte diesem Mann alle Achtung.

Ich stellte mich meinerseits vor und erklärte, es freue mich, einen so originellen und kühnen Zeitgenossen persönlich kennenzulernen.

Lächelnd erwiderte er:»Kühn genug, die Gastfreundschaft eines

Mannes zu begehren, wie unser Erzbischof einer ist? Nun, der Ruf seiner Kunstschätze hat mich verlockt.«

»In Ihren Büchern verstehen Sie alles so anschaulich zu beschreiben: die Orte und Personen, die Monumente, Plastiken, Gemälde, Theateraufführungen …«

»Im Augenblick interessiere ich mich am meisten für Edelsteine.«

»Sie meinen den El Dorado? Schauen Sie mich nicht so an! Jeder weiß, dass Don Tomàs ihn besitzt. Und dass er ihn morgen dem Gesandten aus Rom übergeben wird, für den Preis eines Kardinalshutes.«

»Erzählen Sie mir mehr über den Stein! Haben Sie ihn gesehen?«

»Nein. Ich weiß nur, was in den Büchern steht. Er tauchte vor rund fünfzig Jahren in Südamerika auf. Sicher stammt er aus einer der dortigen Minen. Die Jesuiten brachten ihn nach Europa. Eine Weile ging er von Hand zu Hand. Viele wollten ihn haben, und mancher musste wohl seine Sehnsucht nach dem Stein teuer bezahlen. Seine Wege sind ein wenig verworren, aber irgendwann haftete ihm ein böser Ruf an.«

»Ein Fluch, ja? Wer ihn besitzt, der stirbt …«

»Etwas in der Art, wie bei den meisten bedeutenden Juwelen. Immerhin ist sicher, dass den letzten Besitzer ein schlimmes Schicksal ereilte: den Kommandanten von Cádiz. Er hatte den El Dorado der Führung eines fremden Schiffes abgehandelt. Nachts schlichen sich Diebe bei ihm ein. Der Kommandant überraschte sie, gerade als sie den Stein an sich nahmen. Sie erdolchten ihn und entkamen. Die Witwe des Kommandanten, aus lauter Gram, stürzte sich aus einem Fenster. Und das vor den Augen ihrer Kinder, einem Knaben und einem Mädchen. Stellen Sie sich das vor: zwei reizende junge Geschöpfe, die dem Selbstmord ihrer eigenen Mutter zusehen müssen! Da kann man wohl von einem Fluch sprechen. Kurze Zeit später ging die Kunde, der Edelstein befinde sich nunmehr im Besitz unseres Erzbischofs.«

»Die Übeltäter hatten in seinem Auftrag gehandelt?«

»Wer kann das sagen? Man würde ihm nie etwas nachweisen können. Einige Jahre ist das nun schon her.«

»Und seither ist der Stein in Torquevillas. Wie sieht er eigentlich aus?«

Ich erklärte ihm, dass »*El Dorado*« nicht allein die fast gelbe Färbung des Juwels bezeichnete, sondern dass sich damit auch die Vorstellung verband, der Stein stamme auf direktem Wege aus dem Land gleichen Namens: jenem »goldenen Königreich«, das bis heute nicht gefunden und dessen Existenz nie bewiesen wurde, an das aber gleichwohl immer noch viele Menschen glauben und von dem sie sich die wunderbarsten Dinge erzählen …

»Der Stein ist nicht wie üblich in Prismen geschliffen, sondern glatt poliert und nahezu völlig rund. So sah er schon aus, als er in die Hände der Jesuiten gelangte. Die Eingeborenen müssen ihn bearbeitet haben – wer weiß wann. Die sonderbare Form, seine eigentümliche Färbung und außerordentliche Reinheit verleihen ihm besonderen Wert. Gleichwohl er nicht größer ist als ein Wachtelei, schlägt sein Schätzpreis den etlicher anderer bekannter Kleinode, die ihn nach Maßen übertreffen.«

MacKendrick lächelte. »Sie wissen gut über den Stein und seine Herkunft Bescheid.«

»Mein Studiengebiet ist nun mal die Geschichte Südamerikas.«

»Die zugleich die Geschichte der jesuitischen Mission ist«, stellte er fest. »Sie sagten, Ihr Dienstherr sei der Bischof von Pau – stand er nicht dem Orden nah? Sie brauchen nichts zu fürchten. Ich habe nichts gegen die Societas Jesu, obwohl sie mir manche Jugendstunde versaut hat.«

»Wäre ich ein Freund der Jesuiten, so wäre ich nicht hier.«

»Sie meinen, weil der Erzbischof den Orden hasst?«

»Mein Dienstherr pflegt ihn einen Jesuitenfresser zu nennen.«

»Er hat sich bei ihrer Verfolgung hervorgetan?«

»Sie haben es nicht besser verdient«, erklärte ich entschieden. »Die Jesuiten haben Europa zu Grunde gerichtet.«

Er sah mich mit einem schwer zu deutenden Ausdruck an.

Am selben Nachmittag erregte die Ankunft eines weiteren Gastes Aufsehen in der Residenz.

Auf einem stattlichen Gaul sprengte ein Mann in Reiseumhang und Schlapphut in den Hof. Schwungvoll stieg er ab und wurde sogleich von des Bischofs Bediensteten umringt. Von den Fenstern des Palastes konnte man beobachten, wie die Schar vor Überraschung zusammenfuhr, als der Ankömmling sich den Staub vom Gesicht wischte und den Hut lüftete. Eine Mähne langer schwarzer Locken kam zum Vorschein: Der Reiter entpuppte sich als Frau!

Sie nahm ihren großen Mantelsack vom Pferd. Eine junge Frau, die im Haus eines hohen Geistlichen Logis begehrte, noch dazu eine, die ganz allein reiste, in einem Männersattel reitend, das musste für Irritation sorgen. Zwischen ihr und den Lakaien entspann sich ein Wortwechsel. Weitere Herren in niederer Kirchentracht kamen in den Hof hinab. Die Frau schüttelte lachend ihre Locken und wies an ihrem Gürtel die Jakobsmuschel vor. Einer Pilgerin, wie sonderbar auch immer sie auftreten mochte, konnte man die Aufnahme nicht verwehren. Sie wurde in den Palast geführt.

Am Abend wurden wir übrigen Gäste mit ihr bekannt gemacht. Sie war die Baronesa Inés de Santa Hermosa y Fuentes, auf dem Rückweg von ihrer Pilgerfahrt zum Grab des Heiligen Jakobus. Der Erzbischof hatte ihr unterdessen Audienz gewährt und sie an der Tafel im Speisesaal unmittelbar an seiner Seite platziert. Ihre Reisekluft hatte sie ersetzt durch das, was sich offenbar in ihrem Mantelsack befunden hatte: ein wunderbares Seidenkleid mit Perlen und Spitzen. Ihr prachtvolles Haar war aufgesteckt, ein goldener Kamm und Ohrgehänge funkelten im Schein der Kerzen.

»Dann müssen Sie auf Ihrem Weg in San Carlos del Monte Halt gemacht haben«, sagte Alexander MacKendrick, der zur anderen Seite neben dem Bischof saß, »ein hübscher Adelssitz, nicht wahr? Haben Sie meinen alten Freund Don Bartolomé gesprochen? Ich hoffe es geht ihm gut. Machen ihm seine Gebrechen nicht zu sehr zu schaffen?«

»Ihr Freund war ein sehr zuvorkommender Gastgeber«, bestätigte die Baronesa. »Und für sein hohes Alter kam er mir sehr rüstig vor.«

MacKendrick zeigte sich über diese Auskunft sehr zufrieden.

Die Baronesa war keine makellose Schönheit, ihre Züge wirkten herb, mit einem starken Kinn, und ihre Hände groß und sehnig. Doch ihr freimütiges Betragen war anziehend, wenn nicht erregend, und ihr Busen, gleichwohl nicht der üppigste, schimmerte in jugendlichem Weiß. Der Bischof betrachtete immer wieder ausgiebig das Kreuz, das an einer Halskette in der Mitte ihres Dekolletés baumelte ...

Überhaupt widmete Exzellenz seine Aufmerksamkeit fast den ganzen Abend ausschließlich der Baronesa, wobei er eine überraschende Galanterie bewies. Das mörderische Raubtier in ihm schien durch ihre Gegenwart besänftigt. Und dieser Wandel verstärkte sich noch, als der versammelten Gesellschaft weitere Sinnesreize beschert wurden: Das Mahl wurde aufgetragen.

»Ah!«, rief der Bischof, um sogleich seiner Sitznachbarin zu erklären: »Ihnen steht etwas Außergewöhnliches bevor. Ich besitze derzeit einen der begabtesten Küchenmeister des Landes. Er stammt aus dem Süden. Man hat ihn mir empfohlen, und das ist wirklich ein Glück! Sein Können ist unvergleichlich.« Woraufhin er sich zu MacKendrick wandte und flüsterte: »Dies heute ist eine Probe, für morgen, Sie wissen schon ... Nur das Beste für den päpstlichen Gesandten.« Der Brite nickte verstehend.

»Ich hoffte, eine weitere Attraktion bieten zu können«, fuhr der Bischof fort und deutete dabei ans Ende der langen Tafel. Dort saß ein Mann von höchst merkwürdigem Aussehen: kleiner Kopf mit einem froschartigen Gesicht, lange, dürre Gliedmaßen und ein Torso wie ein Flaschenkürbis. »Das ist Dionisio, der berühmte Kastrat. Er hat schon als Knabe hier an der bischöflichen Kapelle gesungen, ebenso wie sein Bruder, der heute noch berühmtere Apolino. Ich habe ihrem Vater ein hübsches Sümmchen bezahlt, damit ...« Der Bischof bewegte Zeige- und Mittelfinger wie eine schnappende Schere. MacKendrick zuckte leicht zusammen.

»Heute singen beide auf den Bühnen der Welt«, sagte der Bischof nonchalant, »treten vor gekrönten Häuptern auf. Apolino ist leider in London unabkömmlich. Ich konnte Dionisio für ein Weilchen hierher verpflichten. Aber sehen Sie: Nun ist der Gute erkältet. Bringt keinen Ton heraus. Ein Jammer!«

In der Tat hatte der Kastrat seinen Hals in einen riesigen Wollschal gehüllt. Er sprach den ganzen Abend kein einziges Wort.

MacKendrick sagte, er habe schon von den beiden Brüdern gehört und bedaure Dionisios Unpässlichkeit.

Das Dîner war, wie vom Bischof versprochen, exquisit. Es wurden Meeresfrüchte serviert und junge Tauben, Fischsuppe, Lämmchen und Eierpudding, auf den ersten Blick alles von der Schlichtheit, die einem kirchlichen Hause geziemt, aber doch ein jeder Gang so fein zubereitet, dass er einem im Munde zerging, und so raffiniert gewürzt und mit so ungewöhnlichem Beiwerk angerichtet, dass man staunen musste. Ich bin eher in der geistigen denn in der sinnlichen Welt zuhause, jedenfalls kein Kenner der Küche, doch kam ich aus dem Schwelgen nicht heraus. Und auch der Bischof ließ, während er biss und kaute und schluckte, einen wonnevollen Seufzer nach dem anderen vernehmen.

Am Ende des Mahls befahl er, den Urheber der Gaumenfreuden aus der Küche zu holen, um ihm ein Lob auszusprechen.

»Maese Antonio«, sagte der Bischof in unser aller Gegenwart zum Koch, einem kleinen, nicht weiter auffälligen Mann, der die Worte in demütiger Haltung entgegen nahm, »das war vortrefflich. Ihr werdet morgen genau dieselben Speisen noch einmal zubereiten. Der … Unser wichtiger Gast wird mit Eurer Kunst zufrieden sein.«

Maese Antonio verbeugte sich und wurde wieder entlassen.

Im Folgenden entspann sich eine Unterhaltung über die Fragen von Genuss und Geschmack. MacKendrick bemerkte, er verdanke seinen Sinn für die Freuden der Tafel eigentlich der strengen Erziehung seiner jesuitischen Lehrer: Durch die kargen Jugendjahre in ihren Lehranstalten wisse er heute ein gutes Mahl erst recht zu schätzen.

Ich fand diese These reichlich verdreht.

Die Baronesa sagte: »Wozu nur diese ganze Selbstzucht? Ist Gott nicht in den schönen und kostbaren Teilen seiner Schöpfung besonders gegenwärtig?«

»Ganz recht, ganz recht«, rief der Bischof, sich zu ihr hinüberlehnend. »Die Jesuiten predigen die Sparsamkeit nur, um ihre eigenen Taschen mit dem Geld der anderen zu füllen. Wie in allem, steht ihnen der Sinn insgeheim nur danach, sich Vorteile zu verschaffen und schließlich die Macht über den Rest der Welt zu erlangen. Es ist ein Elend, dass es nicht gelungen ist, den Orden gänzlich zu vernichten. Es gibt zu viele Fürsten, die noch mit diesen ach so frommen Brüdern sympathisieren, ihnen Unterschlupf gewähren. Dort warten sie nur darauf, zurück zu schlagen und Rache an uns zu üben.«

»Man hätte die Jesuiten mit noch größerer Härte verfolgen sollen«, beeilte ich mich ihm beizupflichten. Doch der Bischof achtete nicht weiter auf meine Bemerkung, und auch sonst niemand, außer vielleicht MacKendrick.

Die Gesellschaft wandte sich Erquicklicherem zu: Es wurden Spiele gespielt. MacKendrick raunte mir zu, unser Gastgeber bemühe sich offenbar um eine möglichst fürstliche, fast schon königliche Hofhaltung. Mir schien es, dass es dem Bischof eher darum ging, die Baronesa in Wallung zu bringen.

Die Tische wurden zur Seite geräumt, und alle Gäste und Geistlichen der Residenz wurden verpflichtet. Nur der verschnupfte Kastrat war entschuldigt.

Es gab Ringewerfen, Blindekuh und schließlich Ballspiele. Die Baronesa warf sich mit Lust ins Geschehen. Sie lief und sprang und lachte, bis ihre Wangen ganz gerötet waren und Schweiß auf ihrer Stirn glänzte. Der Bischof suchte immer ihre Nähe. »Baronesa«, rief er beim Wurfball, als das Spiel an ihn geriet, begierig, seiner Dame das Leder zuzuschanzen. »Baronesa, Baronesa!« Doch diese schaute gerade nach anderen Spielern in ihrer Nähe aus, vor denen sie einen Vorsprung zu erhaschen suchte, und bemerkte ihn nicht. Etwas ärgerlich, musste der Bischof den Ball an MacKendrick abgeben.

»Doña Inés«, rief der Brite.

Sie wandte sich fröhlich herum. Er warf, sie fing seinen Ball, und das Spiel ging weiter.

Doch bald waren alle vom Mahl, vom Spiel und vom roten Wein, der gegen den Durst gereicht wurde, ermüdet. Der Bischof hob die Gesellschaft auf. Der Abend war zu Ende.

Am anderen Morgen riss heftiges Klopfen MacKendrick aus dem Schlaf. Vor der Tür stand der Bischof persönlich, noch in seinem Nachtgewand. »Weg«, rief er, »er ist weg!«

»Er?« MacKendrick war im Nu hellwach. »Meinen Exzellenz etwa den Smaragd?«

»Verschwunden, während ich schlief. Der Schlüssel zu seinem Kästchen hängt noch hier um meinem Hals.« Und er zog die Schnur mit dem Schlüssel daran aus seinem Kragen.

»Zeigen Sie es mir!«, sagte MacKendrick, und so eilten sie zum bischöflichen Schlafgemach.

El Dorados Kästchen glich einem kleinen Reliquienschrein, in feiner Goldschmiedearbeit und mit Samt ausgelegt. Der Deckel stand offen, er war unbeschädigt. Jemand musste, während der Bischof schlief, den Schlüssel genommen haben. »Waren Exzellenz heute Nacht allein?«

»Woran denken Sie? Natürlich war ich allein. Ich habe mich eingeschlossen. Wie immer. Mich und meinen El Dorado.«

MacKendrick kniete vor der Tür. »Hier sind frische Kratzer am Türschloss. Jemand hat es erbrochen. Das geht ganz leicht, man braucht dazu nicht mehr als einen kleinen eisernen Haken.«

»Und dabei habe ich immer einen so leichten Schlaf. Ich kann mir das alles nicht erklären.«

»Die Tore sind nachts geschlossen? Also kann niemand den Palast verlassen haben.«

»Dann lasse ich alles durchsuchen, bis in den letzten Winkel. Irgendwo muss der Stein ja sein.«

»Nur kein Aufsehen! Lassen Sie mich machen – das wollten Exzellenz doch, oder?«

»Haben Sie denn irgend eine Idee?«

MacKendrick warf sich ein wenig in Pose. »In der Tat besitze ich eine ziemlich genaue Vorstellung davon, was zu tun ist. Vertrauen Sie mir! Haben Exzellenz mir nicht freie Hand versprochen?«

Der Bischof knirschte mit den Zähnen.

»Wo waren Sie nur?«, rief der Bischof, als MacKendrick gegen Mittag wieder bei ihm erschien. »Meine Wachen haben mir berichtet, Sie wären ausgeritten. Ich hatte befohlen, jeden aufzuhalten. Jeden außer Ihnen. Ich dachte schon …«

»Ich hätte Ihr Vertrauen missbraucht? Exzellenz, ich hoffe vielmehr, mich seiner ganz und gar würdig zu erweisen. Bitte sehr!« Und aus einer der aufgesetzten lila Taschen des himmelblauen Gewands, das er an diesem Tag trug, holte er einen Gegenstand: einen glatten, runden Stein von der Größe eines Wachteleis, mit gelblichem Schimmer.

Der Bischof keuchte. »Wo haben Sie ihn gefunden?« Er griff sich den Stein.

»Bei einer jungen, energischen Dame, die gestern hier angekommen ist.«

»Die Baronesa Inés?«

»Inés mag sie wohl heißen, aber auf den Titel einer Baronesa hört sie mitnichten – wie Exzellenz gestern Abend beim Ballspiel selbst hätten bemerken können, hätte die Dame Ihnen nicht, mit Verlaub, völlig den Kopf verdreht. Und von San Carlos del Monte war sie ebenso wenig hergekommen: Den dortigen Statthalter, einen noch jungen Mann, hielt sie für einen Greis, nur weil ich ihn einen alten Freund und gebrechlich nannte. Ich tat es, weil ich ihn seit seiner frühesten Jugend kenne, und schon seit jenen Tagen plagt ihn eine schlechte Gesundheit.«

»Eine Betrügerin! Und sie hat sich den El Dorado geholt?«

»Ich ging vorhin sogleich zu ihr und konfrontierte sie. Sie hat mir den Stein widerstandslos ausgehändigt.«

»Die Strafe ist ihr sicher! In diesen Kellern stehen noch die Foltergeräte der Inquisition.«

MacKendrick räusperte sich. »Ich fürchte, sie ist entkommen.«

»Unmöglich! Niemand hat die Residenz verlassen.«

»Sie war so geschickt, nicht nur den Stein zu stehlen, sondern auch meinen schönen grün-rosa Rock. Der Mann, von dem die Torwache berichtet – das war nicht ich. Das war Doña Inés. Man konnte schon gestern sehen, wie gut sie reitet.«

Der Bischof geriet außer sich. »Das haben Sie verschuldet! Sie hätten nicht allein zu ihr gehen sollen. Wieso haben Sie mir nicht gleich gesagt …«

In diesem Moment verkündete ein Posten die Ankunft des Gesandten aus Rom.

Der hohe Gast wurde willkommen geheißen, durch die Residenz geführt, und mit einem kleinen Zeremoniell wurde ihm der Edelstein übergeben. MacKendrick und der Bischof trafen erst wieder beim anschließenden Bankett zusammen. Doch konnte in Anwesenheit des päpstlichen Gesandten das Rätsel des El Dorado nicht weiter erörtert werden.

Dafür enthüllte MacKendrick im Flüsterton mir als seinem Tischnachbarn, dass Doña Inés den El Dorado aus des Bischofs Schlafgemach gestohlen und dass er, MacKendrick den Stein zurückgeholt und alles herausgefunden habe, was im Palast vor sich ging. Ich, über die Ereignisse dieses Vormittags noch völlig im Unklaren, konnte meine Überraschung nicht verbergen.

Das Bankett war eine sonderbare Veranstaltung: Alles verlief wie am Vortag, die Gesellschaft war dieselbe, nur saß diesmal der Gesandte, ein fetter Man mit dem Gesicht eines müden Bluthundes, neben dem Bischof auf dem Platz der schönen Inés. Die Speisenfolge wiederholte sich aufs genaueste: Meeresfrüchte, Täubchen, Fischsuppe, Lamm und Pudding. Die Züge des Gesandten verrieten keine Regung, aber der Bischof geriet über das Mahl neuerlich ins Schwärmen. Er schmeckte und seufzte, und vielleicht tat die Erleichterung über den wiedergefundenen Edelstein und über den gelungenen Handel mit Rom ein Übriges: Am Ende geschah es, dass Tomàs de Sangrenal, Erzbischof von Torquevillas, dieser argwöhnische, kaltherzige Mann, eine Freudenträne vergoss.

Maese Antonio hatte es sich nicht nehmen lassen, einen weiteren Beweis seiner Kochkünste zu liefern, und dem Menü einen Schlussgang hinzugefügt, ein letztes kulinarisches i-Tüpfelchen. Die Lakaien stellten, ein jeder vor das von ihm bediente Mitglied der Tafel, auf feinem Porzellan ein Stück köstlichen Turrón hin. Dieser harte, süße Nugat war hier fast weiß und mit geschälten und gerösteten ganzen Mandeln vermengt. Der Turrón nun trieb Don Tomàs vor lauter Wohlgeschmack das Wasser ins Auge. Auch MacKendricks Miene, als er kostete, veränderte sich – jedoch zu einem Ausdruck des Leids. Das Zuckerwerk schmerzte ihn an den Zähnen! Als er sah, wie auch ich mühsam an einem harten Bissen schluckte, zwinkerte er mir unter Tränen zu.

Spiele fanden an diesem Abend keine statt. Der Gesandte wollte anderntags zeitig aufbrechen und begab sich früh zu Bett.

Beim Verlassen des Saals sagte der Bischof zu Alexander MacKendrick, ein wenig widerstrebend:»Ich muss Ihnen danken. Wenn Sie einen Wunsch haben, werde ich sehen, was ich tun kann.«

Der Brite erwiderte höflich, aber bestimmt:»Mein einziger Wunsch, mit Verlaub, ist, Torquevillas noch heute Abend zu verlassen. Ich weiß Euer Exzellenz Gastfreundschaft zu würdigen, und ich werde gewiss nur Ruhmreiches über die Schätze dieser Residenz berichten. Doch drängt es mich nun, da hier nichts mehr zu tun bleibt, meine Reise ohne Aufschub fortzusetzen. Ohne überflüssige Worte, und vor allem ohne lästige Formalitäten und Kontrollen.«

Der Bischof kniff die Augen zusammen.»Es sei«, sagte er schließlich.

Und so ratterte schon kurze Zeit später ein Vierspänner zum Tor hinaus.

Alexander MacKendrick besaß zwei große Schrankkoffer für seine Reisen. Einer war hinten auf der Kutsche verstaut worden. Den anderen hatte er vorgezogen, so eng es auch war, mit ins Innere des Wagens zu nehmen. Der Koffer, für Kleider und Perücken bestimmt, besaß eine mit blickdichter Gaze bespannte Öffnung, damit der Inhalt stets belüftet und doch vor Ungeziefer geschützt wurde.

MacKendrick näherte sein Gesicht dieser sinnreichen Einrichtung und raunte:»Wir haben es geschafft. Ich lasse Sie jetzt heraus.« Und öffnete den Koffer.

Heraus stieg – ich. Ich ordnete meine Kleider und nahm neben meinem Retter auf den Sitzpolstern Platz:»Ich bin ewig in Ihrer Schuld«, sagte ich.

»Es freut mich, unserem Bischof eins auszuwischen. Und einen so klugen Zeitgenossen wie Sie konnte ich doch nicht in seinen Fängen zurücklassen!«

»Ich ahne immer noch nicht, wie Sie über das alles Bescheid wissen konnten.«

Er lächelte selbstgefällig. »Einiges habe ich gewusst, einiges nur geraten. Manchmal bin ich ein Spieler. Ich riet, dass die schöne Inés in den Palast gekommen war, um den El Dorado zu stehlen. Ihn von ihr zurückzufordern, hieß Vabanque zu spielen. Wie sich zeigte, besaß sie ihn wirklich und händigte ihn mir aus. Mein Einsatz hatte sich gelohnt. Doch dann stellte ich zu meiner Verblüffung fest: Der Stein war nur eine Fälschung! Eine gute Fälschung, aber ich darf mich einen Kenner nennen. Wenn Doña Inés den Stein aus seinem Kästchen gestohlen hatte, so war er zuvor gegen eine Fälschung ausgetauscht worden. Und zwar erst kurz zuvor, denn auch unser Bischof ist Kenner genug, um zumindest bei genauerer Betrachtung eine Fälschung zu bemerken. Mithin befanden sich weitere Diebe im Palast: jene *Brüder*, von denen in der geheimen Botschaft zu lesen war.«

»Der Bischof hat also einen der Briefe gefunden.«

»Mein Verdacht fiel auf den nächsten Gast – auf Sie. Sie wetterten mir ein wenig zu betont gegen die Societas Jesu, als dass ich Ihnen glauben konnte. Vielleicht sind meine jesuitischen Schulmeister Schuld daran: Einen Bruder jenes Ordens rieche ich drei Meilen gegen den Wind. Und Ihr Dienstherr ist schließlich der Bischof von Pau, ein Freund der Jesuiten. Ich schloss, Sie, Señor Malipas, seien der Empfänger der Geheimbotschaft. Sie waren gekommen, um den El Dorado zu stehlen. Sie wollten den Bischof diskreditieren, seine Geschäfte mit Rom durchkreuzen und sich so für die Schmach rächen, die er Ihrem Orden zugefügt hatte. Sie sind einem Glaubensbruder nach Torquevillas gefolgt – dem Schreiber der Briefe. Zusammen haben Sie den von ihm ausgeheckten Plan ausgeführt.«

»Und Sie kennen auch diesen Plan?«

»Er bestand darin, den Bischof zu betäuben und nachts in seiner Kammer den Stein gegen eine mitgebrachte Fälschung, angefertigt auf Grundlage Ihrer Studien, auszutauschen. Das Vorhaben gelang, weil Ihr Mitverschworener in seiner Eigenschaft und dank seiner besonderen Fertigkeiten *als Küchenmeister* zu Don Tomàs gelangte: Denn niemand anderes als Maese Antonio ist dieser Mitverschworene. Maese Antonio gab dem Bischof mit dem Dîner ein Schlafmittel zu essen.

Und Maese Antonio, nachdem er nachts in des Bischofs Kammer geschlichen war und die Steine ausgetauscht hatte, spielte anschließend Ihnen den echten El Dorado zu: in Ihrer Portion Turrón, zwischen Röstmandeln in honigfarbenem Karamell verborgen. Ich habe Sie beobachtet. Sie haben den Smaragd hinuntergeschluckt. Um ihn so aus dem Palast zu schmuggeln.«

»Ich gebe es zu. Ich werde warten, bis … er wieder zum Vorschein kommt.«

»Und bis das nach Rom gesandte Juwel als Fälschung erkannt wird. Unser armer, armer Erzbischof! Hoffen wir, dass wenigstens Dionisio bald genesen ist und ihm Trost mit seinem Gesang spenden kann.«

»Doña Inés – wie stahl sie den Stein?«

»Offenbar hatte sie geplant, den Bischof zum Zweck des Diebstahls zu verführen – was sich als nicht mehr nötig erwies. Als sie sich nachts zu seinem Gemach schlich, um an seine Tür zu klopfen, fand sie diese unverschlossen und Seine Exzellenz im Tiefschlaf. Dass jemand ihr zuvorgekommen war, dieser Gedanke kam ihr nicht. Froh über den unverhofft leichten Zugriff, nahm sie den Smaragd an sich – beziehungsweise das Duplikat.«

»Und warum?«

»Ich kann wiederum nur raten. Womöglich ist sie die Tochter des Kommandanten von Cádiz, von dem Sie berichteten und der um El Dorados Willen ermordet wurde. Sie wollte den Stein zurück haben.«

»Haben Sie selbst ihr Ihren grün-rosa Rock gegeben, als Tarnung?«

MacKendrick zuckte die Achseln. »Es ist schade um das gute Stück. Aber der Rock und Sie, Señor, hätten ohnehin nicht beide zusammen in diesem Koffer Platz gehabt. Dennoch …« Bekümmert las er ein ramponiertes Etwas vom Boden des Koffers auf: »Auf meine Galaperücke hätten Sie trotzdem Acht geben können. Sie ist völlig zerdrückt.«

»Tut mir leid. Da drin war es sehr eng und dunkel …«

»Sie werden Buße tun, indem Sie diese ganze Geschichte aufschreiben. Für die Buchausgabe meiner gesammelten Abenteuer.«

»Das soll geschehen. Aber vielleicht hätten Sie die Perücke besser in Ihren anderen Koffer umgepackt.«

»Ich fürchte, auch darin war kein Platz mehr.«

Ich sah ihn fragend an.

»Sie dachten doch wohl nicht«, sagte MacKendrick, »ich ließe Maese Antonio in Torquevillas zurück, wo ihm Entdeckung und Strafe drohen? Nein! Wenn wir weit genug sind, halten wir und lassen ihn aus seinem Koffer heraus. Sein Turrón mag nicht jedem bekömmlich sein. Dennoch sollte seine Kunst unbedingt der Welt erhalten bleiben.«

 **Turrón**

Alexander MacKendrick nahm die voranstehende Episode in den dritten Band seiner Reiseerinnerungen auf (»My Travels Into The South And Middle Of Present Europe, With A Special Description Of The Country Sights And Cultural Monuments, In Six Volumes«, Merritt & Hopkins, London 1787). Man mag bedauern, dass der Text keine Rezepte oder auch nur nähere Details zu den erwähnten Speisen enthält. Vom gerühmten Turrón ist immerhin klar, dass an der erzbischöflichen Tafel dessen harte Variante dargereicht wurde – man kennt Turrón daneben auch als weichen Nugat. Das erste überhaupt überlieferte Turrón-Rezept findet sich in der Schrift »Manual de mujeres en el cual se contienen muchas y diversas recetas muy buenas«. Sie erschien anonym im 16. Jahrhundert und lehrt passender Weise nicht nur das Zubereiten von Süßigkeiten und anderen Gerichten, sondern auch von Zahnpasta, Mitteln gegen Zahnschmerzen und anderer Arznei. Zu den Festlichkeiten anlässlich der Geburt des Infanten Felipe Próspero anno 1657 wurden, wie später Quintana schreibt, nicht weniger als 5000 Pfund Honig und ebensoviel Eier zu Turrón verarbeitet, aber vielleicht ist das nur romantische Übertreibung. Hier ein praktikableres Rezept für unsere Tage, für einen harten »Turrón de Alicante«:

Zutaten:

500 g Honig
250 g Zucker
500 g Mandeln (roh, geschält)
1 Eiweiß
abgeriebene Schale 1/2 Zitrone (unbehandelt)

Zubereitung:

Mandeln ohne Fett goldbraun rösten. Eiweiß zu Schnee schlagen. Honig in einem Topf erwärmen und auf kleiner Flamme köcheln, bis das evtl. enthaltene Wasser verdampft ist; dann Zucker zugeben und gut mischen; Eiweiß gut unterrühren und bis zum Karamellisieren weiterköcheln. Topf vom Feuer nehmen, Zitronenschale und die Mandeln zugeben; eine Form mit eingeöltem Backpapier auslegen und die Masse hinein geben; erkalten lassen.

Zum Experimentieren: 1/3 der Mandeln durch andere Nüsse ersetzen; besondere Honigsorten verwenden (z.B. Rosmarin-Honig); gehackte kandierte Früchte, Gewürze oder Aromen hinzufügen.

Henrike Madest

Der Ziegenbaron

Die Vorbereitungen für das Fest liefen auf Hochtouren. Rings um den quadratischen Marktplatz von Antigua parkten immer mehr Autos, Liefer- und Lastwagen. Männer luden geschäftig Tische, Bänke und Zelte aus. Die meisten von ihnen schwitzten, denn die Sonne brannte jetzt in der Mittagszeit unbarmherzig vom Himmel. Vom Wind, der sonst scharf über Fuerteventura wehte, war hier nichts zu spüren, denn die Häuser standen dicht an dicht und hielten jedes noch so winzige Lüftchen ab. Vielleicht hatten die Arbeiter deshalb keinen Blick für die schlichte Schönheit – sie lebten schon lange auf dem kargen und trockenen Eiland und ihnen war einfach zu heiß. Ihre Lasten schleppten sie ohne Rücksichtnahme quer über die vielen kleinen Beete, in denen windzerzauste Palmen ihre kurzen Wedel wie Arme Richtung Himmel streckten.

Im Schatten der klobigen weißen Kirche saßen vier Männer auf hellgrünen Campingstühlen und diskutierten laut über das bevorstehende Ereignis. Auf dem wackeligen Tisch in ihrer Mitte standen eine Thermoskanne, ein paar Plastiktassen und eine Flasche Brandy.

»Natürlich bringe ich wieder unseren berühmten Ziegeneintopf mit.« Pedro Gonzales kippte sich einen guten Schuss Hochprozentiges in seinen Kaffee. »Das Tier habe ich schon ausgesucht, ein zartes Zicklein, gerade mal acht Monate alt, aber gut genährt. Es bekommt seit Wochen eine Zusatzration Heu, extra auf Teneriffa eingekauft.«

Er faltete die Hände über seinem dicken Bauch, als sei der auch durch extra viel Heu entstanden, und schaute selbstzufrieden in die Runde.

»Ich frag ja nur.« Sein bester Freund, Julio Gomez, der Bürgermeister der kleinen Gemeinde, schien zu überlegen, wie er den nächsten Satz formulieren sollte. »Also, es ist so, dass unsere Frauen miteinander gesprochen haben und da hat deine Maria gesagt, dass von ihren Ziegen keine mehr geschlachtet wird. Dass ihr jetzt nur noch Käse und Milch produziert. Und dass ihr gerne eine größere Menge eures leckeren Ziegenkäses für das Fest spendet. Schließlich gehören die Ziegen ja auch ihr, weil sie ja alles mal geerbt hat.«

Pedro Gonzales Gesicht lief dunkelrot an. Er nahm einen großen Schluck von seinem selbst gemixten Carajillo und knallte den Becher auf den Tisch. Während er die fleischigen Schultern straffte, schaute er in die Runde. »Weiber! Das wollen wir ja mal sehen, wer der Mann im Haus ist!«

Er stand auf, wischte sich ein Schweißrinnsal, das ihm über die Wange lief, mit dem Handrücken ab und ging mit schweren Schritten davon.

»Hasta luego! Wir sehen uns morgen Abend zur Fiesta! Mit dem Ziegeneintopf!«

Eigentlich wollte er den direkten Weg zu seiner Finca nach Pozo Negro nehmen, aber dann beschloss er, einen kleinen Bogen zu fahren und sich zu beruhigen. Das konnte nichts schaden, denn aus Erfahrung wusste er, dass seine Maria extrem stur reagierte, wenn er wütend war. Und er war wütend. So wütend wie schon lange nicht mehr. Diese blöde vegetarische Ernährung seiner Frau ging ihm schon die ganze Zeit auf die Nerven. Schlimm genug, dass sie sich nur noch von Grünzeug ernährte, in den letzten Wochen hatte sie sich sogar geweigert, ihm ein ordentliches Stück Fleisch zu braten. Und jetzt auch noch das! Wie würde er vor seinen Freunden da stehen, wenn sie ihre blöden Ziegen nicht rausrücken würde. Ziegen sind nun mal zum Schlachten da! Das war schon immer so und das würde immer so sein!

Die Straße von Antigua nach Triquiviate und weiter Richtung Küste führte durch eine graue Hügellandschaft. Hier war der Wind wieder stärker zu spüren. Er trieb die Wolken vor sich her und deren Schatten hasteten wie gespenstische Fotonegative über den mit grauem Sand bedeckten Boden. Überall lagen große und kleine Steine wie zufällig hingeworfen. Einige Ziegen knabberten an den dünnen Gräser und den vereinzelt am Straßenrand wachsenden gelben Blumen. Pedro Gonzales überlegte, ob er nicht kurzerhand einfach eine dieser Ziegen nehmen sollte, entschied sich dann aber dagegen. Die kleine Braun-Weiße hatte er schließlich monatelang für das morgige Fest gemästet und die sollte es jetzt auch sein, nicht eine dieser ausgezehrten Zicken, die wer weiß wem gehörten. Den Ziegenbaron nannten sie ihn hier auf der Insel, den »barón des cabras«; so sollte es auch bleiben und dafür musste er Qualität liefern.

Er jagte seinen Wagen die Küstenstraße entlang. Über den schroffen Felsen kreisten ein paar Möwen. Sie schienen ihn auszulachen. Er starrte wütend auf die Straße, die sich wie eine schmale schwarze Schlange vor ihm wand. Nein, bislang hatte er sich keineswegs beruhigt, im Gegenteil, je länger er über diese groteske Situation nachdachte, desto irrealer erschien sie ihm. Er war kein Macho, kein bisschen. Aber schließlich führte er den Betrieb bereits seit zwanzig Jahren. Seit zwanzig Jahren entschied er, welche Tiere verkauft und welche geschlachtet wurden. Und seit zwanzig Jahren war ihr berühmter Ziegeneintopf eines der kulinarischen Höhepunkte der ‚Fiesta de Agosto', die jeden Sommer im Antigua stattfand, und nicht nur die Einheimischen der umliegenden Orte sondern auch viele Touristen anlockte. Er merkte, wie seine Hände schwitzten und griff das Lenkrad ein bisschen fester. Nur noch zwei Kilometer, dann war er zu Hause, bei seiner Maria und ihrem großen gemeinsamen Hof.

Nur noch ein Kilometer, er versuchte langsam aus- und einzuatmen, denn er spürte, dass er immer noch aufgebracht war, eigentlich noch mehr als bei der Abfahrt in Antigua. Er fuhr an seinem Grundstück vorbei, dem langen Zaun, den er vor einigen Jahren komplett gezogen hatte und hinter dem Hunderte von Ziegen standen und auf den mageren Gräsern kauten, die hier wuchsen. Sie ignorierten seine Ankunft, genau wie seine Frau seine Wünsche ignorierte.

Vor dem ockerfarbenen Wohnhaus flatterten weiße Bettbezüge und Laken wie Friedensfahnen im Wind.

Kein Frieden! Heute ist Zeit für Krieg!

Er schlug mit der flachen Hand auf das Lenkrad, es schmerzte ein wenig, aber das war ihm egal. Ein Kissenbezug löste sich wie von Geisterhand von der Leine und wehte zu Boden. Das war ein Zeichen. Definitiv kein Frieden! Er stieg aus.

»Maria, wo bist du! Ich muss mit dir reden!«

Er brüllte so laut er konnte, aber von seiner Frau war nichts zu hören und zu sehen. Die einzigen Geräusche waren das ferne Rauschen des Meeres und das Pfeifen des Windes in den langen trockenen Blättern der Palmkronen über ihm.

Wahrscheinlich war sie wieder in ihrem Gewächshaus, in dem sie allerlei Gemüse und Kräuter anpflanzte. Pedro eilte so schnell er konnte um das Haus und stand vor dem zwei Meter hohen und zehn Meter langen gelblichen Plastiktunnel. Tatsächlich, da war sie!

»Maria! Komm sofort da raus, ich muss mit dir reden!«

Maria war immer noch eine Schönheit. Das war sie schon damals gewesen, als sie geheiratet hatten: schön, aber eigenwillig und wild. Vor zwanzig Jahren hatte ihn das nicht gestört, im Gegenteil, er war stolz auf sie und auf sich, dass ausgerechnet er die einzige Tochter des reichsten Ziegenzüchters auf Fuerteventura für sich gewinnen konnte. Und dass sie jahrelang die ganzen Geschäfte ihm überlassen hatte, erschien ihm ganz selbstverständlich. Ja, er war wichtig geworden in der Gemeinde und wollte es bleiben. Aber sie, sie reagierte nicht mal, wenn er sie rief: »Maria, kommst du jetzt wohl her!«

Langsam drehte sie sich um. Ihre schwarzen Haare trug sie seit ein paar Jahren kurz, die schulterlange samtige Mähne hatte ihm besser gefallen. Und auch die Schminke, die sie im Gesicht hatte, bevor sie sich diesen Ökos angeschlossen hatte. Bio-Obst, ein Elektroauto, keine schicken Klamotten mehr, so vieles hatte sie in den letzten Jahren einfach verändert und neu eingeführt, aber jetzt war Schluss! Wenn sie jetzt anfing, ihn vor seinen Freunden lächerlich zu machen, dann war ganz einfach Schluss! Wie auch immer, er würde es beenden, wenn sie nicht von alleine zur Vernunft kam. Er würde sich etwas überlegen und diesen Unsinn einfach beenden.

»Hallo Pedro!« Sie lächelte. In den Händen hielt sie eine Schüssel mit verschiedenen Gemüsesorten. »Ich habe schon mal was fürs Abendessen geerntet. Wie wars in Antigua?«

»Wie es war? Was glaubst du wohl wie es war? Sie lachen über mich, die anderen Männer! Es hat sich herumgesprochen, dass du keine Ziege rausrücken willst für das Fest. Es war total peinlich für mich!«

»Aber warum denn?« Maria zog fragend die Augenbrauen hoch. »Ich habe dir doch gesagt, dass wir nicht mehr schlachten. Wir können gerne Käse spenden für das Fest; wir haben den besten Ziegenkäse weit und breit, der wird genauso gut ankommen wie der Eintopf. Und bei der Hitze ist er auch viel bekömmlicher!«

»Maria, darum geht es nicht, es ist mir egal, was bekömmlich ist.«

»Worum geht es denn?«

Sie lächelte und ging ungerührt an ihm vorbei, heraus aus dem Gewächshaus in die Sonne, wo das gleißende Licht dazu führte, dass er nun geblendet wurde, als er sie anschaute.

»Worum? Es geht darum, dass wir schon immer Ziegeneintopf gespendet haben. Es geht darum, dass du hier nicht einfach bestimmen kannst. Es geht darum, dass ich mich nicht vor meinen Freunden lächerlich machen will. Es geht darum, dass es völliger Blödsinn ist, kein Fleisch zu essen.«

»Tja, das sehe ich anders, aber das weißt du ja.«

Sie wandte sich ab und ging Richtung Haus.

Pedro starrte ihr fassungslos hinterher. Sie ließ ihn hier einfach stehen, wie einen dummen Jungen. Nichts, was er gesagt hatte, schien sie zu interessieren. Das würde er nicht mit sich machen lassen. Nein, nicht mit ihm. Mit großen schweren Schritten ging er hinter ihr her und packte sie von hinten am Oberarm. Sie schrie auf und ließ ihre Schüssel fallen. Die Keramik zerbarst, die Scherben fielen zu Boden, gemeinsam mit den Tomaten, Auberginen und Zucchini. Er trat gegen eine Aubergine, die im hohen Bogen durch die Luft flog, im Ziegengehege landete und sofort von ein paar Tieren begutachtet wurde.

»Da siehst du, was passieren kann, wenn du nicht auf mich hörst, Maria. Ich bin der Herr im Haus, das war schon immer so und das wird sich nicht ändern, nur weil du langsam verrückt wirst! Und Gemüse ist Ziegenfutter!«

»Lass mich los, du tust mir weh! Ich glaube, es ist ja wohl offensichtlich, wer hier verrückt ist. Aua, damit kommst du auch nicht weiter!«

Er zerrte sie hinter sich her in Richtung Stallungen. Seine grauen Haare hingen ihm wirr in die Stirn, er schwitzte wie schon lange nicht mehr. Es war doch etwas anderes, eine wild gewordene Frau zu bändigen, als eine von diesen blöden harmlosen Zicken.

Da kam ihm eine Idee: »Ich gebe dir noch eine Chance! Du hast dich nie für das Schlachten interessiert, warst nie dabei. Jetzt kannst du dir ansehen, wie einfach es ist. Die Tiere merken gar nicht, wenn sie sterben. Das war vielleicht früher so, als dein Vater noch den Hof geführt hab, aber seit ich das neue Bolzenschussgerät gekauft hab, ist das Töten der Tiere ganz einfach, du wirst sehen.«

Maria trat nach ihm und versuchte sich loszumachen. »Wenn du vor meinen Augen ein Tier schlachtest, lasse ich mich scheiden. Wenn du überhaupt noch mal eins meiner Tiere tötest, kannst du gehen. Ich habe gesagt, dass ich es nicht mehr will. Es sind meine Ziegen. Wenn du töten willst, bewirb dich beim Schlachthof in Puerto del Rosario, die nehmen dich sicher gerne mit deiner Erfahrung. Hier nicht mehr!«

Er lachte hämisch.

»Das könnte dir so passen, dass ich jeden Morgen um vier nach Rosario fahre und dort in der Fleischfabrik arbeite. Hier ist mein Platz, meine Zucht, meine Tiere, meine Schlachtung, mein Geld.«

Sie waren beim Schuppen angekommen. Er zog das große grüne Tor zur Seite und schubste sie hinein.

»Hier, das habe ich alles aufgebaut, während du dich mit deinen Karotten unterhalten hast. Hiervon haben wir die letzten Jahre gelebt und hiervon werden wir die nächsten Jahre leben.«

Sie begann zu schreien, wohl wissend, dass niemand sie hören würde. Die nächsten Häuser waren viel zu weit weg und das Tosen des Meeres und des Windes waren so laut, dass sie jegliche Geräusche verschluckten.

»Du gemeiner Kerl! Du bist wirklich das Allerletzte. Lass mich los, das ist deine letzte Chance! Sonst wirst du es wirklich bereuen!«

Er lachte hämisch, während er sie über den holprigen naturbelassenen Steinboden zu einer Wand bugsierte, in die diverse Metallringe eingelassen waren, von denen Stricke zu Boden baumelten.

»Ich glaube, du verkennst hier was, das ist deine letzte Chance! Du schaust dir das jetzt an, es ist eine humane Methode. Sie entspricht den Vorschriften, alles ist in Ordnung. Alles! Nur du nicht!«

Er drückte sie an die Wand und begann sie zu fesseln. Sie versuchte sich zu wehren, aber sie hatte keine Chance. Er war kräftiger und brutaler und er hatte so eine Wut in sich, dass sie Angst hatte, er würde sie umbringen, wenn sie zuviel tat. Sie hielt inne. Was hatte er vor mit ihr? Es musste ihm doch klar sein, dass er sie nach dieser Geschichte nicht mehr sehen wird. Plante er wirklich nur, das Schussgerät vorzuführen?

Sie würde besser aufhören sich zu wehren, ihm sagen, dass es wohl doch nicht so schlimm ist, wie sie befürchtet hatte, dann hatte sie vielleicht eine Chance, hier wieder lebendig und ohne Schaden zu nehmen herauszukommen. Sie begann leise zu weinen, das konnte sie nun wirklich nicht verhindern.

»Ach, halt die Klappe!«

Er nahm ein Tuch aus der Hosentasche und stopfte es ihr in den Mund. Sie starrte ihn fassungslos an. Tränen liefen über ihre Wangen. Einen Moment lang schauten sie sich in die Augen, seine braun, ihre braun. Sie fühlte kurz die Vertrautheit; diesen Mann hatte sie jahrelang geliebt. Doch der Moment ging schnell vorbei, denn sie sah die blanke Wut, den Wahnsinn, der ihn momentan antrieb, in seinem Blick. Sie schaute ihm hinterher, als er den Schuppen verließ. Er würde doch wohl nicht wirklich ein Tier vor ihren Augen schlachten, er wusste doch, wie sehr sie ihre Ziegen liebte. Er würde doch wohl nicht etwa das süße kleine braun-weiße Zicklein vor ihren Augen töten, das er seit Wochen am Haus hielt und zusätzlich fütterte. Sie hatte es ins Herz geschlossen, weil es immer so niedlich hochsprang, wenn sie kam, um ihm ein paar Gemüsereste zu bringen. Ihr Schluchzen wurde lauter und die Tränen strömten über ihr Gesicht und tropften zu Boden. Das könnte sie niemals ertragen!

Sie hörte das sanfte vertrauensvolle Meckern schon von weitem. Er hatte die Braun-Weiße bereits an einem Strick und zog sie hinter sich her. Sie wehrte sich bei weitem nicht so wie sie eben, aber das Tier hatte ja auch keine Ahnung, was ihm geschah. Maria versuchte, die Fesseln zu lockern, rieb sie an den Metallring. Sie spürte, dass ihr Mann sie nicht richtig fest gemacht hatte, vielleicht hatte sie ja eine Chance, das Zicklein und sich zu retten. Emsig bewegte sie die Hände hinter ihrem Rücken hin und her und hörte erst auf, als Pedro direkt neben ihr stand und die Kleine an dem Ring einen Meter weiter befestigte.

»So, da bist du erstmal gut aufgehoben!«

Dann wandte er sich ihr zu.

»Ich erkläre dir jetzt erstmal die Technik. Denn die Betäubung wird gleich so schnell gehen, dass du es gar nicht mitbekommst. Du verstehst? Schnelle Betäubung, schmerzfrei, die Tiere merken nichts!«

Sie versuchte zu sprechen, aber es kam nur ein verzerrtes Grunzen aus ihrem Mund.

Pedro ging in eine Ecke und zog sich eine weiße Gummi-Schürze und weiße Gummistiefel an.

»Ganz unblutig geht es nun doch nicht!«

Er nickte bestätigend mit dem Kopf. Sie grunzte verzweifelt. Das Zicklein war jetzt still! Pedro zog eine Metallkiste hinter sich her in ihre Richtung, nahm etwas heraus und kam wieder auf sie zu, in der Hand ein Gerät, das aussah wie ein kleines Fernrohr.

»Das ist es! Hiermit werde ich die Suppeneinlage gleich betäuben.« Er kicherte hämisch. »Und dann, ganz einfach, Messer in den Hals, ausbluten lassen, zerlegen, kochen.«

Maria versuchte sich von den Fesseln zu lösen, vergeblich. Ihre Unruhe ging auch auf das Zicklein über, es zappelte und zerrte an seiner Leine. Nur Pedro blieb die Ruhe selbst. Er legte eine Patrone ein und hielt sich den Schussapparat an die Stirn.

»Siehst du, ganz einfach. Einen Schuss zwischen die Augen und schon spüren sie gar nichts mehr!«

In diesem Moment befreite sich die Ziege von ihrem Strick, sprang ein gutes Stück vorwärts und landete mit den winzigen Hörnern genau in Pedro empfindlichsten Teil. Der schrie auf, aber nur kurz, denn durch die ungeschickte Bewegung hatte sich der Schuss gelöst und jagte durch das Stirnbein direkt in sein Gehirn. Er stürzte zu Boden, knallte mit dem Hinterkopf auf den scharfen Metallrand der Kiste und wäre sicher daran gestorben, wenn er nicht sowieso schon auf der Stelle tot gewesen wäre. Das Zicklein sprang munter und ungerührt im Schuppen herum und schien etwas zu fressen zu suchen. Maria hielt den Atem an. Das war wirklich ganz schnell und unproblematisch gegangen. Er hatte Recht gehabt! Betäubt und tot! Sie rieb weiter ungeduldig an dem Strick, der sie fesselte, und war frei! Betäubt und tot! Was sollte sie jetzt mit ihm machen? Einfach einen Bestatter anrufen? Eine schöne Beerdigung für ihn inszenieren? Das fiel ihr überhaut nicht ein. Er hatte einfach keinen feierlichen Abschied von dieser Welt verdient!

Es war bereits spät in der Nacht, als Maria endlich fertig war mit ihrer Arbeit. Der Schuppen sah aus, als sei dort nie ein Tier geschlachtet worden. Hier könnte sie Hühner halten. Auch die Küche war wieder sauber, die Pfannen gespült, die Tücher gewaschen. Vier große Kessel waren gefüllt für das morgige Fest. Anders als Pedro früher hatte sie viel Gemüse hineingetan und frische Kräuter. Der Eintopf roch würzig und an der Oberfläche schwammen große schillernde Fettaugen. Der Ziegeneintopf würde wieder der Renner für die Besucher der Fiesta in Antigua werden. Und Maria hatte zum letzten Mal in ihrem Leben ein Gericht mit Fleisch gekocht.

Pedros leckerer Ziegeneintopf

Zutaten

- *1 kg Ziegenfleisch in Stücken*
- *1 kg Weißkohl, grob geschnitten*
- *2 Möhren*
- *4 Gemüsezwiebeln, in Scheiben geschnitten*
- *4 Knoblauchzehen*
- *2 Lorbeerblätter*
- *Salz und Pfeffer*
- *750 ml Fleischbrühe*
- *Olivenöl zum Anbraten*
- *(für Marias Variante eignen sich vor allem Mittelmeergemüsesorten wie Paprika, Zucchini und Tomaten)*

Zubereitung:

Fleisch von allen Seiten gut anbraten. Salzen und pfeffern. Anschließend Gemüse, Kartoffeln und Fleisch lagenweise in einen großen Topf schichten. Knoblauch und Lorbeerblätter zufügen. Zum Schluss die Bouillon übergießen. Ca. 75 Min. kochen lassen.

Heidi Moor-Blank

Pinchos de Pollo

»Pinchos de Pollo«, murmelte der Hotelchef, als er seinen fehlenden Gast endlich gefunden hatte. Als dieser schon den zweiten Morgen nicht zum Frühstück erschienen war, hatte er sich auf die Suche nach ihm gemacht.

Nicht, weil er ihn vermisste, sondern weil die Rechnung noch nicht bezahlt war. Und das würde wohl auch so bleiben.

Der Hotelchef schob seinen Sonnenhut weit ins Genick und kratzte seine Glatze. Dann seufzte er tief.

Er würde jetzt den Gendarmen des Dorfes alarmieren und seinen Finanzplan ändern. Das Geld für die vierzehn Tage Logis konnte er wohl vergessen.

Und er würde sein schlechtes Gewissen bekämpfen. Schließlich war er nicht schuld daran, dass der Gast kein bisschen Spanisch verstanden hatte.

Zwei Wochen vorher war Herr Mangold, der deutsche Fotograf, im kleinen Dörfchen Chulilla angekommen. Damals noch quicklebendig. Sehr missmutig zwar, aber quicklebendig. Sein Missmut lag nicht an der weiten Reise, an der Hitze oder an den engen Gassen, durch die er sein Auto bis zum Hotel hatte manövrieren müssen, nein, es lag daran, dass schlechte Laune sein Grundcharakterzug war.

Und das schon immer.

Er war nie ein wonniges Baby gewesen, haute anderen Kindern im Sandkasten die Schippe auf den Kopf, statt mit ihnen Burgen zu bauen und saß in der Schule immer alleine. Und immer ganz hinten.

Die wenigen Frauen, die sich für ihn interessierten, merkten bald, dass sein »Lonesome-Rider«-Gehabe keine Anmache war, sondern echt. Aber das passierte selten. Zum einen, weil er seine Wohnung nur zum Arbeiten und Einkaufen verließ, zum anderen, weil die Natur nicht nur an seinem Charme gespart hatte, sondern an dem ganzen Kerl. Knappe 58 Kilo auf Einmeterzweiundsechzig – das einzig Große war seine gebogene Nase.

Frauen verzichten auch mal auf Männlichkeit, wenn Herzenswärme vorhanden ist.

Und umgekehrt.

Er hatte weder noch.

Sein Geld verdiente er als Fotograf. Ein seltsamer Beruf für einen Menschen, der weder einen Sinn für Schönheit noch für romantische Szenen hatte. Seine Fotografien waren meist hart, trostlos und immer schwarz-weiß.

Jetzt hatte ihn ein Auftraggeber »in die Wüste« geschickt. Fotos von Dürre, Staub und Trockenheit, von wilden Kakteen und ödem Land – das war die Vorgabe. Der Getränkekonzern zahlte gut, trotzdem hatte sich Mangold den Weg in die echte Wüste gespart und sich für das spanische Hochland entschieden.

Von Valencia aus fuhr er mit einem Leihwagen etwa eine Stunde lang Richtung Westen in die Berge, bis er nach Chulilla kam. Ein kleines Dorf, angeschmiegt an einen Berg, auf dem ein zerfallenes Castillo thronte.

Wunderschön, sonnig, heiß, aber nicht so trocken, wie es laut Reiseführer eigentlich hätte sein sollen. In diesem Frühjahr hatte es – allen sonstigen Wetterregeln trotzend – lange und ausgiebig geregnet. Der Burgberg strahlte in zartem Grün, die Kakteen standen in voller Blüte. Mangold sah sich um.

»Mist!«

Das Hotel war nett, gepflegt und sauber, und er war der einzige Gast. Am Tag seiner Ankunft quälte er sich durch die spanische Speisekarte, denn er verstand kein Wort. Wütend fluchte er vor sich hin. Dass der Chef des Hotels seine Not erkannte und ihm beistehen wollte, machte alles nur schlimmer.

»Pojo!«, rief der hilfsbereite Spanier, zeigte auf den Eintrag »Pinchos de pollo« und hüpfte gackernd vor Mangold auf und ab.

Der musterte ihn abschätzend und murmelte: »Bekloppter Bastard …«

Das Gackern erstarb.

Mangold hackte mit den Zeigefinger auf die Karte und knurrte: »Ja! Nehm ich! Ja!«

Ein kurzes Nicken, eine angedeutete Verbeugung und der Spanier verschwand lautlos. Mangold hatte seinen Stolz verletzt.

Das Frühstück am nächsten Morgen servierte ein junges Mädchen, das nach einem Austauschschuljahr in Münster ein ganz passables Deutsch sprach.

»Geht doch!«, murmelte Mangold und goss sich den Kaffee ein.

Kurz darauf stand er vor einem blühenden Kaktus und fluchte.

Er entschloss sich, zum Castillo hochzusteigen, um dort vielleicht ein paar Wüstenimpressionen einzufangen. Eine der engen, verwinkelten Gassen führte bis vor ein großes Eisentor.

»*Abierto de martes a domingo de 10 a 20 horas. Lunes carrado!*«, stand dort zu lesen.

»Spanisch!«, murmelte Mangold. »Überall nur Spanisch!«

Immerhin waren die Zahlen zu erkennen und Mangold sah prüfend auf seine Armbanduhr. Noch elf Minuten.

Er saß und grübelte.

Es saß und starrte auf seine Zehenspitzen, die aus den Gesundheitssandalen lugten.

Er saß und schwitzte.

Nach zwölf Minuten stand er auf und rüttelte voller Ärger am Tor. Der rechte Flügel schwang auf – es war gar nicht abgeschlossen gewesen!

»So eine Schweinerei!«

Mangold warf das Tor hinter sich zu, dass es nur so schepperte. In diesem Moment sehnte er sich zurück nach Deutschland. Zurück in seine Ordnung, zurück zur deutschen Bürokratie und zu korrekten Öffnungszeiten.

Es war schon nicht leicht, ein hundertprozentiger Misanthrop zu sein, seine latent vorhandene autistische Veranlagung aber machte sein Leben noch komplizierter.

Sein Tagesablauf war normalerweise perfekt getaktet. Jede Abweichung brachte ihn aus dem Konzept und vermieste noch mehr seine Laune – soweit das überhaupt möglich war.

Urlaub war deshalb für ihn ein Gräuel – nichts war so, wie er es gewohnt war, jeder Tag war anders im Ablauf und manche Dinge musste er spontan entscheiden. Schrecklich!

Inzwischen war er in der Ruine angekommen und fand auch tatsächlich einige ganz passable Motive. Im nördlichen Teil der Burg hatte er einen perfekten Blick über ein vertrocknetes Flusstal, das sich weit hinten am Horizont an einer Felswand öffnete und in weitem Bogen um den Schlossberg wand.

Das sah vielversprechend aus!

Aber erst würde er morgen den Loriguilla-Stausee besuchen. Der lag nicht weit – Luftlinie gemessen – aber mit dem Auto musste er doch einige Kilometer fahren. Aber dieser Stausee sollte um diese Zeit fast zwei Meter unter dem Scheitelpunkt gefüllt sein – ideale Voraussetzungen für Trockenheits-Fotos.

Der Dorfpolizist stand jetzt neben dem Hotelchef und starrte auf die Leiche. Dann tippte er nervös eine Nummer in sein Handy und schrie dann seine Informationen in den Apparat, als müsse er nur mit seiner Stimme den Kriminalkommissar in Valencia informieren.

»Si!«, rief er dann und salutierte. »Si … si, si!«

Er stopfte das Telefon in seine Jacke und öffnete dann seine große Umhängetasche. Die Rolle mit dem rot-weißen Absperrband schleppte er schon viele Jahre mit sich herum – jetzt kam sie endlich zum Einsatz.

Er knotete den Anfang um den Schildmast und folgte dann der Uferlinie des kleinen Sees. Er wickelte die Rolle einmal um einen morschen

Baum, um einen Felsvorsprung und kam dann wieder von der anderen Seite bei dem Fundort an. Señor Fernandez, der Hotelchef, sah ihm zu und fragte sich, wofür diese Absperrung in diesem menschenleeren Tal gut sein sollte, setzte sich dann auf einen großen Stein, klopfte einladend auf den freien Platz neben sich und reichte dem Polizisten einen kleinen Flachmann. Es würde lange dauern, bis die Kripo aus Valencia am Fundort der Leiche eingetroffen war.

Der große Stausee taugte absolut nicht für seine geplante Fotosession. Er war bis zum Rand gefüllt und die kleinen Blumenteppiche an den Ufern ließen Mangold seufzen. Er verdrehte die Augen und ließ sich auf einen Stein plumpsen. Dann setzte er seinen Hut auf und verteilte einen ordentlichen Klecks Sonnencreme auf Armen und Gesicht.

Er überlegte.

Der See war zu groß, um ihn zu Fuß zu umrunden, aber mit dem Auto nur an manchen Stellen direkt zu erreichen. Hier, an der Staumauer, war viel Betrieb, Touristen und Einheimische badeten in dem sauberen, frischen Seewasser, saßen am Ufer und planschten mit den Füßen im kühlen Nass, schleckten Eis und schrien spanische Satzfetzen hin und her.

Mangold stand auf.

Fürchterlich, dieses Gegröle.

Diese vielen Menschen.

Er ging ein Stück am Seeufer entlang und überlegte.

Blühende Kakteen, Blumenwiesen, Wasser überall. Und er brauchte Trockenheit. Fotos, die Durst machten. Staubige, rissige Landschaften, dürres Gras, vertrocknete Pflanzen.

Eine kleine Steilwand fiel ihm auf. Das wäre vielleicht was. Ein schmaler, steiniger Pfad führte nach unten an die Wasserlinie. Von dort aus sollte die Perspektive, nach oben auf die steile Wand und die Mittagssonne, eigentlich ganz vielversprechend sein.

Als er unten stand und seinen Apparat aus der Tasche holte, hörte er leises Kichern hinter sich.

Er drehte sich um.

Drei Jungs hatten mehrere Holzstangen mit ihren Taschenmessern angespitzt, im Kreis in den Boden gerammt und an der Spitze zusammengebunden. Decken hingen über den Stangen und bildeten ein kleines Tipi. Die Jungs lugten aus dem Eingang, sahen zu ihm hin, wisperten und lachten dann. Zuerst leise, dann immer lauter. Mangold starrte sie an.

»Verschwindet!«, rief er dann.

Die Jungens kicherten wieder.

Der Schweiß auf seiner Stirn hatte sich mit der Sonnencreme vermischt und brannte in seinen Augen.

Er konnte sich nicht konzentrieren, so lange er sich permanent beobachtet fühlte.

Mangold ging mit großen Schritten auf das Zelt zu.

Die Jungs starrten ihn an.

Dann riss er die Decken herunter, zerrte eine Stange nach der anderen aus dem Boden, zerbrach sie über seinem Knie und warf die Teile in den Stausee.

Die Jungs waren inzwischen den kleinen Pfad hochgerannt und beschimpften ihn von dort oben.

Mangold packte seine Utensilien ein, schwang die Tasche über die Schulter und stapfte auf kürzestem Weg zurück zu seinem Auto.

Er musste hier weg.

Mangold gestikulierte verzweifelt. Señor Fernandez starrte ihn ausdruckslos an.

»Schwimmen!«

Mangold wiederholte seine Frage immer wieder.

»Kann man hier irgendwo Schwimmen?«

Er war völlig durchgeschwitzt von seinem Ausflug an den Stausee zurückgekommen und sehnte sich nach Abkühlung.

Fernandez starrte immer noch.

Mangold gab auf. Er würde sich jetzt doch zum Affen machen müssen. Er deutete mit den Armen schaufelnde Bewegungen an und schrie: »Schwimmen! Verstehst du nicht, du Idiot?«

Fernandez nickte. »Sí!« Sein Unterkiefer mahlte, aber er zwang sich zu einem Lächeln. Dann bat er den Gast ins Foyer an die große Wanderkarte der Umgebung, die dort an der Wand hing und legte den Finger auf einen blauen Fleck, der offensichtlich am Ende des trockenen Flussbetts lag. *Charzo Azul* stand da.

«Normalmente se puede nadar alli, pero ...«. Mangold unter-brach ihn.

»Hör auf mit deinem Spanisch! Schwimmen? Kann ich da schwimmen?«

Fernandez starrte ihn an. »Normalmente ... Si!«. Er holte tief Luft.

Mangold verstand nur: »Si!«, drehte sich um und verschwand in seinem Zimmer. Gleich darauf war er auf dem Weg zum See. Mit Bade- und Fototasche.

Fernandez stand in der Eingangstür seines Hotels und sah ihm nach. »Normalmente, Bastardo! Pero hoy ...«. Er lächelte. Mangold würde Wasser bekommen. Mehr als genug!

Das Flusstal war wunderbar und entschädigte Mangold für den grässlichen Ausflug an den Stausee. Niemand begegnete ihm auf dem schmalen Trampelpfad, der teilweise am Rand und teilweise mitten in dem schwach zu erkennenden ausgetrockneten Flusslauf entlang führte. An manchen Stellen gab es Trittsteine von einer Uferseite zur anderen, völlig unnötig für die Querung eines Flusses, der keinen Tropfen Wasser führte.

Dann war er am See angelangt. Er lag wunderschön eingebettet im Talende. Das Ufer war teilweise so steil, dass eine Umrundung nicht möglich war, an anderen Stellen verhinderten dichte Hecken den Weg zum Wasser. An einer Stelle, die von dichtem Schilf um-wachsen war, gab es eine breitere Öffnung. Das war die ideale Bade-stelle. Mangold hängte Hose und Hemd über ein großes Schild di-rekt am Seezugang und schob sich sachte Schritt für Schritt immer weiter in das kühle Nass.

Dann schwamm er los. Zügig überquerte er den See. Gegenüber war keine Uferböschung, sondern nur steiler Fels. Aber es gab eine Stelle, an der man sich hochziehen und auf einem kleinen Felsvorsprung ausruhen konnte. Mangold zitterte erbärmlich. Das kalte Wasser hatte seinen dürren Körper extrem schnell ausgekühlt und er legte sich erschöpft auf die von der Sonne aufgeheizte Felsplatte.

Die Sonne knallte auf seine Brust und Mangold fühlte einen klitzekleinen Anflug von Wohlbefinden. Doch dann fiel ihm ein, dass er einen schrecklichen Sonnenbrand kriegen würde, weil er vergessen hatte, sich noch mal einzucremen.

Er musste zurück. Sofort.

Inzwischen war ihm wieder warm und er glitt langsam in das kalte Wasser. Direkt neben der Felsplatte gab es eine große Höhle im Felsen. Mangold starrte kurz in das Dunkel und schwamm los. Er drehte sich um, paddelte auf dem Rücken und überlegte, wohin diese Höhle wohl führte.

Ein leises Grummeln war plötzlich zu hören. Mangold sah prüfend hoch zum Himmel. Keine Wolke war zu sehen. Woher kam dieses Geräusch? Es wurde lauter und lauter.

Als das Wasser aus der Höhle schoss, versuchte Mangold für einen kurzen Moment, schneller zu paddeln. Er schaffte es nur wenige Sekunden. Dann zerriss sein Brustkorb und es wurde schwarz um ihn.

Die Spurensicherung hatte nicht viel zu tun.

Der kleine See war inzwischen wieder zu seiner Normalgröße geschrumpft, die Fläche, die die zusätzlichen Wassermassen kurzzeitig aufgenommen hatte und auf der die Leiche gelegen hatte, war wieder getrocknet und zeigte große, bröckelnde Risse.

Und nicht den Hauch einer verwertbaren Spur.

Die Leiche war in einen Sarg gepackt und weggeschafft worden. Der Deckel konnte nicht geschlossen werden. Ein makaberes Bild.

Erst in der Rechtsmedizin wurden die Eintrittsstellen genau untersucht. Ein Spieß hatte die Leber getroffen, der zweite einen Lungenlappen angerissen und der dritte war genau zwischen zwei Rippen in die rechte Herzkammer gedrungen.

Alle drei Spieße waren sorgfältig angespitzt worden und trugen – trotz des langen Aufenthaltes im Wasser – deutliche Fingerabdrücke.

»Die Fingerabdrücke stammen alle nur von Señor Mangold selbst. Aber ein Suizid ist absolut nicht möglich!« Der Rechtsmediziner schüttelte ungläubig den Kopf. »Sich einen Stock selbst in die Brust zu rammen – das wäre eventuell noch möglich – aber drei…?« Er hob die Schultern. »Das ist *unmöglich*!«

Señor Fernandez starrte auf das Schild am Ufer des *Charzo Azul*. »Er konnte kein Spanisch. Kein Wort.« Er schüttelte den Kopf. »Kein Wort Spanisch.«
Der Text auf dem Schild lautete: *Peligro! Prohobido Nadar!*

Immer dann, wenn der Stausee bis an den Rand gefüllt war, wurde das Wasser an den Flusslauf des Turia abgelassen. Sonst nur im Winter, aber in diesem Jahr auch im Frühsommer. Überall warnten Schilder vor der Gefahr – schwimmen am Überlauf des Stausees war streng verboten, am Zugang zum Flusslauf warnten ebenfalls große Schilder.
Die Regenmassen des verregneten Frühjahres quollen durch den Ablass der Staumauer, schossen unterirdisch durch den Berg, füllten kurz das ausgetrocknete Flussbett und flossen in sanften Biegungen bis hinunter nach Valencia ins Mittelmeer.
Der Mordfall Mangold wurde nie geklärt.

 **Spanische Spieße**

Zutaten für zwei Portionen

- 250 ml Olivenöl oder Sonnenblumenöl
- 4 Knoblauchzehen
- 1 kleine Zwiebel
- 1 Paprikaschote rot
- ½ TL Pfeffer
- 1 TL Salz
- 4 TL Chilipulver
- 2 TL Paprikapulver
- 1-2 TL Zucker
- 4 Hähnchenbrustfilets

Zubereitung

Die Zwiebel, den Knoblauch und die Paprika klein schneiden. Mit den Gewürzen und dem Öl in einen Rührbecher geben und mit einem Stabmixer gut vermengen.

Die Hähnchenbrustfilets in dünne Streifen schneiden und auf die Holzspieße aufziehen (die Holzspieße vor dem Aufziehen in Öl tauchen).

Zum Schluss die Spieße in die Marinade legen und 2-3 Sunden ziehen lassen. Braten oder grillen.

Besuch von Bubo

Viel zu schnell –Tempo! Tempo! – überholt Gina ein offenes Ford-Cabrio, öffnet auch das hintere Fenster. Mehr Luft! Mehr von dieser himmlischen, dieser schmeichelnd warmen Mallorcaluft, die ihr durch das Haar und unter den zipfligen Sommerrock fährt.

Da! Ein plötzlicher Stau! Offenbar ein Unfall. Gerade noch Zeit zu bremsen und das Warnlicht einzuschalten.

Gina runzelt die Stirn. Sie ist ohnehin spät dran, um ihre labile Cousine Gertraude aus dem regenfeuchten Hamburg pünktlich am Flughafen Palma de Mallorca zu empfangen. Halbherzig nur hat Gina zugestimmt, der Cousine für kurze Zeit in ihrem Ferienparadies ein Bett aufzuschlagen. Und sie bereut es schon jetzt, die kostbare Mallorca-Zeit zu belasten, zu opfern. Ausgerechnet für Gertraude, genannt Bubo. Was will sie? Was weiß sie? Für Gina beginnen Tage höchster Wachsamkeit. Kein unbedachtes Wort! Keine verräterische Spur!

Wird es Gina diesmal gelingen, die eigene Begeisterung für die ersehnten Inseltage auf Bubo zu übertragen? Wird ihr ungebetener Gast auch Freude daran entwickeln können, lässig vor den Hafenrestaurants zu hocken? Vor sich die »Party Gambas«, »Huhn mit Zitronen-Cremolata« oder »Lammkoteletts mit Kapern und Rübchen«? Dazu spritzigen Cava Brut Rosé oder Sangría?

Seufzend stemmt Gina sich gegen das Polster, sieht Bubo vor sich. Hastig, als schwinge der übelste Sklaventreiber die Peitsche hinter ihr, unsicher wird die Gute aus dem schmutzigen Halbdunkel der Flughafenhalle stolpern, die großen Augen zögernd auf die Suche schicken und endlich eine sicher leicht schäbige, nur wenig fassende Reisetasche auf den Boden setzen.

Unbeirrbar, ergeben wird sie warten, mit gesenktem Kopf.

Warum immer mit scheu gesenktem Kopf? Zu ihrem großen, runden Uhu-Kopf könnte Bubo stehen. Ganz lässig.

Uhu (Bubo Bubo), größte europäische Eule, mit auffälligen Federohren, bevorzugt störungsfreies Gelände, durch Verfolgung selten geworden.

Ein Uhukopf ist nichts Alltägliches, denkt Gina anerkennend. Er hebt Bubo aus der Menge hervor.

Machen Sie das Beste aus Ihrem Typ! Betonen Sie das Außergewöhnliche Ihrer Erscheinung!

Vor vielen Jahren hatte es Gina enorm gereizt, Bubo einmal so zu malen, wie sie Ginas Meinung nach aussehen könnte und sollte: aufrecht, keck, üppige Kraushaarmähne über Ohren mit Federschmuck. Langer Schlitz im mintgrünen Kleid. Aber Bubo? Geschockt war sie. Entsetzt. Beleidigt. Kein Schritt mehr seitdem in Ginas Atelier. Stur setzt Bubo weiter ausschließlich auf innere Werte.

Zunächst war es für Bubo mit dieser Einstellung gut gelaufen, auf dem Ehesektor. Um sie hielt an der römisch-schöne, hundertfach begehrte Gerrit. Nach wilden Jahren besann der sich auf etwas mit Bodenhaftung, möglichst unscheinbar, jemanden, der einen Macho klaglos erträgt.

Ach, Gerrit! Dass einem wie ihm solch ein Eintopf nicht ein Leben lang munden würde, lag auf der Hand. Unseligerweise hat aber nicht jeder das verdiente Glück, im richtigen Augenblick zu verwitwen, ehe etwa im Extremfall Sadismus oder Mordgelüste zu drängend werden. Und wenn alltägliche Entscheidungen, wie Trennung von erkaltetem Doppelbett und prallem Bankkonto, nicht mit gelassener Konsequenz gefällt werden, geschehen bisweilen die abartigsten Dinge.

Genervt sieht Gina auf ihre riesige rote Swatch am linken Handgelenk. Sie stöhnt. Sie sitzt fest in diesem Stau, immer noch. Ihre

Gedanken kreisen also weiter um Cousine Bubo, die in vier Minuten landen wird und selbst stets überpünktlich ist.

Begannen Bubos Niederlagen mit jenem blutigen, glitschigen Schweinskopf auf Bubos Kopfkissen im Ehebett? Ein Ulk war das, ein Ulk von Mark, Jobst und Kalle, Bubos Nachwuchs. Dreimal Max, dreimal Moritz.

Und weiter?

Ja, wenn es nur der Schweinskopf, später die stinkenden Hühnerfüße oder das entschlafene Kaninchen gewesen wären! Wenn Bubo womöglich mehr Sinn für abartigen Humor hätte. Daran aber mangelte es ihr auch bei dem Unternehmen »Nachtausflug«. Gina erinnert sich genau. Bubo also an jenem Abend allein am sorgfältig gedeckten Abendbrottisch. Gerrit? Unterwegs. Die Knäblein – neun, zehn und elf Jahre alt? Verschwunden. Einfach so.

»Bleib ganz ruhig«, hatte Gina ihr geraten, am Telefon. »Und schütte nicht so viel Pülverchen und Pillen in dich hinein.«

Bei hohen Dosen, insbesondere bei Langzeitbehandlung, können vorübergehende Störungen, wie verlangsamtes oder undeutliches Sprechen, Bewegungs- und Gangunsicherheit sowie Sehstörungen auftreten. Weiterhin akute Erregungszustände, Angst, Selbstmordneigung.

Knappe drei Stunden später hatte Bubo noch immer brav vor vier unbenutzten Tellern ausgeharrt. Ihre Panik war umgeschlagen in ein sie lähmendes Auf-alles-gefasst-Sein.

Und irgendwie war sie aus ihrer Teilnahmslosigkeit noch immer nicht erwacht, als sie Gina nach Mitternacht mitteilte, dass alles wieder ein Scherz gewesen war. Die drei Jungen und Gerrit, sie hatten sich gebogen vor Lachen, als sie endlich von außen gegen die Terrassentür polterten.

Das war doch wieder etwas ganz Supertolles für die Knaben gewesen, so ein Nachtausflug! Ohne Mutters Segen.

Ganz unter Männern. Geheim.

Gina steckt den Kopf aus dem Autofenster, macht den Hals lang. Kann sie der Wagenschlange nicht doch entkommen, rucki-zucki, zick-zack und vorbei? Nein, unmöglich.

Sie klappt den kleinen unscharfen Autospiegel herunter. Ihre wasserblauen, etwas schräggestellten Augen blicken gewohnt spöttisch. Sie zupft den hennaroten Ponny zurecht, trommelt auf das Lenkrad.

Bubo geht ihr nicht aus dem Kopf. Was ist geblieben von der früher so Wackeren, umflort von stiller Heiterkeit? Schuld an ihrem Niedergang ist die Liebe. Liebe! Gina bekommt diesen verträumten Ausdruck um die Augen. Männer können – kühlen Herzens genossen – durchaus eine Göttergabe sein. Oh, Augenblicke fallen ihr ein, unwirklich schöne Augenblicke zu zweit. An einem Tischchen in einer der quirligen Straßen Palmas. Umweht vom Duft der Zitronenbäumchen. Vor sich Cava und Ginas Lieblingsspeise, die unverzichtbaren »Party-Gambas«, die hier besonders köstlich sind. Neben ihnen, im Schatten einer Palme, eine rassige Sängerin mit hinreißend dargebotenen Verdi-Arien. Mehr geht nicht, dachte Gina überwältigt.

Da aber hatten sie beide die drei traumhaften Tage und Nächte noch vor sich, anschließend im Hotelhimmel Formentor. Zwischen Pollenca und dem *Cap Formentor. La utopía posible, mucho más que un hotel,* weiß die Hotelchronik.

Geschichte. Tradition. Noblesse. Inmitten mediterraner Gärten. Spektakuläre Ausblicke. Kristallklares Wasser. Herrlicher Strand.

Später, endlich vor dem Flughafen, lässt Gina im Urlaubergetümmel den Familienpfiff ertönen. Der lockt Bubo schnell an. Sie schiebt sich auf Gina zu, den Uhu-Kopf gesenkt. Vorbei an Vorüberhastenden mit übervollen Koffern und phantastischen Sonnenhüten. Eine steife Umarmung. Ein halbes Lächeln. Dünne Wangenküsschen.

»Nein! Gib mir meinen Koffer! Den trage ich selbst«, bestimmt Bubo scharf, als Gina ihr das Gepäck abnehmen will. Gina zieht die Augenbrauen fragend hoch, lässt kopfschüttelnd die Finger von dem Koffer.

Ginas Feriendomizil. Für zwölf verheißungsvolle Monate von einer spanischen Freundin gemietet. Atelier und zwei weitere Räume, weit oben, über zwei Ebenen. Von Bougainvillea umrankter kleiner Balkon. Blick hinunter in die Gassen, auf die darüber gespannten Wäscheleinen und die knatternden Motorroller. Kein Fahrstuhl. Das Haus, nahe der Plaza Mayor, ist dreihundert Jahre alt. Wenige Gehminuten zur mächtigen, die Bucht von Palma de Mallorca beherrschenden Kathedrale.

Ihrem widerstrebenden Gast verordnet Gina eine Erfrischung im gekachelten Bad und eine halbe Ruhestunde auf der mit weichen, starkfarbigen Kissen überladenen Couch.

Gina nutzt die Zeit zum Tischdecken und reduziert die bereitgestellten »Party-Gambas« und die Honigmelonen-Scheiben durch heftige Naschanfälle auf winzige Portionen. Dabei fällt ihr Bubos Geburtstagsfeier ein. Ihr Vierzigster wurde begangen – vor drei Jahren. Bubo hatte zu einem frühabendlichen Schlemmerbüffet gebeten. Aber das konnte nicht eröffnet werden, denn alle Leckerbissen fehlten. Ebenso die ausgefallenen Dekorationen. Die zierten auf wundersame Weise einen Tisch im Nebenzimmer, an welchem die Knäblein es sich wohl sein ließen. Gerrit war begeistert gewesen. Einfälle hatten seine phantastischen Kinder! An irgendeinen Katzentisch ließen die sich nicht ohne Gegenwehr wegdrücken. Bubo? Die sollte aufhören, in starren Schemata zu denken, und endlich Spaß verstehen.

Bubo lernte es nicht, über derartige Späße zu lachen. Immer mehr Freude hingegen entwickelte sie am Wein, an preiswertem Wein, auf den sie inzwischen immer seltener verzichten kann.

Gina wippt zurück in den Wohnraum, stutzt. Bubo kommt ihr schon entgegen. »Ich wollte dich nicht warten lassen. Hunger habe ich natürlich nicht. Du hast wieder viel zu üppig aufgetischt. Wer soll all diese Tapas verspeisen? Ich bin nur gekommen, um mit dir zu reden – vielleicht ist dies unser wichtigstes Gespräch überhaupt, obwohl ...«

Stopp! denkt Gina alarmiert und blockt ab. »Erzähl mir nachher, wo dich der Schuh drückt. Mit gefülltem Magen sieht die Welt rosiger aus, okay? Und für morgen habe ich wunderbare Vorschläge!«

Sie legt den Arm um den widerstrebenden Gast, schiebt ihn zu seinem Essplatz.

Wenige Bissen nur spült Bubo mit hastigen großen Champagnerschlucken hinunter. »Champagner! Ein preiswerter Weißwein hätte es auch getan. Ich jedenfalls gebe mein Geld nicht für Champagner aus«, kritisiert Bubo und Gina schmeckt der nächste Schluck um einige Grade weniger köstlich. Verflixt, kaum sind sie zusammen, wird gestichelt. Die Pflege dieser sogenannten verwandtschaftlichen Beziehung ist ein Irrsinn – nur weil ihre Mütter zufällig zärtliche Schwestern sind, harmonieren die Töchter nicht zwangsläufig.

»Dir ist nicht zu helfen, Bubo«, resigniert Gina spitz.

»Ich bin, wie ich bin«, stellt Bubo klar.

Beschwörend verdreht Gina die Augen: »Wann geht das endlich in deinen Uhu-Schädel, dass du so vor die Hunde gehst, mit deiner Miesmacherei, deiner Anspruchslosigkeit, deiner Märtyrerhaltung? Du hattest deine Chance mit Gerrit. Aber ihr passt nicht zusammen. Es läuft nicht. Ihr macht euch gegenseitig kaputt. Er liebt Champagner und das, wofür er steht: Luxus. Und du?«

»›Gegensätze ziehen sich an‹, Gina.«

»Und was hältst du stattdessen von ›Gleich und gleich gesellt sich gern‹?«

»Ach, Gina, was weißt denn du von Liebe, von Ehe und Kindern? Gerrit und ich, wir haben beide gelobt – vor Gott gelobt – und ich werde ihn immer lieben.«

Gina lehnt sich zurück, hart an die Stuhllehne. »Bist du gekommen, damit wir wieder diese Uralt-Diskussionen führen, die nichts bringen? Meinen Rat hast du immer in den Wind geschlagen.«

Bubo zerdrückt ihr hochstieliges Glas fast in der rissigen Hand, flüstert, wie unbeteiligt, wie von weither: »Auch heute kommen wir nicht weiter, aber ich habe es versucht ...«

Und nein, Bubo verspürt wirklich keine Lust, etwas zu unternehmen. Ein Bummel zum Hafen oder morgen ein Besuch des Miró-Museums? Nein, zum Vergnügen ist sie nicht hergekommen!

Ein kühler Abschied zu früher Stunde. Bubo zögert, steht noch Augenblicke lang wie unschlüssig im Flur, ehe sie Stufe um Stufe nach oben verschwindet. Schwankend, aber – Gina traut ihren Augen nicht – den Kopf stolz auf gerecktem Hals.

Die Gastgeberin hat in ihrem Atelier ein Zusatzbett aufgeschlagen. Ob Bubo es da aushält? Was mag sie träumen, inmitten expressionistisch anmutender, wandhoher Gemälde von kessen Frauen?

Frau in Gelb mit Panther.

Dreiergruppe mit Maschinengewehr.

Der nächste Morgen stülpt einen regnerischen, nebelgrauen Himmel über die Stadt. Donner und Blitz haben Gina in der vergangenen Nacht über die Treppen und durch die Zimmer gescheucht. Und da steht sie nun, wieder Auge in Auge mit ihrem Spiegelbild, überwach. Zu überzeugender Mimik übt sie Sätze ein, wie »Ja, eben habe ich sie gefunden. Ja, meine Cousine. Sie kam nicht herunter zum Frühstück. Sie hatte einiges getrunken gestern Abend, aber ich wollte sie doch wecken … Und da lag sie … Ja, eine leere Flasche von Hochprozentigem neben ihrem Bett. Und eine leere Tablettenschachtel. Barbiturate. Nein, kein Abschiedsbrief.«

Glaubwürdig muss sie sprechen, keineswegs aber zu eindringlich. Und eine gewisse Hilflosigkeit muss zu spüren sein, uneinstudiert wirken.

Gina beschwört ein Betroffenheitsgesicht, das ihr gelingen muss, denn ihr Abscheu gegen Handschellen, Anstaltskleidung und Zuchthausmauern wurzelt tief.

Niemand darf je dahinterkommen, dass sie die nun leblose Cousine Stunden früher, in dieser Gewitternacht schon, in einem beklagenswerten Zustand entdeckt hat, zu einem Zeitpunkt, als ein Rettungswagen womöglich Bubos Todessehnsucht ein Stopp hätte entgegensetzen können.

Gina hat den Rettungswagen nicht gerufen.

Wie unter Zwang nähert Gina sich der Toten, bleibt zwei Schritte vor dem Bett stehen.

»Ach, Bubo«, flüstert sie, »hättest du doch damals deinem sanften, langweiligen Jugendfreund Knut die Stange gehalten und mir Gerrit nicht mit deinen Tugenden ausgespannt. Dann brauchte Gerrit mich nicht seit Jahren klammheimlich in oft öde, teure Hotelzimmer zu bitten. Und wir brauchten den Zorn der Familie nicht zu fürchten.

›Alte Liebe rostet nicht.‹ Noch so ein Sprichwort, von dem du wohl nichts gehalten hast.

Bei Knut jedenfalls wärest du nicht psychotisch geworden.

Wir alle wissen von deinem Vorrat an gefüllten Fläschchen und bonbonfarbenen Pillen. So etwas endet tödlich. Niemand kann das auf die Dauer verhindern.

Auf Giftspritzer in deinem Ceylontee, spitze Schlachtermesser oder einen Schuss im Dunkeln habe ich bewusst verzichtet. Mir war klar, dass du das Ende selbst besorgen würdest.«

Gina zieht den kleinen hölzernen Stuhl aus der Ecke, setzt sich neben Bubos Bett, resümiert: Warum, warum nur können die Leute einander nicht undramatisch Adieu sagen! Man schlage nur die Zeitungen auf. Da muss es unbedingt ein Mord sein zum Abschied. Oder ein ebenso lästiger Selbstmord. Tobende Ehemänner töten ihre fluchtwilligen Ehefrauen, statt sie fluchend oder erleichtert ziehen zu lassen. Zickige Gattinnen erstechen ihre Nebenbuhlerinnen und umgekehrt. Unersetzbare Lebensjahre hinter Gittern lauern auf sie.

Gina hält inne. Wie wird es mit ihr selbst weitergehen?

Sie erhebt sich, tritt näher an das Telefon. Anrufen! Erst die Polizei oder den Notarzt? Sie darf keinen Fehler machen.

Das versiegelte Mitbringsel von Bubo fällt ihr ein, nachträglich zu Ginas Geburtstag. Sie fand es vorhin erst auf Bubos Nachttischchen. *Nur für Gina. Ganz persönlich.*

Vielleicht ist das nichts für Polizistenaugen?

Gina ist gerührt. Bubo wusste, wie wild sie auf Geschenke ist. Auf Bubos Grab wird immer eine Blume von mir blühen, nimmt

Gina sich fest vor. Und auf unserem Kaminsims wird ein Foto von ihr stehen. Na ja, jedenfalls für eine Weile und wenn Gerrit nicht ausflippt.

Nicht ganz ohne plötzliche Wehmut und einen Hauch von Rührung und Reue nimmt Gina das schuhkartongroße Päckchen in beide Hände.

Sie zieht fest an der Verschnürung und ihr bleibt nur ein allerletzter Augenblick der Verblüffung, des Entsetzens. Die opferwillige, demütige Bubo: ein Spürhund! Ein Racheengel!

Mit diesem hochexplosiven Geschenk an Gina hat sie für ein schnelles Wiedersehen im Jenseits gesorgt.

 **Party-Gambas, mediterran**

Für 6 Personen, in 15 Minuten zubereitet.

Zutaten:

- 500 Gramm Garnelen
- 1 Prise Meersalz
- 4 dünn geschnittene Knoblauchzehen
- 4 EL Olivenöl
- ca. 120 ml Weißwein (trocken)
- 2 rote Chilischoten, in dünne Ringe geschnitten
- 2 EL Petersilie, gehackt

Zubereitung:

Säubern Sie die Garnelen. Braten Sie die Garnelen in Olivenöl scharf an (ca. 1 Min.), fügen Sie Chili und Knoblauch dazu. Noch ca. 2 Min. braten, mit Weißwein aufgießen. Weitere ca. 2 Min. sanft köcheln lassen, glasig belassen. Servieren mit der gehackten Petersilie. Dazu knuspriges Baguette.

Heinrich-Stefan Noelke

iPan iVino

Maite Bork Pastor raffte ihren Morgenmantel eng um sich und unterstrich ihre Forderung. »Tu etwas!« Erst dann würde sich der Schlafrock wieder öffnen. »Sorg dafür, dass alles ruhig verläuft.« Sie trank einen kräftigen Schluck Kaffee. Bentsen fand, ihr Haar rieche nach Zartbitterschokolade.

Vom Patio her drang frostige Luft in den Raum, die die Geräusche der Nachbarn in sich trug. Jemand hustet laut, Sex, Kinder, Wasser rauscht. Die Toilettenspülung, dann wird eine Handbrause rasselnd aus der Versenkung gezogen. Fremdartige Geräusche in einem fremden Land.

Auch Maite war fremd für den Witwer Ortwin Bentsen. Die Asche Claras stand seit elf Jahren in einer Urne im Wohnzimmerschrank. Er trug die Niere seiner Ehefrau in sich und hatte überlebt. Seither wohnte er bei ihrer Schwester Maite im spanischen Salamanca. Die Stadt liegt gut zweihundert Kilometer nordwestlich von Madrid auf einem Hochplateau, über das ein strenger Wind weht. Bentsen besaß Claras gesamtes Vermögen und litt keine Not, ganz im Gegenteil.

»Juanjo ist tot«, sagte er. »Das kann ich nicht ändern.«

»Bentsen«, drohte Maite, »ich möchte nicht, dass es zu Streit kommt. Es ist Weihnachten und Don Alfonso hat Geburtstag. Es soll Frieden herrschen an diesem Tag.«

Diese meist weibliche Erwartung führt weltweit und nachweislich zu heftigeren Konflikten als an anderen Tagen. Der Wahnsinn hat Methode.

»Ach«, sagte Bentsen. »Ese viejo verde!« Der notgeile Rentner.

Doch fügsam zog er eine warme Jacke an und fuhr zum Golfplatz nach Zarapicos hinaus, auf den Hügeln ein paar Kilometer außerhalb der Stadt unter zahllosen Steineichen gelegen. Es war bitterkalt, das Gras weiß gefroren, der Platz gesperrt, doch zum Spielen war er nicht hier. Er suchte den Platzwart. Luís Pin Cádiz war sein Name.

»Luisín«, rief Bentsen. »Bist du hier?«

Luís kam mit seinem Golfkart vom erhöhten Abschlag Zehn gefahren und rutschte bremsend vor Bentsens Füße. In einem Korb klapperte Werkzeug und eine Rolle Draht.

»Que hay?«, fragte er und stieg ab.

Bentsen sprang schimpfend einen Schritt zurück, dann umarmten die Männer sich kurz. Er wies auf den Draht. »Vorsicht damit.«

Luís nickte stumm. Die beiden sahen zum achtzehnten Loch hinüber, es lag sehr hoch über der Spielbahn. Dort hatte man Juan José gefunden, einen von Maites vielen Cousins. Er hatte sich vor zwei Wochen selbst getötet. Aus Scham, erzählte man sich. Seine Frau habe ihn mit schmutzigen Fotos erwischt und gedroht, ihn zu verlassen. Das eine Ende des langen Drahtes hatte er um einen Baumstamm geschlungen, das andere um seinen Hals. Dann war er auf eben diesen Elektrokart gestiegen. Er fuhr, bis die Schlinge ihm den Kopf abtrennte. Bentsen war mit solchen Szenen vertraut. Zu Claras Zeiten war er Polizist im Osnabrücker Land gewesen. Sie hatten erst den Wagen gefunden, dann den Rest.

Die Freunde waren groß und stark und in den besten Jahren, doch Luís trug einen Bart und schwarze Haare. Sie beide waren assoziierte Mitglieder der Familie Bork. Angeheiratet, befreundet oder sonst wie auf der Straße getroffen, aber nicht verwandt. Luís lachte und schlug ihm auf den Arm. »Macho! Was suchst du hier? Der Platz ist wegen Frost gesperrt und das Essen beginnt um vierzehn Uhr.«

Er wies auf das Restaurant, das zum Klubhaus gehörte. Ein riesiger Saal, der neue Pächter hatte ihm den Namen *iPan iVino* gegeben, ein Wortspiel: *Hay pan y vino*. Hier gibt es Brot und Wein.

»Nur ein paar Bälle schlagen«, antwortete Bentsen und wies auf die Driving Range. Er spielte jeden Tag.

»Alles klar?«, fügte er hinzu. »Maite möchte nicht, dass es heute Ärger gibt.«

Luís nickte.

»Die Polizei soll dieser Diebesbande auf der Spur sein, die so lange schon ihr Unwesen treibt, hab ich gehört.«

Der Freund zuckte die Schultern und trollte sich. Bentsen suchte die Umkleide auf und zog sich um. Er trank einen Kaffee an der Bar. Der riesige Saal nebenan war mit Girlanden geschmückt. Die Silberreliefs an den Wänden zeigten Stierkampfszenen, wilde Pferde und Bergdörfer. An Weihnachten saß man an langen Tafeln. Bentsen erfuhr, dass drei verschiedene Familien gleichzeitig essen würden. Personal lief durch den Raum und deckte die Tische. Noch war es ruhig, die Zeit der Bescherung in allen Häusern. Weihnachtslieder klangen gedämpft aus mächtigen Lautsprechern. *Villancicos*, wie man sie nennt. Fröhliche Lieder wie das von den Fischen, die der Madonna beim Baden zusehen. Im Advent so aufdringlich wiederholt, dass niemand sie mehr hören mag.

Bentsen ging und schlug seine Bälle, bis Maite ihn holen kam.

»Kommst du?«

Der Raum war nun voller Menschen. Einhundertundzwanzig Spanier und ein Bentsen in diesem Saal. Es kamen immer mehr und niemand wollte gehen. Die Villancicos dröhnten in einer ganz anderen Lautstärke als zuvor. Der Boden gefliest, die Wände kahl, dazu die hohe Decke: All das gab den Stimmen genug Raum für ein fast hysterisches Geräuschniveau. Die Spanier sind es gewohnt, aus einer Gruppe heraus mehrere Gespräche gleichzeitig zu führen. Über die Köpfe der anderen hinweg. Bentsen wusste, dass er rein stimmlich dazu nicht in der Lage war. Er zögerte, doch Maite gab ihm einen Kuss und stieß ihn vorwärts. Gesichter drehten sich ihm zu, einige kannte er vom Golfplatz. Juanjos Frau stand in einer Ecke, ganz in Schwarz gekleidet. Früher kam Bentsen mit Clara zu Besuch, jetzt lebte er hier. Er grüßte und herzte zurück, bis er an der jenseitigen Wand eine der Terrassentüren erreichte, die man zum achtzehnten Grün öffnen kann.

Luís trug ein Tablett mit Getränken mitten durch die versammelten Gäste und wurde dafür laut begrüßt. Bentsen nahm sich ein Glas Sekt. Von wegen Brot und Wein: Man ließ es sich gut gehen. Noch stand alles und mischte sich bunt.

Don Alfonso baute sich vor ihm auf und ließ sich zum Geburtstag gratulieren. Vor mehr als zehn Jahren hatte er den Klub mit gegründet, doch jetzt war er ein unrasierter alter Kerl, der weit bessere Zeiten gesehen hatte. Seine Schuhe waren ausgetreten, sie schrien nach Fett und Wichse. Der braune Anzug gab der Gestalt etwas Fadenscheiniges. Sie küssten sich auf die Wangen und Bentsen zog es scharf in die Nase. Die Oberarme unter dem Stoff schienen nur aus Knochen zu bestehen, doch die Zähne machten einen guten Eindruck.

»Man hat bei mir eingebrochen, stell dir vor«, sagte Don Alfonso und wedelte mit einem dürren Finger.

Bentsen freute sich, dass der Witwer nicht den Tod seiner Frau beklagte, das war Jahre her. »Das geht schon lange so«, bedauerte er.

»Du musst das ja wissen. Viel gibt es bei mir nicht zu holen. Wie geht es dir? Was macht die Niere?«

»Läuft. Auf Clara kann man sich verlassen.«

»Das ist wahr. Habe ich auch getan. Hätte länger auf sie hören sollen. Wie hast du es geschafft, sie zu überleben?«

Alfonso hatte jahrelang von Claras Geld profitiert, doch kurz bevor ihn die Krise erwischte hatte sie sich von seinen Geschäften getrennt. *La Crisis,* wie man sie nennt, als ob sie aus Fleisch und Blut sei. Als ob jemand sie geschickt habe. Eine Plage wie *El Niño* im Pazifik.

»Aushalten«, sagte Bentsen und dachte daran, dass Clara ein rechtes Miststück gewesen war. Bösartig und gemein.

»Bueno. Nos vemos«, sagte Don Alfonso und zog sich zurück. Wir sehen uns noch!

Die Männer setzten sich, die Frauen liefen umher. Zwei Tanten lebten noch, beide über neunzig Jahre alt. Sie protestierten laut, darum musste man sich kümmern. Wenige Kinder, sie spielten mit ihren Smartphones und wirkten abwesend. Maite kam und drückte ihm erneut einen Kuss auf die Wange, was sonst nicht ihre Art war. Sie tauschten nett verpackte Geschenke aus. Bentsen erhielt ein

Portemonnaie, für Maite hatte er eine teure Uhr gekauft, die man sie zu zeigen bat. Niemand anderes in der Familie Bork Pastor konnte sich solch eine Uhr leisten. Alle litten unter der Krise. Kurz nur sah Bentsen in die trüben Augen Alfonsos.

Plötzlich erklang von den Fenstern her lauter Gesang. Dort formierte sich eine fremde Familie, jetzt wo sich alle setzten. Die Borks ließen sich nicht lumpen und fuhren mit dem Singen fort. Sie hatten ihre Wurzeln zum Teil in Andalusien, deshalb stimmten sie schließlich das wunderbare *Salve Rociera* an, da konnten die anderen nicht mithalten. Erste Gläser voller Bier, Wein und Martini wurden geleert. Die Frauen tranken meist Wasser, als rechneten sie mit dem Schlimmsten. Das Schauspiel ist bekannt, doch es gibt reichlich Platz für Interpretationen.

Die Familie Bork saß am Tisch beim Eingang, weit weg von der Terrasse mit ihrem Blick auf das achtzehnte Loch. Kaum kehrte Ruhe ein, klopfte Don Alfonso gegen sein Glas. Alles blickte erschrocken auf, man hatte kein Auge auf ihn gehabt. Niemand hatte sich um ihn gekümmert. So erhob er sich und begann zu reden.

»Mein Freund Juanjo«, stöhnte er und wies zum Fenster. Schnell kam er zu »Meine liebe Clara«, und schluchzte leise.

»Lass das mal mit der Clara«, unterbrach ihn jemand, doch Don Alfonso kam in Fahrt. Die meisten Tage des Jahres verbrachte der alte Mann allein. Wie gerne er ihrem Rat gefolgt sei und wie schmerzlich er sie vermisse, da die Zeiten schlecht seien.

»Que?«, erregte sich eine Tante, die andere fuhr auf.

Don Alfonso beklagte nun seinen Zustand, ereiferte sich und wies auf Bentsen. Man sei ja kein Rassist, betonte er, doch der da sei kein Ersatz für Clara. »Kein Ersatz! Sein Rat kann mir gestohlen bleiben. Sein ganzes Geld.«

Von den beiden anderen Tischen aus hörte man gebannt zu. Bentsen kannte einen der Männer von einem Turnier letzte Woche und winkte freundlich.

»Sie gab ihm eine Niere und er nahm ihr Leben. Nun legt er sich zu Maite ins Bett, da Clara tot ist.« Seine Stimme bebte vor Empörung. »Und das ist nicht alles!«

Zwei Männer sprangen auf, man hielt sie zurück. Einige Frauen riefen dazwischen.

Bentsen winkte Luís zu. Der stand in einer Ecke beim Zugang zur Küche, nickte und und gab das Signal weiter. Sekunden später liefen die Kellner ein und teilten sich in drei lange Reihen auf, für jeden Tisch eine. Don Alfonso setzte sich, er wirkte zufrieden mit seiner Leistung.

Je zwei der Kellner füllten die Gläser mit Wein, die anderen stellten große Teller mit herrlich duftender Wurst und rohem Schinken auf den Tisch, wovon jeder sich nahm, wie er mochte. Jamón Serrano, Lomo, Salchichón und Chorizo. Das Ganze garniert mit Huevo Hilado, einer Masse aus Eigelb, Zucker und Wasser, die zu langen Fäden gespritzt wird. Dazu reicht man Gänseleberpastete mit Preiselbeermarmelade. Vor jedem Platz standen vier unterschiedliche Gläser, neben den Tellern lag Besteck in vielfacher Größe.

Bentsen drehte sich zu Maite um. »Läuft doch ganz gut«, sagte er freundlich lächelnd.

Sie lachte schief zurück und stand auf. Für den Fall, dass sie irgendwie gebraucht wurde. Luisín bediente Bentsen, auch sie lächelten sich zu. Die Gespräche verstummten nicht. Es ist unhöflich, bei Tisch zu schweigen. Die Stimmen flogen jedoch nicht mehr durch den Raum wie zuvor. Sie bekamen die Spur einer Richtung und wirkten konzentrierter. Das Besteck klapperte auf den Tellern und die Gläser klirrten, bis die Kellner erneut erschienen, diesmal um abzuräumen.

Und wieder schlug Don Alfonso gegen sein Glas und erhob sich, ohne dass jemand ihn aufhielt.

»Und das ist nicht alles!«, wiederholte er und erlangte allgemeine Aufmerksamkeit im Saal. »Bei mir wurde eingebrochen. Ein schändlicher Einbruch bei einem alten Mann, der gänzlich ohne Mittel dasteht. Es gibt bei mir nicht viel zu stehlen. Eine Kamera, das ist alles. Ich habe das der Polizei gemeldet. Aber …«, er hob drohend den dürren Zeigefinger, »… aber ich weiß, wer das getan hat. Ich habe ein Video! Es war jemand aus unserer Familie, stellt euch vor. Ein Einbrecher! In der eigenen Familie!«

Nun fing alles an zu toben, sodass Don Alfonso nicht mehr durchdrang. Manche Frauen schrien ihn nieder, die Übrigen riefen nach Ruhe. Zwei Männer sprangen auf und gingen mit den Fäusten aufeinander los. Niemand wusste später zu sagen, worum es ging. Andere stellten sich dazwischen und trennten die Widersacher. Dem einen blutete die Nase, man führte ihn zu den Toiletten. Der Sieger setzte sich, erleichtert, dass man ihn gebremst hatte.

Schnell kamen die Kellner mit dem Hauptgang und so verebbte der Tumult. Alles beruhigte sich und kehrte an die Tische zurück. Ein kleines Mädchen von einem Nachbartisch spielte verträumt mit einer Puppe, die sie zu Weihnachten bekommen hatte. Sie tanzte durch den Raum und verirrte sich an den Tisch der Familie Bork. Sie wurde freundlich aufgenommen. Man sagte ihr, wie hübsch die Puppe sei, und streichelte ihre Backen, mehr nicht. Die Mutter kam ganz erschreckt herübergelaufen und führte sie an den eigenen Tisch zurück.

Bentsen wählte den Seehecht in Blätterteig. Ihm war nach Fisch zumute und nicht nach dem Fleisch, für das Salamanca berühmt ist. Alternativ gab es Spanferkel, ein Rindersteak, das an vier Seiten über den Teller hing, Lammkoteletts und einen duftenden Turm aus drei Rinderfilets, dazwischen Gänseleber und Pilze. Doch Bentsen blieb beim Fisch.

»Wie spät ist es?«, wollte er von seinem Freund wissen, als der vorbei kam.

»Sie sind gleich hier«, antwortete Luís gedämpft.

»Ein Video?«, beharrte Bentsen. »Wie hat der ein Video machen können?«

Sein Freund zuckte mit den Schultern und bediente den Tischnachbarn.

»Was ist?«, wollte Maite wissen.

Wieder das Geklapper, Geklirre und lautes Reden. Don Alfonso schien jetzt weniger zufrieden mit sich selbst. Er hatte aufgegessen, brabbelte vor sich hin und schimpfte laut. Plötzlich stand er auf, ging nach draußen, kam schnell zurück und schob einen Fernseher in den Raum.

»Eine Steckdose!«, rief er, fand sofort, was er suchte, und schaltete das Gerät ein. Sekunden später leuchtete das Display und zeigte drei schwarz gekleidete Männer, die in eine Wohnung eindringen. Sie trugen hauchdünne schwarze Strumpfmasken auf dem Kopf, sodass man ihre Gesichter nicht erkannte. Durch die Kamera sah man den langen, schmalen Flur, doch nicht das angrenzende Zimmer, in dem die Diebe verschwanden.

Sofort setzte der Tumult wieder ein. Männer sprangen hoch und gingen aufeinander los. Frauen schimpften durcheinander. Eine der alten Tanten schrie hysterisch in höchsten Tönen, um ihr Missfallen auszudrücken. »Bentsen!«, rief Maite und stieß ihm gegen die Schulter. »Tu doch etwas!«

Ortwin Bentsen sah Mütter an den Nachbartischen, die ihren Kindern die Augen zuhielten. Die ließen sich das jedoch nicht gefallen.

Plötzlich erklang von der Tür her Gesang, der alles übertönte. Der Tumult beruhigte sich. Tatsächlich: *Happy Birthday*, zweistimmig gesungen. Zwei Polizeibeamte standen dort, die Mützen unter den Arm geschoben. Der eine von ihnen war klein und drahtig, der andere klein und dick. Policia Nacional. Bentsen kannte die beiden. Die gesangliche Leistung nötigte ihm Respekt ab.

Don Alfonso erhob sich verlegen. »Für mich?«, staunte das Geburtstagskind. »Die Polizei?«

Er ging auf die beiden zu, um sich zu bedanken.

Die Polizisten hörten zu singen auf. Es war jetzt richtig still im Raum.

»Sind Sie Don Alfonso Bieito?«, wollte der Dünne wissen.

»Der heute Geburtstag hat?«, fügte der Dicke hinzu.

»Der den Diebstahl einer Kamera gemeldet hat«, ergänzte der Dünne.

Don Alfonso nickte und sie zeigten ihm grinsend einen Fotoapparat. Ob das seiner sei. Der alte Mann bejahte, da nahmen sie ihn fest. Richtig mit Handschellen und einem Haftbefehl. Sie entschuldigten sich für die Störung und das Singen, aber so habe Don Alfonso sich in dem großen Saal selbst identifiziert.

Im Fernsehen sah man die dunklen Männer, die in den Raum zurückkehrten. Einer von ihnen hatte sich die Mütze vom Kopf gezogen und war klar zu erkennen. Bentsen sah Luís in einer Ecke stehen und grimmig lachen.

»Schau dir Luisín an«, sagte Maite. Dann ging sie hin und nahm die DVD aus dem Spieler. Sie schaltete den Fernseher aus und schob ihn in eine Ecke.

Was denn los sei?, rief es von allen Seiten. Weshalb man Don Alfonso mitnehme? Was er getan habe? Einige Frauen schickten ihre Männer den Polizisten nach, die sich beeilten, mit ihrem Gefangenen zum Einsatzwagen zu gelangen. Alle schlugen die Hände über dem Kopf zusammen.

Bentsen rannte nach draußen und zur Straße hinunter, ein paar Meter weg von den anderen. Er stellt sich den Polizisten in den Weg. Sie erkannten den früheren Kollegen, hielten an und drehten ein Fenster runter.

»Was ist denn los?«, wollte Bentsen wissen. »Was hat er getan?«

»Da waren Fotos auf der Kamera«, sagte der dünne Beamte.

»Kinderfotos«, ergänzte der Dicke, der am Steuer saß und kaum über das Lenkrad sah.

»Bei mir sind auch Kinderfotos auf der Kamera«, sagte Bentsen.

»Nackt?«, sagte der Dünne. »Solche?«

»Das würde uns interessieren«, ergänzte der Dicke. »Der Dieb hat sie uns geschickt.«

»Die Kamera«, sagte der Dünne. »Anonym geschickt.«

»Das hier«, sagte der Dicke hinter dem Lenkrad und wies auf Don Alfonso, »ist besser als ein Dieb.«

»Die Ordnung, die wir hüten, Don Ortwin«, ergänzte der Dünne wieder, »ist sehr brüchig. Meist sind wir froh, wenn die Leute sich nicht die Schädel einschlagen.« Damit schloss er das Fenster und sie fuhren davon.

Bentsen sah ihnen nach, nickte unwillkürlich und kehrte dann an seinen Tisch zurück. Er setzte sich auf seinen Platz. Es war nun still geworden. Die Kellner hatten abgeräumt. Luís hatte sich an den Tisch gesetzt, er gehörte dazu. Man sah Bentsen an.

»Da waren Fotos auf seiner Kamera«, sagte er.

Schweigen.

»Was für Fotos?«, fragte einer der Männer und wurde sogleich von seiner Frau zur Ordnung gerufen.

Was denn los sei, wollte eine der Tanten wissen.

»Wusst ich doch, dass er nicht allein war«, sagte die Frau von Juanjo. »Ich wusste das die ganze Zeit!«

»Auf so einer Kamera findet man die Originale«, sagte ein Onkel.

Die Kellner kamen erneut und brachten den Nachtisch. Sie trugen Flan herein, Crema Catalana, Creme Brulé und Guajada, Melone und Mandarinen. Luisín blieb am Tisch sitzen und aß mit ihnen. Als der Kaffee kam, wurden die Weingläser abgeräumt. Mit dem Kaffee trinkt man nur noch Likör, Cognac oder Longdrinks. Die Sitzordnung löste sich jetzt auf, überall wurden leise Gespräche geführt.

Auch Maite erhob sich. »Doch«, sagte sie ganz in Gedanken. »Das lief recht gut.«

Bentsen stahl sich davon und schlug draußen noch eine Menge Bälle in die kalte, klare Luft. So fand ihn Maite, als es Zeit war, zu gehen.

»Kommst du?« Sie fuhr den alten Seat zu der kleinen Wohnung, in der sie lebten.

»Hay pan y vino«, sagte Bentsen und öffnete genussvoll eine Flasche. »Das reicht mir völlig.«

Maite gab ihm einen Kuss und betrachtete die Urne im Wandschrank. »Woher wusstest du von der Kamera?«, sagte sie und rekelte sich auf dem Sofa.

Bentsen zuckte die Schultern. »Kriminalistischer Instinkt«, sagte er.

Dann liebten sie sich, bis er keine Lust mehr hatte. Spät am Abend gingen sie noch ins Kino.

Merluza en Hojaldre / Seehecht in Blätterteig

Zutaten

- *4 Tafeln Blätterteig*
- *4 Seehechtfilets ohne Haut (je ca. 200 g)*
- *16 Langostinos*
- *1 Zwiebel*
- *Tomatensoße*
- *Salz*
- *Olivenöl*
- *1 Ei*

Zubereitung

Der Ofen wird auf 200 °C vorgeheizt.

Die Tafeln Blätterteig auftauen und halbieren.

Die Zwiebel hacken und in Olivenöl glasieren.

Die Langostinos pellen.

Die Seehechtfilets zuerst salzen, dann auf je eine Hälfte der Tafeln legen.

Darauf je 4 Langostinos, ¼ der Zwiebeln und einen Teelöffel Tomatensoße.

Das Ganze wird mit der anderen Hälfte der Blätterteigtafel bedeckt und ganz umwickelt. Den Blätterteig mit einer Gabel einstechen. Mit den anderen Filets verfährt man ebenso.

Das Ei aufschlagen und mithilfe eines Pinsels auf den Blätterteig auftragen.

Das Ganze bleibt 20 Minuten im Ofen, bis es schön braun wird. Heiß servieren!

Guten Appetit!

Irene Rodrian

Die Knochenhand

Das war es. Luxus pur.

Es war sehr heiß für Ende März. Bea cremte sich sorgfältig ein, legte sich auf ihren Pareo und stützte sich auf die Ellbogen. Blinzelte in die Sonne. Ein menschenleerer Sandstrand, blauer Himmel und das türkis glitzernde Meer direkt vor ihr.

Eine smaragdgrüne Eidechse kam an ihrem Fuß vorbei, verharrte kurz, als wollte sie etwas sagen und huschte dann weiter. Hinterließ winzige Spuren im Sand. Gleich hinter den Dünen begann der Pinienwald und dort lag auch schon die Finca ihrer neuen Freunde.

Sie hatte es geschafft. Ganz allein, sie war auf Formentera. Entgegen aller Unkenrufe ihrer ewig besorgten Mutter. Glücklich legte sie sich auf den Bauch, um sich auch von hinten zu bräunen. Das Wasser war noch viel zu kalt, aber der Sand war schon herrlich heiß. Sie wühlte ihre Hand hinein und ließ die Körnchen durch die Finger rieseln. Winzigkleine bunte Kügelchen zwischen silberhellen Sandkörnchen. Reste von Plastikmüll? Hier sahen sie so hübsch und unschuldig aus.

Bea grub tiefer. Weiter unten war der Sand kühler, dunkler. Ihre Hand berührte etwas Festes, Dünnes. Bea zog daran, der Sand teilte sich, und das Etwas federte ihr entgegen. Bea ließ es mit einem Aufschrei los.

Eine Hand.

Das Skelett einer Hand. Die Armknochen. Am grob vorstehenden Gelenk ein dunkel verwittertes Kettchen mit verklumpten Glücksanhängern.

Bea hielt sich hastig die Hand vor den Mund, spuckte Sand aus, musste sich fast übergeben. Wischte hektisch ihre Finger in das Handtuch. Sprang auf, lief zum Meer, wusch sich die Hände, wandte sich wieder um.

Das war kein Plastik, das war echt. Eine Hand. Eine tote Knochenhand.

Die da neben ihrem Pareo aus dem Sand ragte.

Ihr erster Impuls war wegzurennen. Handtuch und Pareo packen und weg.

Aber wohin. In die Finca hoch? Zu ihren Freunden?

Freunde?

Bea sah sich um. Sie war allein. Sie fror. Langsam und steifbeinig ging sie zu ihrem Pareo zurück, zerrte ihn hoch und packte ihr Handtuch und die Flip-Flops. Mit dem nackten Fuß schaufelte sie Sand über die Knochenhand. Immer mehr, bis sie einen kleinen Berg beisammen hatte, und man nichts mehr erkennen konnte. Nichts.

Außer einem feuchten Sandhaufen.

Bea keuchte. Stapfte über den Strand, nur weg von dem verräterisch dunklen Sand. Aber wohin. Was tun? Irgendwo röhrte ein Motorrad.

Sie blieb stehen. Sie musste nachdenken. Sie musste eine Entscheidung treffen. Ihr erster Impuls, zur Finca hoch zu laufen, war möglicherweise extrem dumm. Langsam breitete sie ihren Pareo wieder aus und setzte sich hin. Ein Blick über die Schulter zurück zeigte ihr, dass der dunkle Fleck immer noch gut zu erkennen war.

Scheiße. Sie war allein. Sie hatte nichts dabei, nichtmal ihr Handy, das hing oben im Haus am Ladekabel. Aber sie musste etwas tun, verdammt nochmal.

Nachdenken. Die Leute da oben kannte sie doch erst seit ein paar Stunden. Und diese Knochenhand lag direkt unter ihrer Finca an ihrem Strand. An der Hand hing ein Mensch. Das Skelett eines Menschen. Eines toten Menschen. Einer Frau. Mit einem silbernen Bettelarmband. Einer jungen Frau vielleicht.

Eigentlich wollte sie ja gar nicht nach Formentera kommen. Sie hatte eine Woche Ibiza mit Flug und Hotel für ein Vorsaisonschnäppchen von 138 Euro bekommen, aber auch so blieben ihr nur noch 45 Euro übrig. Und das Hotel war grotti. Nur ein paar alte dunkelbraun geschrumpelte Rentner am leeren Pool. Schimmel überall. Sie stromerte durch die Altstadt auf der Suche nach den Reichen und Schönen. Nach der bunten Partyszene und dem wahren Leben.

Im Café am Hafen herrschte munterer Frühstücksbetrieb. Bea erwischte den letzten freien Tisch und trennte sich sich von zwei Euro für einen *café con leche* im Glas.

»Ist hier noch frei?«, fragte eine junge Frau. Bea nickte, und sie setzten sich zu ihr. Armin, Jonas und Marion. Sie waren so um die 30, sonnengebräunt und trugen lässig weiße Leinenklamotten. Sie kamen von einer Party, hatten die Nacht durchgefeiert und warteten jetzt auf das Schiff nach Formentera. Der Kellner brachte ihnen Kaffee, Orangensaft, knusprige Croissants und pludrige Ensaimadas.

»Magst du auch was? Komm, nimm dir!«, sagte Marion und stellte sie alle vor. Sich und Armin und Jonas. Sie und Armin lachten viel, sie waren aufeinander eingespielt und ganz offensichtlich ein Paar. Jonas war Marions jüngerer Bruder, er sah nicht schlecht aus, auch wenn er ein paar Pfund zuviel hatte. Er lächelte schüchtern.

»Und du? Wer bist du?«

»Bea«, sie merkte, dass sie rot wurde, »das kommt von Beate.«

»Schöner Name. Ungewöhnlich.« Er schob ihr die Croissants herüber, und sie nahm eins. Biss dankbar hinein. So waren sie ins Gespräch gekommen.

Armin bestellte eine Flasche Cava. Lachte. »Bloß den Schampuspegel nicht absacken lassen!« Der Kellner brachte vier Gläser, und Jonas stieß mit ihr an. Bea hatte das Gefühl, als würde sie die drei schon lange kennen. Es war Marion, die sie fragte, ob sie nicht Lust hätte, für ein paar Tage mitzukommen, Jonas nickte und Armin stimmte begeistert zu. Am Schalter zahlte er ihr Ticket.

In Formentera am Hafen kauften sie noch ein, dann gingen sie zu einem staubigen Pick Up auf dem Parkplatz. Bea konnte ihr Glück kaum fassen. Heute morgen noch im verregneten München, jetzt hier. In einem anderen Land, auf einer anderen Insel. Flach und rundum vom Meer umgeben, weiße Häuser mit roten Dächern und blauen Fensterläden, grüne Felder und die heiße Sonne. Sie hatte nichts dabei außer ihrer Tasche, aber Marion meinte, das sei kein Problem. Die Finca gehörte Armins Eltern. Sie lag im Pinienwald, keine hundert Meter vom Strand entfernt. Ein riesiger Garten, tiefviolette Bougainvillea, knallrote Geranien, silbrige Kieswege. Eine überdachte Terrasse, ein großes Wohnzimmer mit einer gemütlichen Landhausküche. Weiße Mauern, rote Terrakottafliesen, bunte Kissen auf den Korbmöbeln. Lässiger Luxus wie im Fernsehen. An das Haupthaus schloss sich ein verglaster Neubau an. Marion zeigte Bea ihr Zimmer und das Bad nebenan. »Hier sind Pareos, Handtücher, Bikinis, Sonnenöl, was immer du brauchen kannst, nimms dir einfach.«

Bea hatte ein blaues Handtuch und einen roten Pareo mit weißen Eidechsen mitgenommen. Und war jetzt hier. Ganz allein. Keine zehn Meter von der Knochenhand entfernt. Die anderen wollten ein paar Stunden schlafen, dann sollte es Essen geben.

Bis eben war Bea noch glücklich gewesen. Mitten im Abenteuer mit neuen Freunden. Aber wer waren die drei? Und was wollten sie von ihr? Luden sie immer Fremde in ihr Haus ein? Stammten von denen die Pareos, Bikinis und Sonnencremes im Bad? Oder hatten Armin und Marion sie nur als Gespielin für den schüchternen Jonas mitgeschleppt. Schüchtern? Oder verklemmt? Bea fand Jonas eigentlich ganz nett und sie war auch für flüchtige Liebesabenteuer durchaus zu haben, aber jetzt wucherte Misstrauen in ihr hoch und überdeckte alle anderen Gefühle. Vielleicht waren die drei gar nicht so harmlos wie sie taten. Sie hatten zuviel Geld. Und zuviel Langeweile. In Beas Kopfkino wechselten sich Sado-Maso-Spielchen mit brutalen Folterorgien ab.

Cool bleiben. Es wusste ja keiner, dass sie die Hand gefunden hatte. Sie würde einfach hinauf in die Finca gehen, sich anziehen, ihre Tasche und das Handy nehmen und sich höflich verabschieden. Zu Fuß durch den Pinienwald müsste sie in einer halben Stunde wieder auf der Teerstrasse sein und konnte ein Auto anhalten. Zurück zum Hafen, nach Ibiza. In ihr Hotel.

Sie fuhr herum, als sie Stimmen hörte. Eine Gruppe älterer Touristen kam an den Strand, sie hatten Sonnenschirme und Bastmatten dabei. Bea drehte sich hastig um, packte ihre Sachen zusammen und hastete die Dünen hinauf, über den Sandweg unter die Pinien. Vor der Finca saß eine schwarze Katze.

Bea kam nicht bis ins Bad. Armin deckte den Tisch auf der Terrasse und hielt sie auf.

»Gut, dass du kommst. Gleich gibt es Essen!«

»Aber ich wollte …«

»Hier, nimm schon mal.« Armin drückte ihr das Besteck in die Hand. »Ich hol noch die Gläser und den Wein.«

»Aber ich …«

»Jonas ist ein Superkoch. Marion ist nochmal ins Dorf, kommt aber gleich zurück. Es gibt frische Doraden im Salzmantel, hinterher *Crema Catalana* und vorher seine berühmte *brandada de bacaláo*.«

»Aber …«

»Kennst du nicht? Das ist so eine Art Pudding aus Stockfisch.« Armin eilte ins Haus, Bea blieb sprachlos zurück, die Hände voller Messer und Gabeln. Pudding aus Stockfisch. Ihr war schlecht. Langsam legte sie das Besteck auf den Tisch und ging ins Haus. Jonas werkelte in der Küche, sah kurz auf, als sie vorbeikam, lächelte.

Bea verschwand im Bad und schloss hinter sich ab. Sie duschte und zog sich wieder an. Legte Pareo und Handtuch zurück und nahm ihre Tasche. Im Anbau gab es auch eine Tür zum Parkplatz hinaus. Vielleicht konnte sie so ungesehen nach hinten verschwinden und dann abhauen.

Das Handy. Das hing an der Steckdose im Wohnzimmer.

In dem Moment hörte sie den Pick Up vorfahren, und Marion kam hereingestürmt. Eine Strohtasche voller Einkäufe über der Schulter. Von der anderen Seite her kam Armin, er hatte einen Korb mit Weinflaschen im Arm. Sie lachten, küssten sich und nahmen Bea in die Mitte. Es gab kein Entkommen.

Auf dem Tisch standen frisches Brot, Salat und ein Eiskühler mit Weißwein. Bea saß mit dem Rücken zum Haus, vor sich die Pinien und ein Stück weiter das blau glitzernde Meer. Sie trank einen

Schluck von dem Wein und noch einen. Kühl und frisch. Vielleicht hatte sie sich alles nur eingebildet.

Ihre Mutter sagte auch immer, sie habe viel zu viel Phantasie. Sie hatte ihr auch das Praktikum bei der Versicherung besorgt. Das ist was Reales. Da kannst du Karriere machen. Sie kannte den Abteilungsleiter, Herrn Klatt. Bea nahm noch einen Schluck. Selbst, wenn diese Hand wirklich eine echte Menschenhand gewesen sein sollte, dann war sie doch nicht erst seit gestern da unten. Sie war irgendwann vom Meer her angeschwemmt worden. Sie konnte ja gar nichts mit ihren neuen Freunden zu tun haben.

»Brandada de bacaláo!«, rief Armin und kam mit einem Holztablett heraus. Darauf standen vier kleine flache Förmchen aus braunem Ton. »Vorsicht, heiß!«, warnte er und stellte ein Schälchen vor Bea ab. Ein heller Pudding goldgelb überbacken. Marion schob ihr ein Körbchen mit Toast hin.

»Einfach mit der Gabel aufs Brot.«

Bea probierte vorsichtig. Es schmeckte herzhaft, köstlich, es hatte nichts mit Pudding zu tun. Sie nahm noch einen Toast und noch einen, sie kratzte das Förmchen aus. Selten hatte sie etwas so Feines gegessen. »Du musst mir das Rezept geben!«

»Ist ganz einfach«, Armin schenkte Wein nach, »Kartoffel, Milch und Stockfisch. Kann man gut vorbereiten und erst kurz bevor man essen will in den Ofen stellen.«

»Milch und Stockfisch klingt schon abgefahren. Aber das Zeug schmeckt himmlisch!« Bea hob ihr Glas.

»Warte erst, wenn du die Dorade probiert hast. Die kann nur Jonas so einmalig gut!« Armin legte Jonas einen Arm um die Schultern. Jonas grinste verlegen. Bea trank auch ihm zu. Die Fertigstellung der Dorade verzögerte sich, weil zwischendurch der Ofen schlapp machte. Armin bekam ihn aber wieder hin, und Marion machte noch eine Flasche Wein auf.

Bea hatte die Knochenhand fast vergessen, als sie Schritte auf dem Strandweg hörten. Armin und Marion sahen sich fragend an. Die Schritte kamen näher. »Hola?«, rief eine Männerstimme.

»Sí!« Armin stand auf und sah den Besuchern entgegen. Zwei jungen Männer. Polizisten in der grünen Uniform der Guardia Civil. Sie hatten nicht die schwarz glänzenden Schreibmaschinenhüte auf dem Kopf wie im Film, sie trugen grüne Schirmmützen. Sie waren sehr höflich und sie sprachen deutsch.

»Entschuldigen Sie die Störung. Sind Sie die Eigentümer dieses Hauses?«

»Mein Name ist Armin Thiesen, das Haus gehört meinem Vater Bruno Thiesen.« Armin deutete auf Marion und Jonas. »Das ist Marion Ruhle, meine Verlobte und ihr Bruder Jonas.«

»Können Sie sich ausweisen?«

»Ja, sicher.« Marion lief ins Haus. Der Guardia wandte sich Bea zu. »Und Sie?«

»B… Bea… Beate Baldorf … Ich …« Armin erlöste sie, sein Ton war höflich aber bestimmt.

»Bea ist unser Gast. Darf ich fragen, um was es geht?«

»Unten an dem Strand vor ihrem Haus wurde eine Leiche gefunden, eine Frau.«

Schweigen. Sie starrten die Guardias an, und außer den Zikaden hörte Bea nur ihre eigene Schnappatmung.

»Hier, bitte!« Marion kam mit drei Pässen zurück. Der zweite Guardia nahm sie, ohne hineinzusehen. Beide wandte sich wieder Bea zu. Der erste streckte die Hand aus. Bea nickte und rannte ins Haus. Kramte hastig in ihrer Tasche, warf sie um, hatte Mühe, alles Zeug wieder einzusammeln. Plötzlich kniete Jonas neben ihr. Half ihr. Berührte sie leicht an der Schulter. Half ihr beim Aufstehen.

Der erste Guardia nahm ihren Ausweis, klappte ihn auf, studierte ihn und verglich das Foto mit ihrem Gesicht. »Seit wann sind Sie auf Formentera?«

»Seit heute … Ich … Wir …«

»Wir haben Bea in Ibiza getroffen.«, half ihr Armin. »Wir alle sind mit der Fähre um elf gekommen.«

»Wir müssen Sie bitten, die Insel vorläufig nicht zu verlassen.«

»Aber was ist los? Sie können doch nicht einfach unsere Pässe behalten?«

»Nur vorläufig. Sie drei sind seit Ende Januar hier. Seit acht Wochen wird eine junge Frau vermisst. Sarah Kenwood, eine Engländerin. Sagt Ihnen der Name etwas?«

»Leider nein!«, sagte Armin schnell. Er und Marion sahen sich nicht an, nur Jonas' Augen flogen zwischen den beiden hin und her. »Gut.« Die Guardias wandten sich zum Gehen um. »Wenn die Untersuchungen abgeschlossen sind, melden wir uns wieder.«

Einen Moment lang blieben sie alle starr stehen und sahen den Männern nach, die über den Sandweg wieder unter den Pinien verschwanden. Jonas reagierte als erster. »Der Fisch!«

Er rannte in die Küche, und jetzt nahmen sie alle den Brandgeruch wahr.

Das Salz um die Dorade war schwarz verkohlt. Aber sie hatten sowieso keinen Hunger mehr. Dunkler Qualm erfüllte die Küche. Jonas und Marion rissen die Fenster auf und warfen den Fisch mitsamt der Form in den Abfall. Jonas trug ihn hinter das Haus. Armin und Marion sahen sich an. Dann kurz zu Bea und wieder zu Jonas, der von draußen zurückkam.

»Das hat doch nichts mit uns zu tun.«, sagte er.«Da ertrinken immer wieder Leute im Meer.«

»Aber die werden nicht hier an den Strand gespült.«, gab Armin zu bedenken. »Wir haben ablandige Strömung.«

»In diesem Winter hat es ein paar schwere Stürme gegeben. Daher haben wir so viel Sand in der Bucht.« Marion deutete mit beiden Händen die Sandberge an. Jonas schüttelte den Kopf.

»Der Strand war schon so, als wir kamen.«

»Das heißt …«, Marion sah fragend zu Armin. Der breitete die Arme aus und schob sie alle auf die Terrasse zurück.

»Das heißt, wir können im Moment gar nichts tun. Wir wissen ja nichtmal, ob die Frau wirklich diese Engländerin ist. Und wie lange sie schon da unten liegt.«

Es war kühl geworden. Marion holte sich eine Jacke und brachte auch für Bea eine mit. Armin machte eine Flasche Rotwein auf, und Jonas stellte eine Platte mit Schinken und Käse hin.

Es wurde dunkel, und Bea war froh, dass niemand Licht machte.

Der Mond schien durch die Pinien und ließ den Sand wie Schnee aussehen. Sie saßen auf der dunklen Terrasse und tranken. Hinter den Pinien am Strand bewegten sich Lichter, Männerstimmen gaben kurze Kommandos, sie hörten zweimal das Tatütata der Polizei und nach einiger Zeit auch das Signalhorn des Ambulanzwagens. Sie schwiegen. Und tranken. Armin machte wieder eine Flasche auf. Bea war es nicht gewohnt, soviel zu trinken. Sie griff nach den Käsewürfeln, aber es waren keine mehr da.

Irgendwann stand Marion auf. »Ich geh schlafen«. Sie stupste Armin an, der gerade allen nachschenken wollte. Jonas nahm ihm die Flasche aus der Hand und grinste Bea an. Bea stand etwas zu hastig auf und stolperte. Armin hielt sie am Arm fest. Marion machte Licht im Haus, und umarmte Bea. »Gute Nacht. Und schlaf gut!«

Aber Bea konnte nicht schlafen. Sie hatte sich nur kurz das Gesicht gewaschen und die Zähne geputzt. Im Regal hatte sie ein T-Shirt gefunden, das ihr passte. Die Ereignisse des Tages rotierten in ihrem Kopf. Und das Bett rotierte unter ihr. Als sich leise die Tür öffnete, hörte sie das nicht. Erst als sich die Matratze auf einer Seite absenkte, merkte sie, dass sie nicht mehr allein war. Es war zu eng, um sich umzudrehen. Eine Hand fuhr über ihr Haar, eine Stimme flüsterte etwas neben ihrem Ohr. Der Geruch von verbranntem Fisch. Jonas. Sie stieß ihn grob zur Seite und schaffte es gerade noch ins Bad.

Danach fühlte sie sich etwas besser. Ihr Zimmer war wieder leer. Sie schloss die Tür ab und sank ins Bett. Als sie aufwachte, schien die Sonne schräg durch das Fenster. Ihr Kopf hatte die Größe einer Wassermelone, und der Mund war voller Sand. Sie schleppte sich ins Bad und duschte kalt.

In der Küche duftete es nach Kaffee, aber nur Marion war schon wach. Sie saß am Küchentisch und winkte Bea zu. »Setz dich. Da ist Kaffee, im Kühlschrank ist O-Saft, und hier ein Alka Seltzer. Hast du Hunger?«

»Nein«, Bea schüttelte sich kurz und löste die Tablette in einem Glas Wasser auf. »Danke. Die Jungs schlafen noch?«

»Es ist noch nichtmal neun. Vor Mittag werden wir normalerweise nie wach.« Marion berührte Bea kurz am Arm. »Tut mir leid wegen gestern. Das war ja wirklich übel.«

»Wisst Ihr schon mehr?«

»Ich war am Strand unten. Da ist nichts mehr zu sehen. Später fahr ich ins Dorf und hör mich mal um. Und Armin wollte seinen Vater anrufen. Der ist Anwalt.«

»Brauchen wir denn einen Anwalt?« Bea hörte selbst, wie gekünstelt ihr Lachen klang. Marion ging nicht weiter auf die Frage ein. Beide schreckten hoch, als sie ein Auto vor dem Haus bremsen hörten.

»Hola?«, die Männerstimme von gestern. Schritte auf der Terrasse, dann Klopfen an der Tür. Marion stand auf. Es waren wieder die beiden Guardias. »Buenas dias, guten Morgen.« Der erste verbeugte sich leicht und wandte sich an Bea. »Würden Sie uns bitte begleiten?«

»Um was geht es?« Marions Stimme war scharf, aber Bea hörte die Unsicherheit heraus. Sie nahm ihre Tasche.

»Ist schon gut. Grüß die Jungs.« Sie nickte den Guardias zu und folgte ihnen. Marion rannte hinter ihr her.

»Warte! Hier, melde dich!« Sie drückte Bea eine Visitenkarte in die Hand. Und umarmte sie. »Wenn irgendwas ist, wir kommen und holen dich raus!«

Bea war wie betäubt. Was sollte der Satz bedeuten? Was erwartete Marion? Was sollte sein? Und schliefen Armin und Jonas wirklich noch? Die Guardias blieben vor einem grünen Renault stehen, der erste hielt ihr die hintere Tür auf, der zweite setzte sich ans Steuer. Die Fahrt kam ihr kurz vor. Ein Stück Sandweg, die breite Teerstraße, ein Dorf, ein Rondell, ein zweites Dorf. Die Polizeistation war ein grauer Betonbau am Rand der Straße.

Das Büro, in das die Guardias sie brachten, war mit hellem Holz möbliert und an der Wand hing neben der spanischen und der katalanischen Streifenfahne ein Foto vom König. Sie boten ihr einen Kaffee an, dann kam ein dritter Guardia dazu. Er war älter als die beiden anderen, und sein Deutsch hatte einen schweren Akzent. Er war der Chef. Er hielt ihren Ausweis in der Hand.

Er setzte sich ihr gegenüber an den Schreibtisch, die beiden anderen nahmen an der Wand hinter ihm Aufstellung.

»Frau Beate Baldorf. Sie sind erst seit gestern auf unserer Insel. Zum ersten Mal?«

»Ja. Ja, ich …«, sie merkte plötzlich, dass sie immer noch Marions Visitenkarte in der Hand hielt und legte sie vor sich auf den Tisch. »Ich hatte die drei in Ibiza kennen gelernt, und sie haben mich eingeladen.«

Der Chef nahm die Visitenkarte. Musterte sie, drehte sie um, strich sie glatt. »Wissen Sie, bei der Toten haben wir genau so eine Visitenkarte gefunden.«

Bea schwieg. Sie hatte Mühe zu atmen. Der Chef schob ihren Ausweis über den Tisch. »Sie sind für eine Woche im Hotel *Bela Vista* auf Ibiza gebucht, Rückflug nach München in drei Tagen. Sind Sie einverstanden, jetzt sofort zurück nach Ibiza zu fahren?«

»Ja! Ja, natürlich.« Die Erleichterung überflutete sie heiß. Der Chef stand auf.

»Wir haben Ihre Unterlagen. Falls sich noch Fragen ergeben.«

Die beiden anderen brachten sie zum Hafen und warteten, bis sie auf dem Schiff war. Bea blieb oben an Deck stehen und schaute zurück. Auf die flache Insel, die immer kleiner wurde und schließlich ganz verschwand.

Selten in ihrem Leben hatte sie etwas so Gemütliches gesehen wie ihr schimmliges Hotelzimmer über dem leeren Pool. Oder nettere Menschen getroffen als die runzligen Rentner in ihren Liegestühlen. Sie zog den Bikini an, cremte sich ein und nahm ihr Badetuch. Grüßte sie alle freundlich und legte sich in die Sonne. Erst da fiel ihr ein, dass Marions Visitenkarte immer noch auf dem Schreibtisch der Guardia lag.

Fünf Tage später saß Bea an ihrem Ecktisch im Großraumbüro. So schrecklich war es hier eigentlich gar nicht. Eben war Herr Klatt vorbeigekommen und hatte angedeutet, dass sie nach ihrem Praktikum einen Ausbildungsvertrag bekommen könnte. Sie schaute auf die sonnigen Ibizafotos an ihrer Trennwand und fuhr den

Computer hoch. Deutsche, spanische und englische Seiten. *Ungeklärter Todesfall im Ferienparadies. Englische Touristin noch immer vermisst. Die spanische Polizei geht neuen Spuren nach. Deutsche Residenten unter Verdacht.* Namen wurden keine genannt, aber Bea brauchte auch keine Namen.

Hinter den Glastüren sah sie Herrn Klatt mit dem Personalchef reden, sie schauten zu ihr her. Sie wandte sich hastig wieder ihrem Computer zu und ging zurück auf die Firmendomain. Karriere bei der Versicherung? Sie lächelte.

Es gab ja nicht nur Sachbearbeiter hier im Haus, es gab auch die Versicherungsdetektive.

Brandada de bacalao (katalanisches Stockfischpüree)

Zutaten für vier Personen:

- *400 g Stockfisch*
- *eine große gekochte Kartoffel*
- *100-150 ml Olivenöl*
- *100 ml Milch*
- *etwas Knoblauch*
- *Pfeffer*

Zubereitung:

Den Stockfisch über Nacht wässern um ihn zu entsalzen. Fein zupfen, mit der Kartoffel vermengen, abwechselnd Öl und Milch dazugeben, mit Knoblauch und Pfeffer würzen, alles zu einer cremigen Masse verrühren. In kleine Tartelettförmchen füllen (Wahlweise kann man auch Butterflöckchen und etwas geriebenen Manchego drüber geben) und im Ofen goldgelb überbacken.

Man kann das Rezept auch mit 500 g frischem Kabeljau zubereiten, dann muss er vorher allerdings kurz gedünstet und gesalzen werden.

Dazu passt Baguette oder Toast.

Niklaus Schmid

Das Formentera-Schwein

Nein, nichts gegen Touristen, sie sind ja meine Kunden. Ich stehe auf Formenteras sogenanntem Hippiemarkt, immer mittwochs und sonntags. Wie lange schon? Nun, seit Bob Dylan hier in einer Mühle *Blowin' in the Wind* geschrieben hat. Ist ein Scherz, da war ich noch nicht geboren. Falls es überhaupt stimmt, das mit Bob Dylan. Jedenfalls lesen es die Besucher in den Reiseberichten und ich soll ihnen dann erklären, in welcher Mühle er gewohnt hat. Sie stellen ständig dieselben Fragen: »Wo kann man auf der Insel gut essen?« »Leben Sie das ganze Jahr hier?« Und wenn ich nicke, kommt regelmäßig die Bemerkung: »Muss toll sein, dauernd in der Sonne, bei uns reicht es nur für vierzehn Tage.« Das sagen Leute, die eine Firma haben und in einer Villa wohnen. Und dann versuchen sie, den Preis für das Bild herunterzuhandeln.

Ich koloriere Grafiken, die Rezepte enthalten. Insgesamt zwölf einheimische Gerichte, immer mit passender Illustration. Paare können sich oft nicht entscheiden. Er ist für das eine Motiv, sie für das andere und vor lauter Verlegenheit, weil sie sich nicht einigen können, fragen sie schließlich: »Ach, können Sie uns ein Lokal empfehlen? So 'n Geheimtipp.«

Um dem Gerede zu entgehen, stöpsele ich mir Ohrhörer rein, male und lasse meine Gedanken schweifen. So war das auch am letzten Mittwochnachmittag ... *Holly came from Miami ... hitch-hiked her way ...*

Die Frau am Stand, wo Piet seine Ledergürtel verkauft, sah nicht schlecht aus. Groß, blondiertes Haar, rote Lippen, gut zehn Jahre älter als ich, vielleicht war sie ja mit der Tochter auf der Insel … *She says, hey babe, take a walk on the wild side …*

»*Qué?* Wie bitte?«

»Das Formentera-Schwein, wo gibt es das?« Ihre Finger mit den spitz gefeilten Nägeln tippten auf die Grafik, die ein schwarzes Schwein vor einer Schüssel mit Feigen zeigte. Das Blatt war mein Renner. Lief sogar besser als das Rezept *Arroz Negro.* Bei dem schreckten die Leute dann doch zurück, wenn sie hörten, dass es die Tinte von Sepien oder Kalmaren war, die dem »schwarzen Reis« Namen und die Würze gab.

»Tja, das gibt es im Restaurant La Tortuga«, sagte ich, »aber die bereiten es anders zu, als ich es beschrieben habe. Mehr so mit Äpfeln und Zimt.«

Sie blätterte durch die Grafiken und kaufte schließlich die Rezepte *Formentera-Schwein* und *Arroz Negro.* Das mit der Tinte sei zwar komisch, rümpfte sie das Näschen, doch der gezeichnete Krake sehe lustig aus.

*

Am Sonntag darauf war sie wieder auf dem Markt. Ich summte so vor mich hin … *hey honey, take a walk on the wild side …* als ich sah, wie sie die Auslagen mit Schmuck und Kunsthandwerk betrachtete und sich für eine bunte Umhängetasche entschied. Dann verschwand sie in der Menge und plötzlich stand sie neben mir und stellte zwei Dosen *San Miguel* auf den Tisch.

»Sie können sicher schlecht weg und da dachte ich …«

War ein guter Gedanke. Wir tranken und nach dem zweiten Schluck wollte sie wissen, was ich sonst noch so mache, denn von den Bildern könne ich doch wohl kaum leben.

»Im Winter kümmere ich mich um Ferienhäuser, Wände kalken, kleine Reparaturen. Und Sie? Ich meine, wenn Sie nicht Ferien machen.«

Es war so, wie ich sie eingeschätzt hatte. Bei ihr zu Hause gab es einen Ehemann, der wohl einige Jährchen älter war und das Geld verdiente, und zwei Töchter, die aus dem Gröbsten raus waren, wie sie es nannte. Also Eigenheim mit Doppelgarage in einer Kleinstadt nahe Stuttgart und viel Langeweile, was sie zwar nicht erwähnte, aber gut rauszuhören war.

»Na, ist doch prima«, warf ich ein. »Alles da und für einen Urlaub reicht es auch.«

Sie sagte es nicht direkt, aber bei all den Ausflüchten wurde doch deutlich, dass sie sich nach Abwechslung sehnte. Sie wollte den Sand unter den Füßen spüren, so drückte sie es aus, während ich auf ihre Beine stierte, die in Stiefeln aus Perlrochenleder endeten. Mein Gott, die armen reichen Frauen!

»Wie sind Sie denn hier gelandet?« Auch so eine Standardfrage, auf die ich zwei Antworten parat habe. Die kurze lautet, dass ich Fotograf bin, aus der Werbung komme und die Kamera gegen Tuschkasten und Pinsel ausgetauscht habe. Bei der längeren Antwort hänge ich eine unglückliche Liebe an. Dass es noch andere Gründe gab, warum ich Deutschland verlassen hatte, ging ja keinen was an.

»Sie sind also damals einfach weg, haben alles aufgegeben. Wie mutig!«

Sie nahm noch einen Schluck. »Hört sich komisch an, aber ich habe auch oft daran gedacht, eigentlich hält mich nichts mehr, die Kinder sind aus dem Haus. Sicherheit und Luxus bedeuten mir nichts.«

Ähnliches hatte ich schon hundertfach gehört. Vielleicht klang es deshalb zynisch, als ich sagte: »Na klar, aussteigen, und Ihr Mann schickt Ihnen jeden Monat einen Scheck.«

Was sie darauf antwortete, ließ mich aufhorchen. Plötzlich erschien sie mir auch begehrenswerter, obwohl ich sonst eher mit jüngeren Frauen anbändele. Elena, so hieß sie, hatte mit ihrem Mann zusammen eine Frisörkette aufgebaut. Sie selbst war Frisörmeisterin, stand aber schon lange nicht mehr mit dem Föhn hinter dem Kunden. Sie machte die Buchhaltung und führte ansonsten ein schönes, für sie aber eben langweiliges Leben. Ein Leben, um das sie viele Frauen beneiden würden. Auch jene, die sich hier auf der Insel mit Aushilfsjobs, Saisonanstellungen und dem Häkeln von Handytäschchen durchschlugen.

Elena deutete zur Platzmitte. »Da wird was aufgebaut.«

»Ja, Mikro und Verstärker. Unsere Inselband. Bleiben Sie doch noch ein bisschen.«

»Geht nicht, ich werde gleich angerufen, im Hotel. Klingt wie Kontrolle, aber so haben wir, mein Mann und ich, es ausgemacht, wir wussten nicht, wie es hier mit dem Handyempfang aussieht.«

»Welches Hotel? Ich könnte …«

Sie schüttelte den Kopf.

Na, denn eben nicht. Vielleicht auch besser so, denn inzwischen hatte sich eine Traube von interessierten Besuchern versammelt. Geschäft ging vor.

*

Chris machte die Mikrofonprobe. Als ich unter dem Tisch nach meiner Bongotrommel kramte, hörte ich sie rufen: »Da bin ich wieder. Alles erledigt.«

Sie sah jetzt aus, wie für den Abend zurecht gemacht. Herrje, stellte sie sich etwa vor, dass gleich im Beisein der königlichen spanischen Familie gespielt würde?

»Hören Sie, Elena, da wird später der Hut rumgereicht, Hunde werden ihre dreckigen Pfoten auf Ihr schönes Kleid legen.«

»Und wenn es ein Maler mit Farbe an den Fingern wäre?«

Nein, es kam nicht dazu. Ich verlor sie aus den Augen. Das heißt nicht ganz, denn die Insel ist klein. Mal sah ich Elena auf dem Markt aus der Ferne, dann wieder beim Einkauf in einem Geschäft.

Ich ging davon aus, dass sie abgereist ist. Doch dann, es war der zweite oder dritte Mittwoch nach unserem ersten Treffen, steuerte sie auf mich zu und sagte: »Ich hab gerade Ihre Rezepte verpackt.«

Ich guckte wohl etwa ratlos, denn sie erklärte: »Übermorgen geht es zurück. Eigentlich schade. Schöne Insel. Ich habe viel über ihre Worte nachgedacht. Aussteigen und so … Was ist? Woran denken Sie?«

Bei einer anderen Gelegenheit hatte ich mal ehrlich gesagt, was mir durch den Kopf ging, und damit war das Gespräch dann beendet gewesen. Das sollte mir nicht noch einmal passieren.

»Ach, nichts. Oder doch. Schade, dass Sie abreisen, ich wollte Sie noch zum Essen einladen«, sagte ich, und drehte mich etwas zur Seite, sodass sie im prallen Sonnschein stand. Elena trug wieder dieses Kleid, das sie am Abend vor dem Konzert anhatte, als sie die Anspielung mit den Malerhänden gemacht hatte. Es war eines dieser weißen Baumwollfähnchen aus der Hippiezeit, die jetzt wieder bei den jungen italienischen Besucherinnen beliebt waren. Kleider, die alles zeigten, wenn das Sonnenlicht darauf fiel. Mit »alles« meine ich die Unterwäsche. Doch sie trug keine, was deutlich zu erkennen war.

Ich guckte noch immer angestrengt haarscharf an ihr vorbei in die Landschaft. Ockerfarbene Felder, durchzogen von Natursteinmauern und mittendrin die weißen Fincas, die in der flirrenden Luft zu schwimmen schienen.

Ich gab mir einen Ruck, sagte: »Tja, schade.«

»Dass mit der Einladung ginge ja noch. Übrigens, Ihr Tipp war nicht so doll, internationale Küche, ich hatte etwas Spezielles erwartet. Nicht Seezunge mit Pommes und Salat.«

»Ich hätte es Ihnen sagen sollen. Montags nie Fisch bestellen, weil sonntags die Fischer nicht rausfahren. Der Fisch, der hier gefangen wird, ist gut, aber teuer. Die Seezunge kommt aus dem Atlantik, ist günstig, aber nicht frisch und somit auch nicht schmackhaft.«

Ich redete noch eine Weile drauflos. Dass im Sommer die Tische sowieso besetzt waren und sich kein Wirt besondere Mühe gab. Dass sich hingegen im Winter die ganze Vorratshaltung nicht lohnte, weil kaum Besucher da waren und die Einheimischen sowieso lieber zu Haus aßen. Kurzum, ich ließ so richtig den Eingeweihten heraus. Entweder sie sprang darauf an oder nicht.

»Sie müssen eben die richtigen Lokale kennen und dabei in Kauf nehmen, dass dort auch nur auf den Teller kommt, was die Frau des Wirts an dem Tag gekocht hat. Und sei es auch Schildkröte in Schokoladensoße.«

»Stehen die nicht unter Artenschutz?«

»War ein Beispiel. Der Wirt, den ich im Sinn habe, ist eigentlich Lehrer, Qigong und Geschichte, er heißt Andrés. Ich könnte ihn mal anrufen.«

Elena nickte, ich wählte seine Nummer. Obwohl Andrés sehr gut deutsch versteht, sprach ich mit ihm spanisch: »*Bueno, dos personas, sí, para mí y una mujer bonita.*« Und zu Elena: »Es gibt Zarzuela. Wenn Sie Lust haben, ich meine, es wäre Ihr Abschiedsessen.«

»Einverstanden.«

»Ziehen Sie was Wärmeres an, Ende September sind die Abende schon recht kühl.«

»Ich werde mir was drüber ziehen.«

In den nächsten Stunden ging mir nicht aus dem Kopf, dass sie die Worte »drüber ziehen« so betont hatte.

*

Auf dem Weg zu meinem Geheimtipp erwähnte ich, immer noch in der Rolle eines Reiseführers, die Großsteingräber aus der Bronzezeit und die Legende von der Cova Mala, die man nur zweimal betreten dürfe.

»Wieso?«

»Weil man beim dritten Mal unweigerlich verloren wäre.«

»Hört sich spannend an. Erzählen Sie!«

»Später.«

Wir hatten hinter Sant Francesc die Straße zum südlichen Kap genommen, waren in einen Holperweg eingebogen, der durch einen Pinienwald führte und an einem freien Platz endete. Auf der Terrasse seiner Finca hatte Andrés drei Tische aufgestellt. An zweien saßen schon Gäste.

Elena wirkte irritiert. Sie hatte wohl eine Art Landhotel erwartet, blickte nun verwundert auf das halbfertige Segelschiff, die ausgeschlachteten Autos und die kleinen Kinder, die mit zwei jungen Hunden herumtollten.

Zu setzen traute sie sich erst, als Andrés ihr ein Kissen brachte, das sie auf die Bank aus rohem Holz legte. Auf dem Tisch standen Schalen mit getrockneten Feigen, Oliven und gerösteten Pinienkernen. Als Vorspeise brachte Andrés *chipirones*, die Elena zuerst mit Vorsicht dann jedoch mit großem Appetit aß.

Die Zarzuela servierte Andrés in den typischen Tonschüsseln, sagte *que aproveche!*, berührte mich an der Schulter und warf einen anerkennenden Blick auf meine Begleiterin.

»Wie isst man das?«

»Die Soße und Fischstücke mit dem Löffel, die Krebse und Langostinos mit den Fingern.«

»Toll! So etwas hatte ich gesucht.« Herzhaft griff sie zu. Doch plötzlich stieß sie einen unterdrückten Schrei aus. Etwas von der Tomaten-Paprika-Mischung hatte auch ich abbekommen, doch der größte Teil war auf ihrem Kleid gelandet.

»Oh, leck mich …!«

Als die Gäste sich zu uns drehten und grinsten und ihr das Blut ins Gesicht schoss, zerrte ich an meiner Krebsschere, bis mir die Soße ins Gesicht spritzte.

»Das war nett von dir«, sagte sie später im Wagen, nahm den Saum ihres Hippiefummelkleides, wischte mir das Gesicht sauber und küsste mich auf den Mund.

Auf der Rückfahrt fragte sie, warum Andrés, als es um das Bezahlen ging, den Gästen und auch mir statt einer Rechnung nur Ansichtskarten vorgelegt hatte.

»Er bekommt keine Genehmigung für ein Restaurant, aber seine Frau hat einen Souvenirladen. Da hab ich eben Ansichtskarten gekauft.«

»Und auch gleich die Flasche bezahlt, die du mir auf den Schoß gelegt hast?«

»Richtig. Ist einheimischer Roter, halt ihn warm.«

*

»Du hast die Gelegenheit nicht ausgenutzt, ich war beschwipst.«

»Und wenn, hättest du es mir übel genommen?«

»Nein. Trotzdem danke!«

»Wofür?«

»Dass du es halt nicht ausgenutzt hast.« Sie blinzelte kokett. »Bin ich nicht attraktiv genug?«

»Doch!«

»Dann sag, warum du nicht …«

So konnte das noch eine ganze Weile hin und her gehen, was manchmal durchaus seinen Reiz hat. Doch ich machte es kurz: »Elena, ich möchte, dass du wiederkommst.«

Sie fuhr dann zu ihrem Hotel, gab den Leihwagen ab und ich brachte sie zum Hafen.

War es der Wind, der ihr das Wasser in die Augen trieb? Vom Flughafen Ibiza schrieb sie eine Kurzmeldung: *Ich vermisse Dich jetzt schon. LG Elena.*

So ähnlich lauteten auch die E-Mails der folgenden Tage. Ich ging wie gewohnt zum Markt, saß da in der Sonne und las Elenas Mitteilungen, die von Dauerregen, rutschigem Kopfsteinpflaster und den ach so spießigen Bewohnern ihres schwäbischen Heimatortes handelten.

*

Es kam der Oktober. Der *gota fría*, der kühle Tropfen, fiel auf das ausgedörrte Land. Es verließen mehr Besucher die Insel als neue kamen, die Saison ging zu Ende. Und dann an einem sonnigen Mittwochnachmittag tauchte sie an meinem Stand auf. Es war der letzte Tag auf dem Hippiemarkt. Die großen Hotels hatten bereits zugemacht, sie stellte ihren Koffer bei mir ab. »Hunger?« Sie schüttelte den Kopf. »Duschen?« Sie schüttelte den Kopf. »Ich zeige dir mein Schlafzimmer«, und sie nickte.

Und dann fing sie an zu reden und hörte praktisch nicht mehr auf. Der Sex mit ihrem Mann sei schon längere Zeit nicht das Wahre gewesen. Nein, keine Scheidung, aber mit einem Trennungsjahr sei er einverstanden und auch damit, dass er ihr einen Anteil an den Frisörgeschäften auszahlte.

»Von dem Geld kann ich, können wir lange auf der Insel leben.«

Wir genossen die Zeit. Ich kochte, sie kümmerte sich um meine Katze und die drei Hühner. Der November wird auf Formentera auch der kleine Sommer genannt. Doch Anfang Dezember kamen dann die ersten kalten Nächte, einigermaßen warm war es da nur in der Nähe des Kamins. Es waren kaum noch Fremde auf der Insel. Die Leute, die den Sommer über geschwärmt hatten: »He, Mann, wenn die Touristen endlich weg sind, dann feiern wir«, die saßen jetzt auf Bali oder waren nach Deutschland geflogen, um dort Glühwein zu trinken oder ihre Zähne reparieren zu lassen.

»War das früher auch so?«

»Ich kann nur sagen, was ich von meinen Eltern weiß. Sie gehörten zu den Blumenkindern, die an Plätzen auf Ibiza und Formentera ihren Schmuck verkauften, Silberzeug aus Indien, Steine aus Marokko. Irgendwann kamen meine Eltern auf die Idee, Kuchen und deutsches Brot zu backen, das die Fremden, aber bald auch die Einheimischen kauften. Von dem Erlös bauten sie dieses Haus, das nicht mehr als eine Garage mit Fenstern war. Die meisten Blumenkinder wohnten in umgebauten Ziegenställen oder Fincas, die keinen Strom, keine Heizung hatten. Warm war es im Winter nur in den Kneipen. Da hockten sie dann stundenlang in der Fonda Pepe, spielten Schach, flirteten, stritten sich oder machten Musik.«

Ich blies die Backen. »Aus und vorbei. Der Rest ist Nostalgie.«

»Du möchtest am liebsten weg?«

»Ein Freund, der auf Santiago eine Surfschule hat, meint, die Kapverdischen Inseln wären heute das, was Formentera früher war. Mit wenig Geld könnte man da ein Restaurant eröffnen.«

»Und dieses Haus, ist ja immerhin dein Erbe?«

»Ich könnte es vermieten. Vielleicht finde ich einen Partner, der mit einsteigt. Oder jemand, der mir das Geld leiht. Von den Mieteinnahmen könnte ich den Kredit zurückzahlen. Vier Tische am Meer, frischen Fisch aus dem Atlantik, mildes Klima das ganze Jahr über. Der Erfolg sei sozusagen garantiert, meint der Freund. Doch man müsse zugreifen, ehe andere kommen.«

Ich ließ das erst einmal sacken.

Sie kam dann auch von selbst drauf, machte den Vorschlag, ob wir das nicht zusammen machen könnten, die Sache mit den vier Tischen am Meer und dem frischen Fisch.

»Ich weiß nicht, Elena.«

Wir besprachen das Thema noch öfters, meist dann, wenn es regnete. Langsam wurden die Pläne konkreter. Wie viel wir wohl brauchten, überlegte sie.

»Zwanzigtausend. Dreißig. Um das erste Jahr zu überbrücken.«

»Kommt hin«, sagte sie.

An dem Abend feierten wir unsere gemeinsame Zukunft. Mit einer Pfanne Gambas und einer Flasche Cava Brut Codorníu Non Plus Ultra.

*

An einem dieser Tage, wenn Formentera einer Nordseeinsel gleicht, kam Silvi vorbei. Sie lebt mit einem Kerl zusammen, der trinkt und auch schon mal zuschlägt. Silvi klagte Elena ihr Leid. Ich ging in die Küche, um für uns drei eine Suppe zu kochen. Als ich zurückkam, wischte Silvi sich die Tränen ab und ließ uns allein.

Elena stocherte im Essen herum.

»Ist eher ein Eintopf, wie ihn die Einheimischen zubereiten. Die rote Paprikawurst, die Sobrassada, stammt von den schwarzen Schweinen. Und den wilden Mangold habe ich selbst gepflückt. Die Scheibe Bauernbrot auf dem Tellerboden ist typisch für die Insel.«

Doch anders als sonst ließ meine Erklärung sie nicht aufjubeln. Sie legte den Löffel zur Seite.

Bevor sie ein Wort sagte, wusste ich was kommen würde. »Du – ich gehe zurück. Das ist ja alles so deprimierend.«

»Was?«

»Alles. Das Gespräch mit Silvi. Dass die Paare sich später anöden.«

»Und was ist mit uns? Mit dem Spezialitätenrestaurant, vier Tische am Meer?«

Sie schüttelte den Kopf. »Es wäre dort so wie hier, irgendwie zu eng, keine richtige Stadt in der Nähe.«

»Wie aber willst den Leuten daheim, den Freunden und Bekannten, deine Rückkehr erklären? Und wie deinem Ehemann, dem du erzählt hast, dass du ein neues Leben beginnen willst, und der dir für diesen Neuanfang einen Anteil ausgezahlt hat?«

»Nun, dem sage ich, dass ich auf einen Betrüger reingefallen bin und dass dieser Schuft bei einem Unfall mit dem Geld verbrannt ist.«

Sieh an, dachte ich, was die brave Ehefrau für Ideen hat!

»Warum so plötzlich, Elena?«

»Hat sich so ergeben. Silvi wollte den Typ verlassen, doch sie schafft es einfach nicht. Sie hatte schon das Ticket nach Stuttgart gebucht. Ich habe es ihr abgekauft.«

»Wann ist der Flug?«

»Übermorgen.«

»Dann lass uns morgen noch mal groß ausgehen. Ich frage Andrés, ob er uns was Spezielles zaubern kann.«

*

Diesmal stand nur ein Tisch auf der Terrasse. Ich hatte eine Paella bestellt. Es war ein sonniger Tag und nach dem Regen am Vortag roch die Luft wunderbar frisch. Die Vögel zwitscherten wie verrückt. Aber unser Essen verlief recht schweigsam. Ich erinnerte Elena an die Sache mit der verspritzten Zarzuela-Soße, sie lächelte nur wehmütig. Den Wein rührte sie kaum an. Doch der Nachtisch schmeckte ihr.

»Hm, der hat was.«

»*Graixonera*. Mein Rezept für den Monat Dezember. In der Grafik sind die typischen Hefeteilchen abgebildet. Man nehme …«, ich sprach wie einer dieser Fernsehköche,»… *Ensaimadas* vom Vortag, Milch, Eier und zur besonderen Gelegenheit auch etwas Zauberpulver.«

Das Wort war meine Erfindung, das Zeug hingegen, das ich über den Nachtisch gestreut hatte, wurde in Ibizas Diskotheken angeboten. »He, was ist los, Elena?«

»Da!« Sie stierte auf eine Stelle neben meinem Teller. »Da … sieht aus wie … wie eine Hand.«

»Das sind die Knochen der Paella.«

Ruckartig bewegte sie ihren Kopf. Mal hin zum Haus, dann zum Waldrand, wo wir den Wagen abgestellt hatten. »Beim Auto, ein Tier!«

»Vielleicht eine der verwilderten Ziegen.«

»Jetzt ist das Tier im Auto. Guck doch mal!«

»Meine Felljacke. Ich habe sie über den Sitz gehängt. Die Sonne spiegelt sich in den Scheiben, sie verzerrt das Bild.«

»Lass uns gehen, bitte!«

Ich rief Andrés. Er brachte wie üblich die Karten. Drei Stück, das hieß dreißig Euro. Eine der Karten gab ich Elena. »Nimm sie als Andenken, kannst zu Hause erzählen, wie bei Andrés die Rechnungen aussehen.«

Sie schob die Karte zurück. »Die will ich nicht, da ist der Tod drauf. Sieht aus wie eine Tarotkarte, so eine mit dem Sensenmann.«

»Sensenmann? Tarotkarte. Sei nicht albern. Es ist eine alte kolorierte Ansichtskarte. Bauer bei der Kornernte.«

Ich legte das Geld auf den Tisch, rief Andrés zu, dass es meiner Begleiterin nicht gut gehe. Dann solle ich mit ihr einen Spaziergang machen, das wäre für die Verdauung und auch sonst gut. Er schmunzelte und ich wusste, was er damit meinte.

Wir fuhren ein Stück mit dem Wagen und spazierten anschließend in Richtung der Steilküste. Tatsächlich ging es Elena besser. Sie wurde sogar wieder recht lebhaft, freute sich über die, wie sie sagte, wahnsinnig grünen Pinien, fand wundervolle Blumen zwischen den Steinen und dann waren wir auch schon an der Küste und konnten hören, wie die Wellen in über hundert Meter Tiefe gegen die Felsen brandeten.

Wir setzten uns ins Gras und blickten auf den alten Wachtturm aus der Piratenzeit. Ich baute eine Tüte, erwähnte die Höhlen in diesem Gebiet und begann zu erzählen:

»Ein Pärchen vom Festland, das die Flitterwochen auf Formentera verbrachte, hörte von dem Ruf der Cova Mala, der besagt, dass man die Höhle nur zweimal betreten dürfe. Wer es ein drittes Mal wage, müsse unweigerlich sterben. Die beiden begaben sich, als ob es in den Flitterwochen nicht was Besseres zu tun gäbe, zu der Höhle. Kaum drinnen, wollte die Frau unter dem Vorwand, sie habe ein Gespenst gesehen, wieder hinaus. Im Tageslicht verschwand ihre Furcht, und die beiden betraten die Höhle ein zweites Mal. Sie sahen, dass es wohl Fledermäuse gewesen waren, die ihr Angst gemacht hatten, und kehrten um. Die Sonne schien wie zuvor, nichts hatte sich verändert. Oder doch? Voller Schreck stellte die Frau fest, dass sie in der Höhle ihren Halsschmuck verloren hatte.«

Ich bot Elena die Tüte an.

»Nein, du weißt doch.«

»Na schön. Also: Der Mann erinnerte die Frau an den Ruf der Höhle. Sie aber nannte ihn einen Feigling. Er weigerte sich noch eine Weile, doch gegen eine starke Frau ist ein Mann machtlos. Er ging hinein, sie wartete. Stunden später lief sie zum Dorf und erzählte den Bewohnern von dem verschwundenen Ehemann. Ein paar Mutige gingen in die Höhle, konnten ihn jedoch nicht entdeckten. Waren es die Blicke der Männer oder der Drang, es überprüfen zu wollen – die Frau betrat die Höhle, und nun war es auch für sie das dritte Mal. Diesmal waren es die Bauern, die lange und vergeblich warteten; dann holten sie Männer, die noch nie oder erst einmal in ihrem Leben die Höhle betreten hatten. Und diese Männer fanden den Leichnam der Frau. Ihr Schädel war in zwei Hälften gespalten.«

»Hört sich ja schlimm an«, platzte Elena heraus.

»Ist doch nur eine Legende«, beruhigte ich sie und erzählte weiter: »Der Schädel der Frau war gespalten. Ihr Ehemann aber erschien just in diesem Augenblick hinter einem Felsen, wo er, wie er beteuerte, die ganze Zeit verbracht hätte. Zwar verdächtigte man ihn, die Bluttat begangen zu haben, doch zu beweisen war es nicht. Als reicher Witwer kehrte er zum Festland zurück und lebte fortan …«

Wieder unterbrach sie mich: »Wo … die Höhle?«

»Gar nicht weit von hier. Da hinter dem Busch ist die Öffnung, ziemlich schmal, man muss auf den Knien hinein.«

Ihre Augen folgten meiner Handbewegung. »Das Tier, da ist es wieder!«

»Elena, das ist meine Jacke, die habe ich vorhin da abgelegt. Was wie Tieraugen aussieht, sind die Knöpfe und der hochgestellte Fellkragen erinnert dich an Hörner.«

»Nein, es bewegt sich.«

»Der Wind, er bewegt die Sträucher. Damit du mir glaubst, hole ich jetzt die Jacke.«

»Nein, bleib!«

Sie sprang auf. Noch bevor ich etwas tun konnte, rannte sie los. Ihre feinen Stiefel waren nicht das beste Schuhwerk, um an der

Steilküste herumzukraxeln. Ich schnappte mir die Jacke und rannte hinter ihr her. Ich rief, sie solle stehen bleiben. Das tat sie denn auch, aber nur, um in ihrer Umhängetasche nach irgendetwas zu suchen. Ich nahm an, dass es das Handy war. Vielleicht wollte sie um Hilfe rufen.

Ich sah noch, wie sie sich durch ein Dornengestrüpp kämpfte. Dann war sie weg. Kein Schrei. Menschen schreien nicht, wenn sie abstürzen, das tun sie nur in Filmen. Komisch, woran man in solch einem Moment denkt. Komisch auch, dass sie in ihrer Panik in der Tasche kramte. Andererseits hatte ich beobachtet, dass sich Ratten in höchster Not, wenn die Katze schon zum Sprung ansetzt, plötzlich zu putzen anfangen. Sie putzen sich, kurz bevor ihnen der Nacken durchbissen wird.

Lange suchte ich nach ihr, rief immer wieder ihren Namen. Ich schaute, ob sie sich an einem der knorrigen Sadebäumen hatte festhalten können.

Irgendwann würden Fragen auf mich zukommen. Deshalb wählte ich die Nummer der Guardia Civil. Der Wachhabende kannte mich: »Hombre, passiert schon mal, dass Frauen ihre Urlaubsbekanntschaft stehen lassen«, sagte er und lachte.

Also fuhr ich nach Hause. Es gab sowieso Wichtigeres zu erledigen.

*

Auf dem Rückweg ging mir noch die Stelle durch den Kopf, an der mich Elena unterbrochen hatte: Als reicher Witwer kehrte er zum Festland zurück und lebte fortan ... in Saus und Braus, vollendete ich den Satz.

Nun, verheiratet waren wir nicht, erben konnte ich trotzdem etwas. Denn natürlich wusste ich, wo Elena das Geld versteckt hatte. Nein, nicht im Haus. Räume, die man gemeinsam bewohnt, bieten nicht allzu viele Möglichkeiten. Aber der Stall. Da waren die Hühner, um die sie sich von Anfang an gekümmert hatte. Futter hinstreuen, frisches Wasser geben, nach Eiern schauen.

Mit diesen Gedanken stellte ich den Wagen ab. Ich war immer

stolz auf meine drei freilaufenden Hühner gewesen, was ich auch bei meinem Tortilla-Rezept hervorgehoben hatte: Eier von freilaufenden Hühnern. Zwei sah ich das frische Grün picken, das dritte Huhn saß im Nest. Hühner, die schlafen oder brüten, kann man hochheben. Auch solche, die gerade dabei sind, ein Ei zu legen. Wie jetzt mein Goldhuhn. Ich nahm es aus dem Nest und hob anschließend den Bretterboden samt Stroh und Federn hoch – der Hohlraum unter dem Nest war leer.

*

Wenn man gutes Kraut raucht, hat man Stunden später schon mal richtig helle Momente. Ich blickte in den Sternenhimmel und sah es förmlich vor mir: Elena in Panik. Was sie in der Tasche gesucht hatte, war nicht das Handy gewesen. Sie hatte nach ihrem Geld gefühlt. Ich hätte es wissen müssen, die schwäbische Hausfrau, Buchhalterin der Frisörkette. Bevor wir losfuhren, war sie noch ein Mal zurückgegangen. Setz dich schon mal rein, hatte sie gesagt, hab noch was vergessen. Klar, die schönen, gebündelten Fünfhunderterscheine. Fünfzigtausend Euro. Ich hätte das Haus für zahlende Gäste erweitern oder das Geld für eine lange Reise durch Südamerika nutzen können. Endlich mal weg von diesem Hundeknochen, denn nichts anderes war die Insel.

Am anderen Morgen fuhr ich zum Kap und habe alles noch mal abgesucht. Am Tag darauf bin ich sogar mit einem Boot die Küste entlang getuckert. Nichts. Die Strömung, habe ich mir sagen lassen, treibt nach Afrika.

*

Im Frühjahr ist Formentera ein Blumengarten. Die Saison beginnt, ich stehe wieder auf dem Hippiemarkt. Ich ordne meine Grafiken, setze eine Sonnenbrille auf, wähle meinen Lieblingssong … *take a walk on the wild side … dip dip di duu …* und höre nebenbei die immer gleichen Fragen, wo man gut essen kann, wann Bob Dylan … Ich gucke gar nicht auf.

Auch nicht, als jemand schräg hinter mir bemerkt: »Sie sind doch sicher schon lange hier.«

»Hm.«

»Können Sie uns sagen, wo man gut essen kann?«

Diese Stimme. Ich drehe mich um. Beide sind weiß gekleidet. Sie ist einen Kopf größer als ihr viel älterer Begleiter. Auf den ersten Blick wirken sie wie das Ehepaar Bernie Ecclestone. Ich schiebe die Sonnenbrille ins Haar. Elena! Mein Herz beginnt zu pochen. Jetzt kommt die Abrechnung. Nix Ecclestone, der Typ an ihrer Seite ist bestimmt ein alter Mafioso, der lässt dir die Knochen brechen. Weil ich mit seiner Frau rumgemacht habe und sie obendrein ...

Elena berührt den Mafioso am Ellbogen. »Schatzi, wie wär's, wenn du schon mal etwas Nettes für mich aussuchst?«

Schatzi schlendert los und sie blickt mich scharf an: »Weißt du, wie ich dich in Gedanken genannt habe? Das Formentera-Schwein! Du schuldest mir was.«

Ich versuche es mit einem Witz: »Deinen Koffer?«

»Nein, nein, nein, es geht um viel, viel mehr. Ich könnte dich in den Knast bringen. Aber vergessen wir das zunächst einmal. Als du mich verfolgt hast mit dieser blöden Ziegenfelljacke und ich in meiner Drogenpanik fast abgestürzt wäre, da ist mir eine supertolle Spitzenidee gekommen. Du ahnst welche?«

Ich zucke die Achseln. Sie erzählt mir ihren Plan. Und zuletzt, als ihr Mann von dem Marktbummel zurückkommt, flüstert sie noch schnell: »Es soll dein Schaden nicht sein.« Und dann, lauter: »Schatzi, stell dir vor, dieser junge Mann will uns die legendäre Höhle zeigen, von der ich dir erzählt habe.«

Sie stößt mich unter dem Tisch mit ihrem Fuß an.

»Ja, gern«, stimme ich zu, »die Cova Mala, die man nur zweimal betreten darf.«

* * *

 **Graixonera**

Zutaten (für 4 Personen)

- *vier Ensaimadas*
- *ein Liter Milch*
- *acht Eier*
- *vierhundert Gramm Zucker*
- *eine Zitrone*
- *Zimt*
- *ein Glas Frígola (Thymianlikör)*

Zubereitung

Die Ensaimadas (balearische Hefeschnecken) zerstückeln und in Milch einweichen. Die acht Eigelb zusammen mit dem Eiweiß schlagen und in das Milchgemisch geben. Den Zucker, etwas Zimt, die geriebene Schale der Zitrone und den Thymianlikör hinzufügen. In eine runde Backform geben, dessen Boden mit Karamellsoße bedeckt ist. Im Ofen backen, bis alles fest ist.

(Natürlich ohne Zauberpulver servieren!)

Ingrid Schmitz
All inclusive

Simone Peltzer rückte an ihrer Bluse das Namensschild mit dem Reisebürologo zurecht. Es war viel zu groß und hing ewig schief. Eine Fehlkonstruktion. Schon wieder löste sich die Nadel und stach sie in die Brust. Simone fluchte.

Die Chefin hatte es mitbekommen. Im signalroten Hosenanzug mit Kettengebimmel stellte sie sich an Simones Schreibtisch und zeigte mit dem Finger auf sie.

»Sie müssen sich nicht länger darüber ärgern. Ich denke, es ist an der Zeit, es Ihnen zu sagen: Ich kann sie hier nicht länger beschäftigen. Wir sollten uns gütlich einigen.« Sie sah auf das sich spiegelnde Kreuzfahrtschiff-Bild. Mit fahrigen Bewegungen ordnete sie ihre blondgefärbte Dauerwelle.

Simone fühlte sich wie vor den Kopf gestoßen. »Ich … ich habe doch nichts gemacht und das Schild kann man reparieren, ich …«

»So? Sie haben nichts gemacht?« Sie lachte hysterisch. »Auch wenn ich selten hier bin, so habe ich es doch mitbekommen, wie Sie sich meinem Mann an den Hals geworfen haben und sich von ihm begrapschen ließen. Neulich in der Kaffeeküche standen Sie so dicht beieinander, dass kein Prospekt mehr dazwischen passte. Wie lange geht das schon mit Ihnen?«

Eine Kundin betrat das Reisebüro und fragte, ob das Mallorca-Angebot noch gelte.

»Ja, klar gilt es noch!«, rief die Chefin.

»Setzen Sie sich!«, befahl Simone.

Die Kundin flüchtete.

Simone rang nach Fassung. Es gab fast nichts, was sie an ihrem Chef mochte. Hauptsächlich war er ihr aber zu alt und zu aufdringlich. Sie hätte sein Angebot, ihn zu duzen nicht annehmen sollen. Wohlweislich vermied sie es im Beisein ihrer Chefin. Sie musste es dennoch mitbekommen haben. Deshalb hatte Simone aber noch lange kein Verhältnis mit ihm. Er war es, der sie andauernd sexuell belästigte und zotige Bemerkungen machte. Doch es würde Aussage gegen Aussage stehen, weil Simone meistens mit ihm alleine im Büro war. Außerdem, was konnte sie dafür, dass sie mit ihren langen roten Haaren und der knabenhaften Figur genau sein Beuteschema war? Sie hatte Angst, dass ihre gestammelten Rechtfertigungen wie Lügen klingen würden, und so war es dann auch.

»Schluss. Aus. Ich will nichts mehr hören«, sagte die Chefin. »Ich lasse mir von Ihnen nicht meinen Mann wegschnappen. Unterschreiben Sie hier die Kündigung, die ich in Ihrem Namen vorbereitet habe, dann bekommen sie den Umschlag mit 500 Euro und ein Ticket nach Lanzarote. Dort steht Ihnen ein Appartement zur Verfügung mit *all inclusive* im Restaurant nebenan, ein Leihwagen steht ebenfalls bereit. Ihr Flug geht morgen Mittag. Sie sollten das Angebot annehmen. Es ist das Letzte, was ich für sie tun werde.«

Sie setzte ihr den Kugelschreiber auf die Brust.

Simone kämpfte mit den Tränen, als sie unterschrieb, sah alles verschwommen.

»Ich muss jetzt kurz weg«, sagte die Chefin. »Wenn Sie Ihre privaten Dinge gepackt haben, schließen Sie hinter sich ab und werfen Sie den Schlüssel in den Kasten. Unterstehen Sie sich auf meinen Mann zu warten.«

Simones Tränenfluss war nicht mehr aufzuhalten. Erst waren es Tränen aus Kummer und dann aus Wut. Sie riss sich ihr Namensschild von der Bluse und warf es in den Papierkorb. Ihre Sachen flogen in einen Karton, danach öffnete sie den Umschlag, holte das Ticket und die Buchung heraus. Sie hatte die Reise und das Schweigegeld nur angenommen, weil sie der Chefin nichts schenken wollte. Gehen musste Simone so oder so. Sie sah auf das Ticket. Lanzarote – da war sie noch nie gewesen, obwohl sie viel darüber wusste, weil sie ihren Kunden die Urlaubsinsel mehr als einmal schmackhaft gemacht hatte. Lanzarote ist eine von den sieben großen kanarischen Inseln und liegt westlich der marokkanischen Küste … Die sportiven aber auch kulturellen Angebote sind enorm …

So kurzfristig hatte Simone noch nie einen Urlaub angetreten. Aber egal. Sie war Single und unabhängig. Jetzt mehr denn je.

Auf der Buchung stand die Nummer des Appartements. Es befand sich in Puerto del Carmen an der Playa Blanca. Seltsam, der Name der Ferienanlage fehlte, lediglich die Straße war vermerkt. Sie würde es schon finden.

Simone löschte schnell ihre privaten Emails und fuhr anschließend den PC herunter. Auch der Hauptcomputer lief noch. Das Mailprogramm war geöffnet. Die Nachricht mit dem Betreff *Buchung Lanzarote* interessierte sie sehr. Sie las:

Okay, Karin. Das Appartado numero 14, Puerto del Carmen steht bereit. Drei Tage, zwei Nächte mit all inclusive im El Torro. Wie gewünscht wird es Kaktussalat geben. Gruß Edgar

Wieso hatte ihre Chefin entschieden, dass es Kaktussalat geben soll? Simone wunderte sich kurz und machte, dass sie von diesem Ort der Intrigen und Lügen fortkam. Sie brauchte dringend Ruhe und hoffte nach dem Urlaub, als neuer Mensch heimzukehren und sich darüber im Klaren geworden zu sein, wie es zukünftig mit ihr weitergehen sollte. Mit zweiunddreißig Jahren fand sie bestimmt etwas Besseres. Aber eines war für sie sonnenklar: Nie wieder wollte sie in einer Firma arbeiten, in der ein Ehepaar oder Pärchen beschäftigt war.

*

Die Nacht hatte Simone schlecht geschlafen. Immer wieder musste sie über die schreiende Ungerechtigkeit ihrer Kündigung nachdenken und nun gab es auch noch auf dem Flug von Düsseldorf nach Arrecife Turbulenzen. Die kamen aber nicht von der unruhigen Luft in großer Flughöhe, sondern von dem Fluggast direkt vor ihr.

Sie bemühte sich, ihm nicht auf die mausgraue Kurzhaarfrisur zu hauen, stattdessen drückte sie ihm ihre Knie ins Kreuz.

»Wenn Sie die Güte hätten, den Sitz ein wenig nach vorne zu schieben, wäre ich Ihnen sehr dankbar«, sagte Simone mit gedämpfter Stimme durch zusammengebissene Zähne. Wie sollte sie sonst wohl diese Unbequemlichkeit vier Stunden und fünfundzwanzig Minuten lang aushalten?

»Das ist Absicht«, hörte sie die unangenehme Stimme sagen. Unangenehm deshalb, weil sie das Kratzen darin kannte. Wäre sie doch nur als Letzte an Bord gegangen und hätte sie sich nicht so sehr in ihr Buch vertieft, dann wäre er ihr sofort aufgefallen. Nun aber war sie mit ihm in zirka 30.000 Metern Höhe in diesem Flieger gefangen.

Schon stand er auf und setzte sich auf den Platz neben sie, der zu allem Elend auch noch freigeblieben war.

»Du wolltest ohne mich fliegen?«, knarzte er. »Gut, dass ich rechtzeitig die Bestätigungsmail gelesen habe. Noch besser, dass die Maschine nicht ausgebucht war. Einfach so abzuhauen, ohne mir etwas zu sagen …«

Simone rieb sich die Stirn.

Mike beugte sich zu ihr hinüber und flüsterte: »Karin weiß, dass ich dir gefolgt bin. Ich habe ihr gesagt, dass ich mich von ihr trenne. Sie kann schauen, wo sie bleibt. Das Reisebüro gehört mir. Bin ja nicht unvermögend. Das hat sie wohl in ihrem Wahn vergessen. Du wirst an ihre Stelle rücken. Keine Widerrede.«

Er legte seine feingliedrige Hand auf ihren Oberschenkel. Angewidert sah sie darauf, als sei es eine Vogelspinne.

»Bis dahin lassen wir es uns auf Lanzarote gutgehen, meine Schöne.« Er rief der Flugbegleiterin die Bestellung von zwei Piccolos zu.

Simone wünschte, der Flug würde ewig dauern. Zumindest solange, bis sie eine Idee hatte, wie sie Mike rückstandslos loswurde.

*

Auf dem Flughafen Arrecife schockelte Simones Koffer als erster auf dem Laufband um die Kurve. Diese Gelegenheit musste sie nutzen. Sie schnappte sich den Trolley und ließ Mike mit seinem hochroten Kopf und durchdringenden Blick einfach stehen. Dabei hatte er gerade begonnen, ihr etwas von seinem Plan zu erzählen. Er rief ihr hinterher, sah aber sofort wieder zum Laufband, wo ein Tumult um seinen Allerweltskoffer entstanden war, weil plötzlich zwei Männer zugleich danach griffen.

Pech für ihn und Glück für sie. Am Mietwagenschalter mischte sie sich zwischen einen freigelassenen Kegelclub und bekam nach Bitten und Betteln vorzeitig die Schlüssel für den bereits gebuchten *Fiat Punto* ausgehändigt.

Simone verließ das Flughafengebäude. Die Hitze schlug ihr entgegen, obwohl es fast Abend war. Sie flüchtete zum Parkplatz, sah sich nach allen Seiten um, bevor sie in den Wagen stieg. Ob sie über einen Umweg zum Appartement fahren sollte? Es erschien ihr unsinnig. Mike würde sie finden. Er kannte die Adresse. Und telefonisch umbuchen …? Er würde herausbekommen, wo sie steckte, wenn er sich als Reisebürochef ausgab. Sie sollte sich viel lieber beeilen. Ein schneller Blick auf die Anfahrtsskizze. Sie startete den Motor.

Jemand riss die Autotür auf.

»Hast du auch so einen großen Hunger wie ich?«

Ohne die Antwort abzuwarten hievte Mike seinen Koffer auf die Rückbank und pflanzte sich auf den Beifahrersitz.

Anscheinend hatte er sie doch noch über den Parkplatz zum Wagen huschen sehen. Wohl oder übel ging Simone auf sein Angebot ein. Es wurde Zeit, sich auszusprechen.

Sie wollte ihn zum Restaurant fahren und dann nachkommen. Er lehnte es ab. Den Versuch war es wert gewesen.

Als sie ihr Ziel erreicht hatten, standen sie vor einem einzelnen zweistöckigen quadratischen Bau, dessen gekälktes Weiß an den Wänden schmutzig wirkte. Nur gut, dass die Palmen im Vorgarten viel von dem heruntergekommenen Haus verdeckten. Am Eingang prangte in großen Zahlen eine mit schwarzer Farbe aufgemalte 14. Eigenartig, das es nicht noch mehr Appartements dieser Sorte gab. Normalerweise bildeten sie eine Siedlung. Allein der Meerblick von der Terrasse aus war himmlisch. Demnach war es nicht mehr weit bis zum gelbschwarzen Sandstrand. Wie gerne würde sie jetzt alleine sein.

Simone hatte Mike auf der Terrasse sitzenlassen und die Tür von innen abgeschlossen. Das gefiel ihm gar nicht, aber was bildete sich der Kerl denn ein? Sie wollte nicht mit ihm zusammen sein und schon gar nicht mit ihm das Reisebüro übernehmen.

Sie hörte ihn laut brummen und sah wie er den Stuhl auf seinem Beobachtungsposten zurechtrückte.

Ratsch, zog sie den blickdichten Vorhang zu.

Unter der Dusche dachte sie wieder über die vielen Fragen und Andeutungen bei der Anmeldung nach, zu der sie alleine gegangen war.

Simone betrat das Restaurant *El Torro.* Unter normalen Umständen wäre sie vom Ambiente verzaubert gewesen, das ihr das Gefühl gab, sie befände sich in einer Grotte. Wände und Decken waren mit gelblich marmoriertem grobkörnigem Putz versehen. Von der hohen Decke hingen mehr oder weniger lange Zapfen, die wie Stalaktiten aussahen. Der Gang hatte links und rechts viele Abzweigungen und Nischen. Dunkelbraune Holzstühle mit Sprossenlehne und Kordelsitz standen vor den rustikal eingedeckten Tischen mit den weißen Kerzen.

Hatte Simone eben noch gefröstelt, so strömte ihr nun warme Luft entgegen, je weiter sie kam. Sie sog den heranwehenden Duft von frischgebackenem Pano tief durch ihre Nasenflügel ein und erfreute sich beim nächsten Atemzug an einem Hauch Knoblauch mit Basilikum. Deutlich sah sie die Tapas-Platte schon vor sich, schmeckte den Vino Tinto auf ihrem Gaumen.

Hinter der Theke stand ein großgewachsener Mann, dessen weißes Leinen-Outfit am Körper nur so schlackerte. Es war Edgar, wie sie jetzt erfuhr. Er war also der Unterzeichner der Email und ein Deutscher. Zumindest sprach er so und das akzentfrei. Simone berief sich auf die *All inclusive*-Buchung. Sein schäbiges Grinsen irritierte sie.

»Herzlich willkommen. Sie werden es nicht bereuen«, sagte er. Er überreichte ihr den Schlüssel für ihr Appartado, an dem ein schwarzer, fast ausgewachsener Plastikstier als Anhänger befestigt war.

»Ich erwarte Sie zum Abendessen an Tisch 14 … « Er stockte, machte eine Kaubewegung, öffnete den Mund und holte sich mit dem kleinen Finger irgendetwas von den Zähnen. »Der Kaktussalat wird sofort angerichtet, wenn Sie soweit sind.«

»Bitte was?«

»Kaktussalat. Die Vorbestellung. Alles andere erfahren Sie später.«

»Ähm …«

Sein Mobiltelefon klingelte. Er zog es aus seiner nicht mehr ganz weißen Weste. »Entschuldigung.« Edgar wandte sich ab. Simone verstand jedes einzelne verfluchte Wort.

»Ah, hallo Karin. Ja, gerade angekommen. Was? Bist du dir ganz sicher? Ja klar, kein Problem. Gut. Bis bald.«

»Sie sind in Begleitung?«, hakte er nach. »Warum haben Sie mir das nicht gesagt?«

»Als für mich gebucht wurde, wusste ich es selbst nicht.«

Simone machte, dass sie zum Appartement kam. Sie brauchte dringend eine Dusche.

Sie hatte sich etwas beruhigt. Nein, sie musste nicht damit rechnen, dass sich ihre Chefin heute noch in einen Flieger setzte und hierher kam. Wenn, dann könnte sie, laut Internet, frühestens morgen Mittag einen Flug bekommen. Vielleicht bezog sich das *bis bald* auch nur auf ein erneutes Telefonat. Deshalb sagte sie Mike erst einmal nichts davon. Dennoch musste sie schleunigst wissen, was es mit diesem privaten Appartement und dem Kaktussalat auf sich hatte. Möglicherweise half es ihr sogar, irgendwie aus dieser misslichen Lage herauszukommen. Außerdem hatte sie einen wahnsinnigen Hunger.

Die kühle Dusche hatte sie bestens erfrischt, in ihrem neuen azurblauen Sommerkleid fühlte sie sich wohl und es warteten kulinarische Köstlichkeiten auf sie. Unter normalen Umständen hätte sie sich jetzt rundum glücklich gefühlt. Unter normalen Umständen. So aber hatte sie Mike am Hals und Karin dazu, die sicher weiter um ihren Mann und ihre Existenz kämpfte.

Mike ließ Simone vorgehen. Bestimmt sah er ihr auf den Hintern. Sie erreichten den menschenleeren Schankraum, der wie ein Wintergarten aussah. Die breite Glastür führte direkt auf die Terrasse. Simone mochte im Freien sitzen, um der Meeresbucht möglichst nahe zu sein. Sie wollte die salzige Luft einatmen und den Wind auf der Haut spüren.

Mikes Stimme störte.

»Weißt du schon, was du essen möchtest?« Er griff an die Sprosse des dunkelbraunen Stuhls und zog ihn vom Tisch weg, damit sie sich setzen konnte, dann nahm er ihr gegenüber Platz.

»Ja«, sagte Simone.

Mike winkte Edgar heran. »Bitte die Speisenkarte. Warum ist hier keiner?«

»Wie meinen Sie das?«, fragte er zurück.

»Na, wieso haben sie keine anderen Gäste? In der Küche stand auch niemand, als ich im Vorbeigehen einen Blick erhascht habe.«

Edgar grinste. »Geschlossene Gesellschaft«. Er verschwand.

»Wir sind alleine«, flüsterte Mike Simone zu und seine dreckigen Gedanken spiegelten sich in den Augen und dem unverschämten Lächeln wider. »Mein Hunger wird unstillbar sein.«

Sie hielten die Speisenkarten vors Gesicht, bis Edgar mit wehenden Hosenbeinen wieder auf die Terrasse kam. Er servierte gekonnt den mittelgroßen Teller.

»Bitte sehr. Kaktussalat. Ein Gruß aus der Küche.«

»Nur ein Teller?«, fragte Edgar.

»Es ist nur *ein* Gruß.«

Mike grunzte und gab die gemeinsame Bestellung auf.

Simone sah, wie Edgar, anstatt in die Küche zu gehen, sich im Restaurant an eine Palme stellte und seine einzigen Gäste beobachtete.

»Iss du ihn«, sagte Mike und schob ihr den Teller mit dem Salat hin.

Simone konnte nicht anders, sie musste den Kaktussalat genauer betrachten. Noch nie hatte sie so etwas gegessen. Ihr lief das

Wasser im Mund zusammen. Appetitlich aussehende grüne Streifen, die fast wie Gurkenschnitze aussahen, bildeten gemeinsam mit Tomatenstückchen und Zwiebelringen eine nicht nur farblich interessante Mischung. Es roch nach Apfelessig und Zitrone. Also eher säuerlich, aber mit einem Hauch süßlicher Note. Sie schluckte.

Mike zog seine Lesebrille auf und renkte sich fast den Hals aus. »Wir können ihn uns auch teilen«, schlug er nach Begutachtung vor. Dann nahm er erneut die Speisenkarte zur Hand, anscheinend, um nachzusehen, ob es diesen Salat auch regulär gab.

Simone war hin- und hergerissen. Geschlossene Gesellschaft. Anruf Karin. Über alles andere reden wir später. Ihr Kopf schmerzte von den Gedankengängen, die wie Blitze aufzuckten.

Die Versuchung, nur ein winziges Stückchen zu probieren, war groß. Sie nahm die Gabel und stach in einen Kaktusstreifen. Während sie ihn zum Mund führte, schaute sie durch die Fensterscheibe in das Restaurant, bemerkte, wie Edgar hektisch abwinkte.

Simone streifte ihr Stück von der Gabel, drückte dabei andere Stücke beiseite und sah sie jetzt: die feinnadeligen Dornen eines wohl noch jungen Opuntien-Ohres. Sie vergrub sie schnell wieder und schob den Teller zu Edgar, der durch das Geräusch von seiner Karte aufsah.

»Ist für dich. Mir ist er zu säuerlich.«

Dabei mied sie den Blickkontakt, sah stattdessen wieder ins Restaurant, von wo aus Edgar immer näher kam.

Mike schaufelte die Gabel einmal quer durch den Salat und steckte sie sich hochgehäuft in den Mund. Beim Kauen schrie er auf, knallte die Gabel auf den Tisch.

»Was zum Teufel …« spuckte er in alle Richtungen und zog sich einen Dorn aus der Zunge, hielt ihn anklagend hoch.

Edgar kam angelaufen. Er riss Mikes rechten Arm nach hinten. Metall auf Holz. Eine Handschelle ratschte und noch ehe er sich mit dem freien Arm wehren konnte, wurde auch dieser an die Sprosse der Rückenlehne gefesselt.

»Und jetzt wird der Teller hübsch leer gegessen und immer brav schlucken«, sagte Edgar drohend. Morgen wollen wir Hinterbliebenen doch schönes Wetter haben. Er legte ihm die Stoffserviette um den Hals und wendete seine Methode für Unwillige an, die sich nicht füttern lassen wollten.

Simone wandte sich ab.

Nachdem der Teller leer gegessen war, ließ Edgar Mike frei, hob blitzschnell das Steakbesteck vom Tisch und bedrohte ihn damit.

Gequält sah Mike erst zu Simone und dann zu Edgar. Ohne etwas zu sagen, lief er nach draußen.

Simone wurde panisch. »Er wird die Polizei rufen!«

»Wird er nicht«, meinte Edgar gelassen. »Er reagiert wie alle. Er läuft zur Bucht und steckt sich den Finger in den Hals. Komm«, er nahm ihren Arm und zog sie zur Terrasse. Es war windig, aber nicht kalt. Am anderen Ufer sah man erste Lichter, die roten Fahnen flatterten im Wind. Simone suchte mit ihren Blicken den Strand ab. Da kam auch schon Mike über den Sand gelaufen. Er fiel auf die Knie. Eine schaumgekrönte Welle rollte auf ihn zu, machte kurz vor ihm halt und zog sich wieder zurück, bis die nächste kam.

»Wenn er sich ausgekotzt hat, wird er der Polizei vom Kaktussalat erzählen«, sagte Simone. Sie fühlte sich hundeelend, so als habe sie ihn gegessen.

»Von welchem Kaktussalat?«, fragte Edgar. »Nein, wird er nicht. Kann er nicht. Er wird schwimmen gehen. Sich kurz erfrischen wollen. Das gibt ihm dann den Rest.«

»Ja klar, das Meer«, bluffte Simone, die nicht länger als Dummchen dastehen wollte, aber nicht wusste, was er meinte.

»Genau. Unsere Bucht wird so oft unterschätzt, ts … ts … ts … weil alle denken, nur die in Famara sei lebensgefährlich. Wie schnell wird man da von der Brandungsströmung hinausgetrieben. Wenn sie doch nur nicht alle versuchen würden dagegen anzuschwimmen, sondern sich quertreiben ließen bis sie aus der Gefahrenzone heraus sind. Da! Siehst du, er geht ins Meer. Habe ich es nicht gesagt?«

Simone musste mit ansehen, wie Mike sich nackt in die Fluten stürzte. Eine Welle zog ihn sofort mit sich, war ihm behilflich weit, weit hinauszuschwimmen.

»Sollen wir uns ans Ufer stellen und zurückwinken?«, grinste Edgar.

Simone musste sich beherrschen, um nicht selbst die Polizei anzurufen, doch was sollte sie sagen, was konnte sie beweisen? Edgar stütze sie am Arm. »Mache dir keine Sorgen. Wenn und ich sage nur *wenn* sie ihn am Strand finden werden, musst du nichts erklären. Man ist es hier gewohnt, dass die Touristen unvorsichtig sind. Da kann man sie noch so oft vorwarnen, bei Sturm nicht im Meer zu schwimmen.«

Lass uns lieber ins Haus gehen. Eine Stärkung wird uns guttun.

*

Am anderen Morgen wachte Simone wie gerädert auf. Das lag nicht nur am übermäßigen Alkoholkonsum, sondern auch an den Geschehnissen des gestrigen Abends. Sie hatte sich mit Edgar noch lange, lange unterhalten und Dinge erfahren, die sie sonst nicht mitbekommen hätte. Es war nicht das erste Mal, dass ein von ihrer Chefin vermittelter Gast … ins Meer hinausgetrieben wurde. Edgar hatte recht gehabt. Die Touristen waren ja so leichtsinnig.

Nun war Simone regelrecht erleichtert. Nicht nur, weil sie selbst mit dem Leben davon gekommen war, wie Edgar ihr erzählt hatte, sondern auch, weil sie nun endlich wusste, wie ihre berufliche Zukunft aussehen würde.

Simone fuhr zum Flughafen und suchte das Bistro auf. Sie quetschte sich auf die Eckbank, mit Blick auf die Landebahn und Ankunftshalle, damit sie nur ja nichts verpasste. Sie bestellte einen Kaffee und überbrückte die Wartezeit mit dem deutschen Frauenmagazin, das auf dem Tisch liegengeblieben war. Den Artikel über Karrierefrauen überschlug sie, auch über die Untreue der Ehemänner wusste sie genug. Modetipps brauchte sie erst wieder, wenn sie ihren neuen Job antrat und die dreißig Stellungen kannte sie alle – zumindest theoretisch. Schließlich blieb sie beim Horoskop hängen.

Skorpion: Sie werden von einem Menschen überrascht, der es ihnen nicht leicht macht.

»Da sind Sie ja. Damit war zu rechnen, dass Sie den nächsten Flug nach Hause nehmen und hier ihre Wartezeit verbringen«, sagte die dauergewellte Ex-Chefin. Mit dem Rollkoffer versperrte sie Simone den Weg und setzte sich auf den Stuhl gegenüber.

»Ja, damit war zu rechnen«, sagte Simone, die gar keinen Koffer dabei hatte. Sie trank gelassen aus ihrer Tasse und ließ die geschwätzige Karin erst einmal weiterreden.

»Da haben Sie nochmal Glück gehabt. Der Kaktussalat war eigentlich für Sie bestimmt. Aber so ist es viel besser. Nie wieder muss ich befürchten, dass mir irgendjemand meinen Mann und das Vermögen wegnimmt.«

»Würde ich so nicht sagen«, meinte Simone. »Also, natürlich nur, was das Vermögen angeht.«

»Ich auch nicht«, sagte Edgar, der um die Ecke bog. »Das gehört jetzt nämlich uns – in bar und in kleinen Scheinen.«

Karin lachte theatralisch. »Wie komme ich dazu?«

»Nun«, sagte Edgar, »so ein Kaktussalat kann unangenehme Folgen haben, wenn man ihn – falsch zubereitet – isst. Pardon, essen muss.«

 **Kaktussalat**

Zutaten:
- 450g frische junge etwa 15 bis 20 cm große Kaktussprossen (zur Not geht auch ein Glas Nopal al Natural)
- 1 TL Bikarbonat
- 2 Tomaten in kleine Würfel geschnitten
- 1 Zwiebel in Ringe geschnitten
- 3 EL Olivenöl
- 2 EL Apfelessig
- 1 Spritzer frische Zitrone
- ½ TL Zucker
- Pfeffer und Salz

Zubereitung:
Dem frischen Kaktus unter laufendem Wasser die Stacheln entfernen. Die Blätter in Streifen schneiden und ins siedende Wasser mit dem Bikarbonat geben, (das Bikarbonat bewirkt, dass die Kaktusstreifen ihre schöne grüne Farbe behalten; wer kein Bikarbonat verwenden möchte, kann den Kaktus auch in Mineralwasser kochen, das hat dieselbe Wirkung).Die Hitze etwas reduzieren und etwa 10 Minuten köcheln lassen. Die Kaktusstreifen sollten noch Biss haben.

Abgießen, mit kaltem Wasser abschrecken und gut wässern. Abtropfen lassen. Nimmt man Kaktus aus dem Glas, sollte dieser noch einmal kurz gewaschen werden. Die abgetropften Kaktusstreifen mit dem Öl und den Gewürzen, den in Würfel geschnittenen Tomaten und den Zwiebelringen vermischen.

Tipp: Alternativ kann man diesem Salat auch noch Feta-Käsewürfelchen zugeben und wer Koriander (Cilantro) mag, kann mit etwas frischem gehackten Koriander würzen.

Rezept von Susanne Bernard/Lanzarote37° (http://www.lanzarote37.net/essen-trinken/detailansicht-rezepte/article/ensalada_de_nopalitos_kaktussalat_salat_aus_kaktusfeigensprossen/160.html)

Spanien sehen – und sterben?

Marlis seufzte. Sie hätte es nicht tun sollen. Der Wein war schuld. Bio-Wein, immerhin. Kirschrot funkelnd. Vollmundig. Ein intensives Aroma von dunklen Beeren. Hätte sie nicht so viel davon getrunken, wäre es Gabi nie gelungen, sie zu dieser Spanienreise zu überreden. Mitten in die Pampa.

Marlis richtete sich auf und wischte mit dem Taschentuch aus irischem Leinen über die Stirn. Was gäbe sie jetzt nicht für ein paar irische Wolken. Der Himmel war von erbarmungslosem Blau. Endlos erstreckten sich die Felder mit ihren krüppeligen Rebstöcken bis zum flimmernden Horizont.

»Ich kann nicht mehr«, murmelte Gabi in der Nachbarreihe. »Mein Rücken zerbricht.«

Marlis grunzte mitfühlend. Ihr setzte mehr die Hitze zu. Dank Gartenarbeit und Wirbelsäulengymnastik hatte sie selten Rückenprobleme. Oh, was gäbe sie nicht dafür, wenn sie mit einem Knall zurück am Niederrhein wäre. In ihrem blühenden Bauerngarten oder in ihrem Reisebüro. Und dieser spanische Ausflug nur ein Albtraum.

Gabi streckte sich. »Komm, Marlis. Ich erkläre unsere Schicht als Weinleserinnen für beendet.«

»Meinst du, wir sollten schon aufhören? Schau, die anderen …«

»Die werden fürs Traubenpflücken bezahlt. Außerdem will Regalado ja wohl nicht, dass ich vor unserer Verlobung zusammenbreche, oder?«

Sie gaben ihre halb gefüllten Körbe an der Sammelstelle ab und trotteten zurück in den Ort, dem alles fehlte, was Marlis sich unter einem pittoresken Dorf in der Mancha vorgestellt hatte. Selbst den alten Häusern war durch Modernisierungen der Charme abhanden gekommen. Keine der berühmten Windmühlen in Sicht. Immerhin war es dank schmaler Gassen und dicker Mauern in der Gästewohnung kühl. Vergleichsweise. Brunetti, Gabis kurzbeiniger Hund, sprang begeistert bellend um die beiden Frauen herum, als sie durch die Tür traten.

Staubig und verschwitzt wie sie waren legten sie sich auf die Betten. Brunetti ließ sich zwischen ihnen auf dem Bettvorleger nieder.

»Puh!«, machte Gabi nach ein paar Minuten. »Das war heftig. Gut, dass von der Gattin des Winzereibesitzers nicht erwartet wird, dass sie bei der Weinernte hilft. Ach, die Woche hier hast du dir bestimmt anders vorgestellt, Marlis. Aber ich bin dir wirklich dankbar, dass du mitgekommen bist und meine Kusine mimst.«

»Ist schon okay.«

Sie habe keine vorzeigbaren Familienmitglieder, hatte Gabi an jenem weinseligen Abend erklärt, und Regalado, ihr Zukünftiger, sei der Meinung, es würde einen besseren Eindruck machen, wenn sie beim ersten Zusammentreffen mit seiner Familie nicht mutterseelenallein auftauchen würde, vor allem, da sie dort ihre Verlobung bekannt geben wollten. Möglicherweise ein kleiner Schock für seine Familie, hatte er angedeutet. Es sei besser, einen seriösen Eindruck zu machen. Eine Kusine sei da besser als nichts.

Also hatte Marlis zugestimmt. Wenn sie ehrlich war, auch, weil sie ihre Buchhalterin im Auge behalten wollte; insgeheim hoffend, die würde es sich noch anderes überlegen.

Marlis schmunzelte. »Und zu denken, dass ich der Familie begeistert gratuliert habe, als an unserem ersten Abend von der diesjährigen Rekordernte die Rede war.«

»War mir auch nicht klar«, sagte Gabi, »dass so etwas für die Weinbauern kein Grund zur Freude ist. Aber, sicher, eine große Ernte drückt die Preise. Mehr Arbeit und weniger Gewinn. Nur die Rumänen freuen sich.«

»Ja, die natürlich.« Zu Zigtausenden waren sie während des Wirtschaftsbooms gekommen, um auf Baustellen zu arbeiten oder in der

Landwirtschaft, hatte Regalado erzählt. Jobs, für die sich Einheimische im reich gewordenen Spanien zu schade waren. Nun war die Blase geplatzt, Spanien hoch verschuldet. Kinder mit Uni-Abschluss kehrten aus Barcelona und Madrid zurück in die Dörfer; zogen wieder bei den Eltern ein.

»Und du willst ihn wirklich heiraten und herziehen, Gabi? Ich meine … nachdem du dies alles gesehen hast? Passt du hierher?«

»Meinst du ins Dorf oder in seine Verwandtschaft? Die kann mich mal. Und leben werden wir überwiegend in Madrid. Dafür werde ich schon sorgen, glaube mir. Ist ja nicht weit. Regalado kann pendeln.« Gabi lachte. »Gib dir keine Mühe, Marlis. Ich lasse es mir nicht ausreden. Du willst nur nicht die beste Buchhalterin verlieren, die du je hattest. Gib's zu.«

Marlis seufzte unwillkürlich. Frau Kahn-Arend, Gabis Vorgängerin, hatte geschickt die Bücher frisiert und die Gewinne von Marlis' kleinem Reiseunternehmen geschmälert, ehe sie aufflog. Gabi war nicht nur buchhalterisch hervorragend, sondern bastelte in ihrer Freizeit Computerprogramme. Derzeit eines für Marlis' feine und blühende Firma für Gartenreisen.

Gabi setzte sich auf und nahm Brunetti auf den Schoß. »Marlis, hast du gemerkt, wie die alte Carmen mich jedes Mal aus ihren Glutaugen anguckt? Wenn Blicke töten könnten … Sie soll wahrsagen können, wenn sie in ihre Kristallkugel guckt. Aber Carmen wird sich damit abfinden müssen, dass Regalado sich in mich verliebt hat. Die Sache mit Consuelo ist außerdem längst vorbei.«

»Sagt Regalado.«

»Ja. Sagt er. Wird schon stimmen. Und wenn nicht, hat Consuelo eben Pech gehabt. Sie kommt zu dem Fest morgen Abend, sagte ich das schon?«

»Nein! Na, hoffentlich kratzt sie dir nicht die Augen aus.«

»Ach was. Wir werden ganz zivilisiert miteinander umgehen, stelle ich mir vor. Immerhin ist sie Rechtsanwältin.« Gabi lächelte genüsslich. »Ich gebe zu, ich bin neugierig darauf, wie sie aussieht. Regalados Vater scheint ja verrückt nach ihr zu sein. Don Pedro … mein künftiger Schwiegerpapa. Der wird eine harte Nuss.«

Beide Familien hatten anscheinend seit Jahren die Hoffnung gehegt, dass aus Regalado und Consuelo ein Paar werden würde. Eine Hoffnung, die seit ihrer Rückkehr aus Salamanca ins Nachbardorf aufgeblüht war. Consuelo hatte ihre Stelle verloren, weil die Kanzlei wegen geschrumpfter Firmenkundschaft fünf der zuletzt Eingestellten gekündigt hatte. Bedauerlich, aber nicht so schlimm, hatte Don Pedro wohl getönt. Das inzwischen von Regalado geführte Weingut könne eine gewiefte Anwältin in der Leitung brauchen.

»Ich werde den Senior schon rumkriegen mit der Zeit. Eine gute Buchhalterin ist in dem Geschäft genauso viel wert. Wenn nicht mehr. Don Pedros Vetter Isidro, der das seit ewigen Zeiten macht, ist bald pensionsreif. Dann übernehme ich. Spart sogar ein Gehalt. Ich werde neue Saiten aufziehen. Ich will mein Computerprogramm umstricken und für die Winzerei passend machen. Buchhaltung und Vertrieb. Jetzt, wo der Wein Preise in China gewonnen hat, wird der Export anziehen. Darauf muss man vorbereitet sein.«

Marlis nickte. Sie würde die Stelle in der Buchhaltung neu ausschreiben müssen. So sah es aus. Sie erhob sich vom Bett und ging unter die Dusche.

Am späten Nachmittag begleitete sie Gabi zur Besichtigung des Weinguts, zu der Isidro eingeladen hatte. Eine große Ehre, wie Regalado versichert hatte. Der Vetter seines Vaters ließe sich nicht für jeden zu einer Führung herab. Isidro, ein untersetzter *Manchego* um die sechzig, fuhr die Besucherinnen mit offensichtlichem Stolz in seinem neuen Audi hinaus zu den Feldern, auf denen sie gearbeitet hatten; dann zu weiter gelegenen Weinfeldern, die ebenfalls zum Gut gehörten. Er zeigte ihnen sein kleines Büro im Verwaltungsgebäude. Der Computer hatte zu viele Jahre auf dem Buckel. Der Schreibtisch und die Regale sahen aus wie aus vierter Hand. Gabi zwinkerte Marlis zu. Hier sah Gabi sich nicht sitzen. Das war klar.

Isidro führte sie in die Räume, in denen der Wein gekeltert und gelagert wurde. Marlis' Spanischkenntnisse reichten für manche der detaillierten Erklärungen nicht aus. Aber es war schon interessant, einmal hinter die Kulissen eines solchen Unternehmens schauen zu können. Außerdem war es in den Kellern kühl. Riesige Holzfässer. Rote Schlieren auf dem Boden. Ein unbestimmbares Aroma in der Luft.

Regalado habe seit der Umstellung auf den ökologischen Weinbau vieles modernisiert, sagte Isidro. *Muy interesante, no?* Man müsse mit der Zeit gehen, *claro.* Seine eigenen paar Feldern bewirtschafte er aber nach der alten Manier. Traditionell. Wein für den eigenen Gebrauch. Wollten die *Señoritas* das mal sehen?

Marlis stimmte hastig zu, ehe Gabi ablehnen konnte. Der fehlte es manchmal an Diplomatie. Marlis bedauerte ihren höflichen Impuls, als sie Isidro zu Fuß folgen mussten. Es ging einen staubigen Eselspfad entlang. Gabi verdrehte die Augen. Marlis flüsterte ihr zu: »Ich dachte doch, wir fahren mit dem Auto.«

Der kräftig ausschreitende Isidro wandte sich um. Als habe er sie verstanden, erklärte er, mit dem Auto müsse man einen Umweg fahren; dies sei der kürzere Weg.

Nach einer knappen halben Stunde erreichten sie sein Stück Land. In der Mitte der drei kleinen Parzellen lag ein schneeweiß leuchtendes Gebäude. Heute wohne darin niemand mehr, sagte Isidro, aber hier mache er seinen Wein und Most und lagere die Fässer. Er öffnete das Vorhängeschloss und öffnete einen Flügel des tief blau gestrichenen Holztors. Ein paar in den Fels gehauene Stufen führten hinab. Isidro zündete eine Petroleumlampe an.

»Romantisch«, sagte Marlis und schaute sich im Gewölbe um. Gabi zog eine Augenbraue in die Höhe. Sie kosteten einen ganz annehmbaren Hauswein, während Isidro ins Erzählen geriet. »Früher hat man, um das Aroma zu verbessern, schon mal einen Schinken ins Fass geworfen. Nach ein paar Monaten hatte der sich aufgelöst.«

»Wirklich?«, sagte Marlis. »Davon habe ich noch nie gehört.«

»*Ah sí*, wenn ich's doch sage. Mein Vater hat es mir erzählt. Und wer weiß, ob es immer Schinken war, was?«

Isidro lachte heiser.

Gabi schüttete den Rest aus ihrem Glas unauffällig auf den Boden.

»*Gracias*, Don Isidro«, sagte sie. »Das war sehr interessant. Gut, so ein Hobby zu haben. Wenn Sie erst pensioniert sind, können Sie sich …«

»Ich ein *Jubilado*? *Por Dios*! Bis zu dem Tag ist es noch weit.«

Am späten Abend folgten Gabi und Marlis einer Einladung von Regalados Eltern. Marlis lernte seine Mutter Feliciana kennen, eine ruhige Fünfzigjährige, die ihrem Sohn die seelenvollen samtbraunen Augen vererbt hatte. Über der Hühnersuppe mit kleingehackten Innereien und Fadennudeln wich Marlis ein paar Fragen nach Gabis Familienhintergrund geschickt aus und tat ihr Bestes, Gabi der künftigen – noch ahnungslosen? – Schwiegermutter gegenüber in einem positiven Licht darzustellen.

»Gabi fand die Führung von Don Isidro heute nachmittag ungeheuer interessant«, sagte Marlis, »besonders so faszinierende Details wie das mit dem Schinken im Wein.«

Feliciana lächelte. »Ach, unser Isidro hat es faustdick hinter den Ohren, Marlis. Dem dürfen Sie nicht alles glauben. Das mit dem Schinken wird gerne erzählt, aber es gehört ins Reich der Legende. Früher waren die Zeiten nicht einfacher und warum sollte jemand auf einen schönen Schinken verzichten, frage ich Sie? Der Schinken ist weg und verbessert nichts. Was soll das nutzen?«

Gabi saß zwischen Regalado und seinem Vater. Sie hatte sich heute besonders hübsch gemacht und flirtete zurückhaltend mit Don Pedro, dem das offensichtlich gefiel. Regalado sah zufrieden in die Runde.

Als Hauptgericht gab es *Albóndigas con garbanzos y patatas*. Hackfleischbällchen mit Kichererbsen und Kartoffeln in einer feurigen Soße.

»Köstlich«, stellte Marlis fest. Feliciana versprach, ihr das Rezept aufzuschreiben und fragte, ob Gabi gerne koche.

Den nächsten Tag blieb Marlis sich weitgehend selbst überlassen. Gabi wollte Zeit zu zweit mit ihrem Regalado verbringen. »Aber nicht nur im Schlafzimmer, Marlis, er möchte mir auch den Betrieb zeigen und erklären. Aus seiner Sicht. Ich will außerdem einen Blick ins Buchhaltungsprogramm werfen. Ohne dass Isidro mir über die Schulter schaut.«

Gabi sprühte sich mit Venezia ein, ihrem Lieblingsparfum. Brunetti nieste mehrmals.

»Wir werden ein prima Team …« Gabi sah ungewohnt träumerisch aus. »Regalado, der begabte und kreative Önologe, und ich auf der Geschäftsseite. Da wird was abgehen. Ich habe schon ein paar Marketing-Ideen. Facebook, Twitter. – Okay. Du kümmerst dich um Brunetti? Sie zu, dass er Bewegung bekommt, aber nicht zuviel Sonne abkriegt.«

»Ja, ja. Mach dir keine Gedanken, Gabi. Brunetti und ich werden uns schon gut unterhalten. Nicht wahr, mein Kleiner?«

Brunetti wedelte mit seinem Schwänzchen und bellte. Der kleine Kläffer hatte wirklich Glück gehabt, dachte Marlis, dass er nach seiner Rettung durch eine Tierhilfe in Venedig bei Gabi gelandet war.

»Aber lass ihn nicht von der Leine. Du weißt, in letzter Zeit sind hier zwei Hunde verschwunden …«

»Weggelaufen vielleicht. Aber keine Sorge, Gabi. Nun geh! Sonst verpasst du noch dein Schäferstündchen.« Marlis setzte sich den breitrandigen Strohhut auf und legte Brunetti an die Leine. Sie bummelten durch die Gassen, suchten die Schattenseiten. Am nördlichen Rand des Ortes machte Marlis kehrt. Hier wohnten die Gastarbeiter in ärmlichen Behausungen. Manche mit Familie. Andere allein, fern der Heimat, bemüht um jeden Job, um wenigstens noch ein paar Euro nach Rumänien schicken zu können.

In der Nähe des kleinen Parks setzte Marlis sich vor ein Café. Drinnen waren Hunde nicht erlaubt. Unter dem Sonnenschirm ließ es sich aushalten. Marlis bestellte sich Limonade und für Brunetti eine Schale Wasser. Träge betrachtete sie die Vorübergehenden. Im Park spielten Rentner Schach. Schwarzgekleidet und auf ihren Rollator gestützt zog die alte Carmen vorüber.

Gabi kehrte kurz nach Marlis und Brunetti in die Wohnung zurück, strahlend nach erfüllter Zweisamkeit sowie angeregt durch die geschäftlichen Überlegungen.

»Regalado ist begeistert von meinen Vorschlägen. Ich will mich in den nächsten Tagen noch ein wenig mit den Angelegenheiten vertraut machen, damit ich die Software entsprechend maßschneidern kann. Für den Vertrieb, aber auch für die Buchhaltung. Die stammt aus der Steinzeit, sage ich nur. Außerdem …« Sie schüttelte den Kopf. »Ein Geschäftsmann ist mein Liebster nicht. Das wird mir immer klarer. Höchste Zeit, dass ich das Ruder übernehme. Don Isidro wird sich bald in aller Ruhe seinem Wein widmen können.« Gabi lächelte zufrieden.

Kurz vor Sonnenuntergang fuhr Regalado vor. Das Fest fand ein paar Kilometer südlich statt. Sie fuhren an den Weinfeldern vorbei und durch einen jungen Pistazienwald. Bald kam ein Hügel in Sicht.

Eine prächtige, fast fertige Villa im maurischen Stil war an den Hang gebaut. Ein kürzlich nach Kanada ausgewanderter Verwandter von Regalado hatte sie errichten lassen. Nun wollte niemand hier wohnen. Ein Mieter war des Nachts niedergeschlagen worden. Von Geräuschen geweckt, war er aufgestanden und hatte Metalldiebe dabei überrascht, wie sie das Geländer abbauten. Rumänen, hieß es. Denen sei nicht zu trauen. Die täten heutzutage alles, um an Geld zu kommen.

»Aber«, sagte Regalado, »es können genauso gut spanische Jugendliche gewesen sein. Oder Männer, arbeitslos. Nachbarn. Das sagt natürlich niemand laut. Dies ist übrigens eine alte keltische Siedlungsstätte. Als mein Verwandter die Bäume pflanzte, stieß er ab und zu auf Relikte. Einmal fand er einen goldenen Ring.«

»Ach?«, sagte Gabi. »Gold, wirklich?« Brunetti jankte. »Er riecht das Essen. Nicht wahr, meine kleine Spürnase?«

»Ich bringe ihm später etwas«, sagte Regalado.

Gabi schwieg. Ihr gefiel nicht, dass Brunetti sich nicht unter die Gäste mischen durfte. »Auch das muss anders werden«, hatte sie zu Marlis gesagt. »Aber heute gebe ich nach.«

Die breite Terrasse umgab den ersten Stock des Hauses auf drei Seiten. Fackeln steckten in irdenen Gefäßen, die zwischen den Zinnen standen. Im Westen glühte der Himmel nach. Im Osten hing die helle Mondsichel am nachtblauen Himmel.

»Herrlich!«, rief Gabi. »Ganz himmlisch, Regalado.« Die beiden brachten Brunetti ins Haus. Als sie auf die Terrasse zurückkamen, lag Regalados Arm um Gabis Schultern. Er begann, sie den Gästen vorzustellen. Um Mitternacht wollte er die Verlobung bekannt geben.

Marlis nahm sich ein Glas Rotwein und stellte sich an die Balustrade. Sie genoss den Blick ins Weite. In der Ferne sah sie sogar die Flügel einer der für *La Mancha* charakteristischen weißen Windmühlen. Gegen solche hatte Don Quijote gekämpft.

»Es gefällt Ihnen hier, Marlis?«, hörte sie Don Isidros Stimme hinter sich. Sie wandte sich um. Er hielt eine Platte mit einem blutigen Stück Fleisch. »Ein mystischer Ort, sagen manche. Schon die Kelten siedelten hier. Es gab Menschenopfer.« Seine weißen Brauen schnellten auf und ab. »Ich hoffe, Sie haben Appetit.« Er deutete mit einem Finger auf das rohe Fleisch. »Für die *Caldereta*. Meine Spezialität. Alle lieben es.«

Marlis sah ihm hinterher. Die Terrasse füllte sich. Sie bediente sich am Buffett mit *Tapas*, lächelte Feliciana zu, wechselte ein paar Worte mit Don Pedro. Eine ältere Frau sprach sie in wienerischem Deutsch an und lud sie an ihren Tisch. Ihr Mann erhob sich. Der alte Herr war ein ehemaliger Priester, der aus dem Nachbardorf stammte, erfuhr Marlis. Jahrelang war seine im Ausland geschlossene Ehe der Familie verschwiegen worden; schlimm genug die Schmach, dass er den Stand verlassen hatte.

»Aber«, sagte die Priesterfrau, Ruth, gelassen, »inzwischen ist das anders, selbst auf den Dörfern. Die Kinder lassen sich scheiden, heiraten wieder oder auch nicht. Ich bin kein Skandal mehr hier.« Der Priester kam auch aus einer Weinbauernfamilie. Marlis fragte ihn nach der Schinken-Legende.

»Hin und wieder«, sagte er, »kam das wohl vor. Früher. Fleisch und Knochen lösen sich im Most auf, nach entsprechender Zeit. Aber nur, wenn der Most gärt. Ganze Schinken sind so verschwunden und vielleicht auch … anderes.« Er hob die Hände. »Ich erinnere mich, als Kind, wenn die Schweine durchs Dorf getrieben wurden, zur Schlachtung. Meine Freund und ich haben zugehört. Die

Schweine haben geschrien wie ein Mensch. Wir fanden das lustig. Es war so. Und die Dorfhunde haben wir mit Steinen beworfen.« Er schüttelte den Kopf.

»Da fällt mir ein«, sagte Marlis, »ich muss einen Hund füttern.« Sie sammelte ein paar Leckereien vom Buffet ein und brachte Brunetti einen Teller voll. Sie fand ihn in einem halb möblierten Raum an ein Tischbein gebunden. Er sah erwartungsvoll auf, als sie durch die Tür trat. »Nachher gibt's noch ordentlich Fleisch«, versprach Marlis ihm. »*Caldereta*.«

Von Ruth wusste sie, dass dieses Gericht hier *das* klassische Festessen war. Der Hausvater, oder in diesem Fall Isidro, entzündete dafür ein Feuer aus alten Weinstöcken, das war ein Muss, sonst schmeckte das Essen nicht.

Marlis sah am Ende der Terrasse zu, wie Isidro die Glut anfachte. Erst als sich genug gebildet hatte, hängte er den eisernen Kessel an das Gestell über der Feuerstelle. Er warf das in handliche Stücke geschnittene Lammfleisch ins Olivenöl, würzte unter anderem mit Lorbeerblättern und Pfefferkörnern. Es folgten ein paar Knoblauchzehen, gehackte Zwiebeln sowie in Scheiben geschnittene Paprikaschoten und Tomaten. Dann goss mit Isidro Weißwein und Wasser auf.

»Wie lange braucht es nun?«, fragte Marlis.

»So anderthalb Stunden. Man darf keinesfalls umrühren. Beim Erntefest findet sogar ein Wettbewerb statt. Jede Familie hat ihr eigenes Geheimnis, was die Zubereitung angeht. Die wohlschmeckendste *Caldereta* bekommt einen Preis. Ich habe schon dreimal gewonnen.«

Es wurde gegessen, gesungen, getanzt, getrunken. Um Mitternacht verkündete Regalado seine Verlobung mit Gabi. Seine Eltern taten erfreut. Andere Gäste zeigten sich überrascht. Marlis hörte mehrmals Consuelos Namen gemurmelt, die nun doch nicht erschienen war. Die alte Carmen in tiefem Schwarz, auf einen schweren Stock gestützt, tauschte einen Blick mit Isidro. Sie war irgendwie mit Consuelo verwandt, erinnerte Marlis sich gehört zu haben, und eine heftige Verfechterin der Ehe mit Regalado gewesen.

Gabi strahlte. Die frisch Verlobten tanzten eine Ehrenrunde. Dann trat Don Pedro nach vorne und tanzte unerwartet behende und graziös eine *Jota*. Marlis klatschte mit. Irgendwann, der Mond stand im Westen, löste sich die Feier auf. Verabschiedungen, Dank, zufallende Autotüren.

»Marlis!« Gabi stand vor ihr. »Wo ist Brunetti?«

»Na, in dem Zimmer neben der Küche.«

»Da ist er nicht!« Gabis Blick irrte umher. »Brunetti? Brunetti!« Sie lief über die Terrasse und zurück ins Haus. Regalado schloss sich der Suche an. Marlis umkreiste die Villa, rief nach dem Hund. Vergebens. Brunetti war verschwunden. Samt Halsband und Leine.

Mit Mühe überredeten Regalado und Marlis die aufgelöste Gabi, nach beinahe zweistündiger Suche in sämtlichen Räumen und Kellern und ums Haus herum, zurück in den Ort zu fahren und im Hellen weiterzusuchen.

Gabi schluchzte. So emotional kannte Marlis sie gar nicht. »Vielleicht nur ein Dummejungenstreich«, versuchte Marlis zu beruhigen. Aber sie glaubte selbst nicht dran.

»Bestimmt die Rumänen«, hatte eine Nachbarin gemeint. »Vielleicht wollen sie Lösegeld.«

»In China schlachten sie Hunde«, hatte Don Isidro gesagt, zum Glück nicht ins Gabis Hörweite.

»Er wird sich gelangweilt haben«, hatte Regalado gesagt, »und hat so lange am Tisch geruckelt, bis die Schlaufe der Leine irgendwie unter dem Tischbein durchrutschte.«

»Meinst du?«, hatte Gabi dankbar gefragt.

»Er kommt wieder, *Querida*. Brunetti ist doch ein schlaues Kerlchen.«

Am Morgen gab es immer noch keine Spur von Brunetti. Gabi machte sich nach einem kurzen Frühstück auf die Suche in Richtung Weinfelder und Hügelhaus. Marlis versprach, sich im Dorf umzuschauen, nachzufragen und Steckbriefe auszuhängen, auf denen eine hohe Belohnung für die Rückgabe des Hundes versprochen wurde.

Marlis war nicht verwundert, dass sie eher zurück in der Wohnung war als Gabi, doch am Nachmittag machte sie sich Sorgen und begab sich auf die Suche nach ihr. Regalado hatte einen Termin in Madrid und war noch nicht zurück. Ihr Handy hatte Gabi anscheinend nicht eingeschaltet. Fehlte noch, dass sie über eine Wurzel gestolpert wäre und irgendwo hilflos in der Sonne lag. Marlis befragte einige Arbeiter am Rande der Weinfelder. Einer meinte, Gabi eventuell gesehen zu haben. Er deutete in Richtung des Eselspfades.

Heute alleine unterwegs, schien Marlis der Weg um Kilometer länger. Sie tupfte sich den Schweiß von der Stirn und nahm einen Schluck Wasser aus ihrer Flasche. Sie hielt inne. Hatte sie etwas gehört oder bildete sie sich das ein? Nein: ein Kläffen, das nach Brunetti klang. Weit entfernt. Hatte sich seine Leine in einem Rebstock verfangen? Sein Bellen wurde lauter, je weiter Marlis ging; es klang hysterisch.

Marlis näherte sich dem flachen Gebäude auf Isidros Grundstück. Das Bellen kam von dort. Ein Flügel des blauen Holztores war nur angelehnt. Sie blickte in den Weinkeller und sah, ans gleißende Sonnenlicht gewöhnt, erst einmal nichts. Aber Brunetti jaulte auf. Marlis öffnete beide Torflügel. Und erblickte Isidro, neben dem Most-Fass auf einem Hocker stehend. Seine Arme umschlangen etwas. Nein: jemanden. Das war Gabis gelbes Kleid! Gabi hing kopfüber im Fass! »Was machen Sie da?« Marlis sprang die Stufen hinunter und rannte los.

Er wandte sich um, das Gesicht puterrot vor Anstrengung. »Helfen Sie mir. Ich kriege sie alleine nicht raus.«

Marlis stellte einen Stuhl vor das Fass und stieg hinauf. Ein Albtraum! Der süßliche Geruch. Das ohrenbetäubende Bellen, das von den Wänden widerhallte. Und Gabi, die bewegungslos mit dem Oberkörper im Holzfass hing. Irgendwie schafften sie es, das schlaffe Gewicht über den Rand zu hieven. Gabis Haare, ihr Gesicht, das Kleid vom Ausschnitt bis zur Brust von klebrigem Rot verfärbt. Sie legten Gabi auf den Boden. »Bewusstlos«, sagte Marlis und begann mit der Mund-zu-Mund-Beatmung.

»Das mache ich«, sagte Isidro. »Rufen Sie den Notarzt. Draußen. Hier drin ist kein Empfang.«

Marlis stolperte hinaus, alarmierte den Rettungsdienst, beschrieb, wo sie waren.

»Sie sind auf dem Weg.« Isidro sah nicht auf. »Oh«, rief Marlis. »Ihre Augenlider haben geflattert. Kurz. Glaube ich.«

Brunetti hechelte. Der Hund, sah Marlis jetzt, war an einem eisernen Wandhaken angebunden. Hatte Gabi ihn hier gefunden? Oder war sie mit ihm hereingekommen? Ehe Marlis Isidro fragen konnte, fuhr die *Ambulancia* vor. Der Arzt untersuchte die Bewusstlose, gab ihr eine Spritze, während er von Isidro die Umstände erfragte, und ließ Gabi in den Krankenwagen laden.

Stille. Spuk vorbei.

Isidro machte einen völlig erledigten Eindruck. »Ich fahre«, entschied Marlis. Sie band den erschöpften Brunetti los und hob ihn auf den Rücksitz von Isidros Audi. Er wies ihr den Weg zum Dorf.

»Ich rufe Regalado an und sage ihm Bescheid«, sagte sie, als sie vor der Ferienwohnung hielten. Sie nahm Brunetti auf den Arm und stieg in den ersten Stock hinauf. Ihre Gedanken wirbelten durcheinander. Der Schock, der überstandene Stress, die Ungewissheit. Sie ließ sich auf einen Küchenstuhl fallen und legte die Stirn auf die kühle Tischplatte.

Wie in einem Blitzlichtgewitter sah sie plötzlich vor ihrem inneren Auge immer wieder die Szene, die sie vorgefunden hatte. Isidro auf dem Hocker. Gabi über dem Fassrand hängend. Es ergab keinen Sinn. Warum sollte sie ins Fass gucken wollen? Brunetti hatte sie darin nicht vermutet. Der war an die Wand gebunden. Von wem? Von Gabi? Aus welchem Grund?

Marlis sah den Hund an. »Wer hat dich da festgebunden, Brunetti?« Er bellte zweimal. »Ja, mein Guter, wenn ich das nur verstehen würde. Da können wir nur hoffen und beten, dass Gabi bald aufwacht und es uns erzählt, nicht?«

Aber Gabi wachte nicht mehr auf. Sie starb im Bezirkskrankenhaus, noch ehe der alarmierte Regalado dort eintraf.

Die Umstände, die zu ihrem Tod geführt hatten, waren rätselhaft, die Todesursache relativ klar. Sie war quasi im Most ertrunken, hatte zuviel von der Flüssigkeit in ihren Lungen gehabt, dazu kam eine schwere Gehirnerschütterung. Die Beule an ihrem Hinterkopf hatte sie sich möglicherweise im Fass zugezogen, als sie abrutschte, den Halt verlor. Aber warum sie sich über den Rand gebeugt hatte – Wer konnte es wissen?

»War sie eine neugierige Frau?«, fragte ein Vertreter der *Guardia Civil* Marlis. Sie verneinte. Aber hatte Gabi etwa doch nach einem Schinken schauen wollen? Oder – der Gedanke kam Marlis in der schlaflosen Nacht – hatte Gabi Isidro verdächtigt, etwas mit den verschwundenen Hunden zu tun zu haben? Die gar zur Verbesserung seines Mosts verwendet zu haben? Absurd. Marlis holte sich ein Glas kaltes Wasser aus der Küche. Oder war doch was dran? Gabi hatte Isidro eindeutig auf dem Kieker gehabt. Wegen seiner altmodischen Buchhaltungsmethoden und des überholten Geschäftsgebarens allemal. Hatte mehr dahinter gesteckt? Hatte er, um sie zu ärgern, ihr gegenüber angedeutet, er benutze die Schinkenmethode noch, allerdings nicht mit wertvollem Schinken? Marlis erinnerte sich an sein heiseres Lachen, als zu ihr und Gabi gesagt hatte, wer wisse, ob es früher immer nur Schinken gewesen sei. Hatte Gabi deshalb im Most-Fass nachschauen wollen? Aber nie hätte sie Brunetti an die Wand gebunden. Nein.

Was, wenn Isidro in Gabi die Feindin erkannt hatte, die ihn aufs Altenteil abschieben wollte? Wenn er Brunetti entführt und so Gabi in den Weinkeller gelockt hatte? Ihr beim Betreten über den Schädel geschlagen hatte und, als Marlis das Gewölbe betrat, dabei gewesen war, Gabi im Fass zu versenken? Besaß der Alte die Kaltblütigkeit und Geistesgegenwart zu behaupten, er versuche gerade, sie zu retten?

Marlis wusste nicht, was sie glauben sollte. Regalado war keine Hilfe. Er schien wie betäubt, hörte kaum zu. Feliciana machte sich Sorgen um ihn, vertraute sie Marlis an. Die alte Carmen stattete ihm mit Consuelo im Schlepptau einen Beileidsbesuch ab. Auch ohne Kristallkugel sah Marlis, was Carmen im Sinn hatte.

Isidros Bericht wurde allgemein akzeptiert. Er sei zu seinen Feldern gefahren um nach den Trauben zu sehen und habe plötzlich den Hund bellen gehört. Isidro habe das Tor geöffnet, es sei nicht abgeschlossen gewesen; die Burschen, wahrscheinlich Rumänen, die den Köter entführt hatten, mussten das Vorhängeschloss aufgebrochen haben, um das Tier im Keller zu verstecken. Als er eintrat, habe er die Deutsche über den Fassrand hängen sehen. Kopfüber im Most. Der Hocker umgefallen. Dadurch sei der Unfall vermutlich ausgelöst worden. Ausgerutscht, als sie hineinguckte. Er habe versucht, sie aus dem Fass zu heben, als zum Glück Gabis Kusine aufgetaucht sei und ihm dabei geholfen habe. Vergebens. Gott sei's geklagt.

Die Familie schloss die Reihen. Gabi war Vergangenheit. Don Pedro bedeutete Marlis, als Kusine solle sie sich um die Überführung der Verstorbenen nach Deutschland kümmern. Dazu sei Familie da. Marlis widersprach nicht.

Brunetti wich ihr nicht von der Seite. Er war still. Als sie mit ihm im Dorf Don Isidro über den Weg lief, fing Brunetti wie wild an zu bellen, zerrte frenetisch an der Leine, bleckte seine Zähne. Dieser Vorfall ließ Marlis' nächtlichen Verdacht aufleben. Beweisen konnte sie nichts. Aber schuldete sie es Gabi nicht, die Polizei wenigstens darüber zu informieren?

Der Polizist in der *Comisaría* tätschelte Brunettis Kopf und bildlich auch den von Marlis, als er sein Verständnis für ihren Schmerz ausdrückte. Nicht ungewöhnlich, sagte er, dass man lieber einen Schuldigen suche, als sich damit abzufinden, dass schlicht unglückliche Umstände zum Tode einer geliebten Person geführt haben.

Marlis packte. Auf dem Weg zum Flughafen ließ sie das Taxi im nächsten Ort vor dem Bezirkskrankenhaus warten. Sie versprach dem Fahrer doppeltes Trinkgeld dafür, dass er auf Brunetti aufpasste, und suchte die Station auf, in der Gabi gestorben war. Eine blasse Nonne, die gut deutsch sprach, übergab Marlis zwei von Gabis Ringen und ihre Armbanduhr. Den Verlobungsring hatte Regalado schon mitgenommen. Ihre Kusine habe nicht gelitten, als sie starb, versicherte die Nonne; sie habe bis zu Gabis letztem Atemzug an ihrem Bett gesessen. Gegen Ende habe es so ausgesehen, als würde sie das Bewusstsein noch einmal kurz wiedererlangen, aber dazu sei es nicht gekommen. Vielleicht ganz gut so. Gottes Wille. Die Sterbende habe etwas Unverständliches gemurmelt und sei dann verschieden.

»Brunetti?«, fragte Marlis. »Hat sie vielleicht Brunetti gesagt?« Marlis traten Tränen in die Augen. Sicher hatte Gabi gewusst, dass ihr Hund bei Marlis ein gutes Zuhause finden würde?

»Nein, nicht Brunetti«, sagte die Nonne mit sanfter Stimme und legte tröstend eine Hand auf Marlis' Arm. »Es klang wie … ungefähr wie ›Kanaren‹; so sagen Sie doch für unsere Islas Canarias, nicht? Es hatte wahrscheinlich nichts zu bedeuten. Nur, als ich später erfuhr, dass sie sich gerade verlobt hatte, dachte ich, ob ihre Hochzeitsreise dahin geplant war? Ob das ihr letzter Gedanke war?«

Marlis schüttelte den Kopf. »Sie wollten nach Venedig, so weit ich weiß.«

Aber der Bericht der Nonne ging Marlis nicht aus dem Kopf. Gleich am nächsten Morgen rief sie aus dem Büro Regalado an und fragte ihn, ob das Wort oder die Inseln ihm im Zusammenhang mit Gabi etwas sagten. Er verneinte und erkundigte sich nicht einmal nach dem Grund der Frage.

»Hätte ja sein können«, sagte Marlis zu Brunetti, der es sich neben ihrem Schreibtisch bequem gemacht hatte. Er sah Marlis aufmerksam an und bellte einmal.

»Genau«, sagte sie. »Und nun das Arbeitsamt. Wenn ich eine Buchhalterin finde, die nur halb so gut ist wie Gabi, werde ich mich glücklich schätzen.« Brunetti legte seinen Kopf schief. »Ihre Vorgängerin, die Frau Kahn-Arend, hat nämlich – Oh!«

Konnte es sein? Kanaren – Kahn-Arend … von einer Sterbenden gestammelt. Hatte Gabi mit einem ihrer letzten Atemzüge bewusst oder unbewusst einen Hinweis gegeben, den nur Marlis entschlüsseln konnte?

Adrenalin schoss in Marlis' Blut. Sie drückte die Wahlwiederholungstaste. Regalado war schwer zu überzeugen, aber Marlis ließ nicht locker. Schließlich versprach er, mit keinem Menschen über den Verdacht zu sprechen und umgehend – ja, noch heute! – einen Buchprüfer zu bestellen.

Schon am übernächsten Tag rief Regalado zurück. Don Isidro hatte tatsächlich seit Jahren buchhalterisch Weinverkäufe für sich abgezweigt. Größenordnung etwa eins Komma fünf Millionen Euro. Dass er Autos der Luxusklasse fuhr, hatte anscheinend schon immer Verwunderung hervorgerufen. Regalado vermutete, Gabi habe nach ersten Blicken in die Buchführung Verdacht geschöpft. Ob Isidro das gemerkt und daraufhin seinen Mordplan geschmiedet habe, oder ob er nur mitbekommen habe, dass sie die Buchhaltung übernehmen wollte und er wusste, dann kämen seine Unterschlagungen ans Licht, wisse derzeit niemand. Don Isidro sei verschwunden.

Die alte Carmen behaupte, ihn in ihrer Kristallkugel auf dem Weg nach Lateinamerika gesehen zu haben.

Caldereta de Cordero Manchega
Lammeintopf à la Mancha

Zutaten für 4 Personen:
- *2 kg Lammfleisch, z.B. von der Keule*
- *2 reife Tomaten*
- *2 Schoten Gemüsepaprika*
- *2 mittelgroße Zwiebeln*
- *2-4 Knoblauchzehen*
- *3 Lorbeerblätter*
- *5 schwarze Pfefferkörner*
- *1/2 Liter natives Olivenöl extra, möglichst aus La Mancha*
- *1/2 Liter Weißwein*
- *1/2 Liter Wasser*
- *Salz*

Zubereitung:
Das Lammfleisch in Stücke schneiden und salzen

Tomaten, Paprikaschoten in Scheiben schneiden

Zwiebeln hacken

Olivenöl in den Topf geben und erhitzen

Fleisch anbraten

Gemüse und Gewürze dazugeben

den Weißwein dazu gießen

mit Wasser auffüllen, bis alles bedeckt ist

1,5-2 Stunden köcheln lassen, bis das Fleisch gar ist

Die Flüssigkeit reduziert sich zu einer schmackhaften Soße. (Nur falls nötig, während des Kochens noch einmal mit Wasser aufgießen)

Nicht umrühren

Nach Geschmack salzen

Mit Rotwein aus La Mancha und frischem Brot servieren

Inge Stender

Eiszeit

Es fing damit an, dass die mitgeschleppten Silvesterraketen zur Begrüßung des Neuen Jahres nicht mehr taugten. Oder hätte ich etwa schon bei der Abreise das Verlegen meines Personalausweises als schlechtes Omen werten sollen? Man ist ja nicht abergläubisch. Die Feuerwerkskörper jedenfalls waren nass geworden, als der Gartenschlauch platzte. Ich hatte Irma gleich bei Ankunft gebeten, das Bündel reinzutragen, als ich das hohe, im Mondlicht feucht glitzernde Unkraut ums Haus herum sah. Der ursprünglich liebevoll angelegte Garten hatte sich in ein undurchdringliches Dickicht aus Kakteen und Sträuchern verwandelt, das die Natursteinmauern des Grundstücks größtenteils überwucherte. Wir waren zu lange nicht hier gewesen. Zuerst waren die Kinder zu klein für eine mehrstündige Flugreise mit Übernachtung in Teneriffa, weil selten Anschluss per Fähre oder Flieger nach El Hierro zu kriegen war. Dann hielt uns die Arbeit in meinem Ein-Mann-Verlag fest, in dem Irma erst nach der letzten Babypause voll mitarbeitete. Seitdem leisteten wir uns Livia, ein Aupairmädchen aus Süditalien, das sich als erstaunlich unkompliziert und zuverlässig herausstellte. Lucy hing ihr dauernd am Rockzipfel und Leo, der Ältere, ließ sich von ihr zur Guten Nacht abküssen. Beide waren begeistert bei ihr zurückgeblieben. Sie würden uns nicht vermissen, was uns das Gefühl gab, Rabeneltern zu sein.

Aber hatten wir eine Wahl? Der erste Urlaub seit fünf Jahren. Wir mussten unsere Chance zur Erholung nutzen, denn Albert, ein alter Freund und Studienkollege aus Apo-Zeiten, erfolgreicher

Lektor in einer der bekanntesten Schreibwerkstätten New Yorks, war überraschend nach Berlin zurückgekehrt, um sich in unserer neuerfundenen Hauptstadt mit einer Dependance niederzulassen. Er behauptet, im Herzen immer ein Berliner geblieben zu sein und darum Kennedy in nichts nachzustehen. Er habe die Stadt der überraschend gegensätzlichen Kulissen – hässliche, authentische und historische – vermisst. Nachdem Brad Pitt und Angelina Jolie sich sogar ein Apartment in der Borsigstraße angeschaut hätten, weil Berlin so cool sei, dass selbst Promis ohne Blitzlichtgewitter der Paparazzi in Kreuzberger Boutiquen stöbern oder durch die Clubs der Stadt ziehen könnten, habe es ihn in New York nicht länger gehalten. Unser Verlag sei bei ihm solange in besten Händen.

Die erste Nacht lag ich die meiste Zeit wach im klammen Bett, lauschte den knarrenden Geräuschen, die das Holzdach machte, Geräusche, die mir früher nie aufgefallen waren. Aufkeimender Ärger war obendrein der größte Schlafkiller. Ich dachte wieder an den maroden Schlauch vor dem Haus, der, kurz nachdem Irma den Hahn aufgedreht hatte, geplatzt war. Über staubblinde Küchenscheiben war das Wasser gespritzt, wie das Wasser in einer Waschanlage. Ich sah minutenlang das Raketenbündel auf der Fontäne tanzen. Irma hatte wieder einmal nicht getan, was ich ihr gesagt hatte.

Am nächsten Morgen entdeckte ich weitere Schäden. Die Grundstücksmauer war dort, wo sich der Haupthahn befand, komplett eingefallen und ich sagte Irma, sie solle nach den Feiertagen jemanden kommen lassen zum Wiederaufbauen. Ich hätte mich gerne selbst um einen guten Arbeiter – hier rar gesät – gekümmert, aber die wenigen spanischen Vokabeln, derer ich mächtig bin, beziehen sich nun mal nicht aufs Handwerkliche. Später fand ich noch Spuren einer Feuerstelle, eine Einmalspritze, sowie ein offenes Vorhängeschloss am alten Ziegenstall, und ich forderte Irma zunehmend ärgerlich auf, nachzuschauen, ob vielleicht im Haus etwas fehlte. Ich gab ihr insgeheim die Schuld daran, dass wir anscheinend ungebetene Gäste gehabt hatten.

Auch in der zweiten Nacht schlief mein Eheweib den gerechten Schlaf der doppelt belasteten Frau. Ich musste mich zusammenreißen, sie nicht wachzurütteln, um mit ihr darüber zu spekulieren, wer sich da bei uns auf dem Grundstück herumtrieb, denn ich glaubte, unerklärliche Geräusche von draußen zu hören. Nachschauen würde ich keinesfalls und sie auch nicht. Das war mir klar. In Berlin war mir in all den Jahren nicht einmal der Gedanke gekommen, unser versteckt gelegenes Anwesen auf der kleinsten kanarischen Insel, das nur über eine zugewachsene Piste zu erreichen war, könnte jemals von drogensüchtigem Gesindel heimgesucht werden. Ich hätte auch jederzeit bestritten, dass es das hier überhaupt gab. Nun aber, in Kenntnis unabweisbarer Indizien, vermutete ich hinter jedem Busch einen Drogentoten, als hätte sich die herreñische Einöde in den Bahnhof Zoo verwandelt.

Im Gegensatz zu mir war Irma an Silvester topfit und bester Laune. Obwohl ich stundenlang in Bewegung war, die Grundstücksgrenzen abschritt, mehr zerstörte Mauerteile als intakte fand, schwere Vulkanbrocken wieder aufzuschichten versuchte, schnell kapitulierte – ich tauge nicht zum Mauerbauer –, stattdessen in vorschriftsmäßig breitbeiniger Haltung Holz hackte für den Kaminofen, wollte mir nicht warm werden. In meiner Erinnerung war es Ende Dezember früherer Jahre nie so feuchtkalt gewesen wie dieses Jahr, und ich begann mich zu fragen, wieso wir viele Jahre vom Überwintern auf unserer Finca auf El Hierro geträumt hatten. Die probeweise gezündete Rakete wollte nicht brennen, was ich natürlich vorher gewusst hatte. Ich warf das Bündel in die Abfalltonne.

Trotzdem hätte der Silvesterabend noch gemütlich werden können. Das Kaminfeuer knisterte leise, der Tisch war reichlich gedeckt. Irma hatte sich mit dem Menü Mühe gegeben, obwohl sie nur den Fisch und die Kartoffeln selbst zubereitet hatte. Als Vorspeise Weißbrotscheiben mit Mojo verde und Mojo rojo vom Supermarkt Terencio. Danach für jeden eine fette rote Vieja a la plancha (Papageienfisch auf dem Blech) mit den inseltypischen Papas arrugadas, den Runzelkartoffeln in Salzkruste. Ich hätte nichts gegen gewöhnliche deutsche Pellkartoffeln einzuwenden gehabt, dann hätte ich nicht wiederholt beteuern müssen, wie gut ihr diesmal die Runzelkartoffeln gelungen seien. Als Nachspeise hatte Irma

Quesadillas gekauft, die flachen, würzigen Käseküchlein, die wie aus einem Sandförmchen gestanzt aussehen. Vor jedem unserer Teller lagen 12 abgezählte Weintrauben, die wir um Mitternacht nach spanischem Brauch – auf El Hierro eine Stunde früher als auf dem Festland – mit jedem der nur eine Sekunde dauernden zwölf Glockenschläge vom Turm der Casa de Correos aus Madrid, vom spanischen Fernsehen übertragen – essen mussten. Was Irma auch gelang. Ich dagegen hasse die Kerne dermaßen, dass ich aus lauter Vorsicht, auf einen solchen zu beißen, ins Hintertreffen geriet. Ich würde also nach spanischem Aberglauben im neuen Jahr kein Glück haben.

Bevor noch der letzte Schlag verklungen war und ich meine überzähligen Trauben entnervt und angeekelt von dem bitteren Geschmack unfreiwillig zerbissener Traubenkerne über den Tisch rollen ließ, wurde an die Tür gebummert. Gleichzeitig vermeinte ich ein Röcheln zu hören. Exakt zur Geisterstunde.

Irma schrie überrascht auf: »Wer kann das sein? Weiß doch niemand, dass wir hier sind!«, und bemühte sich mit vorgehaltener Hand, die letzte Traube nicht auszuspucken – natürlich um mich zu blamieren –, als ich beim Aufstehen gespenstig zuckende Schatten auf Wänden und Fenstern bemerkte, hervorgerufen durch die plötzlich schlangenähnlich zischenden, auflodernden Flammen im Kaminofen und dem Feuerwerk im spanischen Fernsehen.

Ich wankte mit weichen Knien zur Tür, froh, den Traubenkernen und Irmas Häme entronnen zu sein, aber verängstigt durch längst vergessen geglaubte Kindheitsphantasien. Sie waren aus den Trümmern einer traurigen Nachkriegskindheit ohne Vorwarnung auferstanden, dass mir für Sekunden die Luft weggeblieben war. Das Spukschloss mit kindermordenden Geistern, der leicht erregbaren Phantasie eines fünfjährigen Knaben entsprungen, der keine Mutter gehabt hatte, die an sein Bett geeilt wäre, wenn die Standuhr zwölfmal zur Geisterstunde schlug.

Statt einem weit entfernt wohnenden Nachbarn, der vielleicht unser Mietauto bei der Herfahrt gesehen haben mochte, ins wettergegerbte Gesicht zu schauen, sozusagen vorbereitet auf ein Gastgeschenk in Form einer fünf Liter Plastikflasche mit selbstgebrautem Wein, blickte ich einem Esel direkt ins weißlich plinkernde Auge.

Ich schlug dem Tier die Tür vor der Nase zu, als wäre es ein Wesen der dritten Art, darauf zählend, dass es erschreckt das Weite suchen würde. Ich bin nie ein leidenschaftlicher Tierfreund gewesen und nähere mich großen Tieren selbst nach der aufmunternden Aufforderung »Du kannst ihn ruhig streicheln, der tut dir nichts!« niemals. Dass sich aber ein Esel meinen nur 1,55 Metern fast auf Augenhöhe nähert, ist mir in Berlin noch nie passiert. Darum stand ich hilflos hinter der Tür und lauschte auf eventuelle Atemzüge oder Einlass heischende I-Aaahs.

»Bernd, wo bleibst du denn? Wir wollen anstoßen. Bring Ramiro mit rein!«

Sie glaubte also auch, dass es unser weit entfernt wohnender Nachbar sei, mit dem wir früher abends oft gegrillt hatten.

Wie kam ich jetzt aus der Nummer wieder raus, ohne das Gesicht zu verlieren?

»War nur der Wind, der den Besen umgeworfen hat«, rief ich.

Hätte ich die Wahrheit gesagt, hätte Irma keine Ruhe gegeben, den Esel verdächtigt, Hunger zu haben, mich aufgefordert, ihm etwas Essbares zu besorgen und ihn in den Ziegenstall zu sperren. Da sich der Himmel bewölkt hatte, waren weder Mond noch Sterne zu sehen, es war stockfinster und das Außenlicht vom Haus reichte nicht bis zum Stall. Ich hätte also das Tier nicht nur im Dunkeln an stacheligen Kakteen vorbei – deren feinste Härchen mir im Übrigen noch von meinen gestrigen Streifzügen überall auf der Haut ein unangenehmes Jucken bereiteten – zum Stall lotsen dürfen, sondern auch noch die Tür notdürftig verschließen müssen mit der Taschenlampe im Mund.

Nein, die Aktion musste ich verhindern. Ich schlich mich ins Wohnzimmer zurück mit einem Ohr auf eventuelle tierische Lautäußerungen lauschend und war zum ersten Mal froh, dass der Fernseher die für Spanien typisch lauten Faxen eines bekannten Moderators brachte. Ich ließ mich in meinen Sessel fallen, stopfte mir Brot in Mojo getunkt nach, obwohl ich noch vor wenigen Minuten lauthals verkündet hatte, dass ich zum Platzen satt sei. Ich wollte gerade mit Wein nachspülen, als mich die Stimme meiner Frau traf wie ein Pfeil.

»Musst du schon wieder essen? Bleibt ja kein Brot mehr für morgen und wir können nichts nachkaufen, weil die Geschäfte geschlossen sind.«

»Wenn ich Hunger habe, ist Essen mein einziger Trost«, verlautbarte ich keck.

»Dass ich nicht lache, du und Hunger! Weißt du überhaupt, wie viele Brote du gegessen hast?«

»Du wirst es mir gleich sagen.«

»Sechs!«

»Gönnst du mir jetzt nicht einmal das bisschen Weißbrot? Das macht eben nicht wirklich satt!«

Dazu muss gesagt werden, dass ein herreñisches Weißbrot, geformt wie ein Schiffchen, etwa zwei deutschen Brötchen entspricht, ich, Irma zufolge, also zwölf Brötchen gegessen haben sollte. Bei meiner Magengröße unmöglich. Sie übertrieb mal wieder unsäglich und hatte wahrscheinlich noch welche im Schrank.

Offenbar hatte sie einen vorwurfsvollen Ton aus meiner Replik herausgehört, denn sie giftete zurück: »Dann hättest du dir Graubrot von zu Hause mitbringen müssen! Darf ich dir ins Gedächtnis rufen, dass ich dich daran erinnert habe! Zumal du vom Weißbrot regelmäßig Verstopfung kriegst und mir dann die Ohren voll jaulst. Aber du hörst ja nie auf mich!«

Sie legte ihre Füße demonstrativ auf den Tisch, neben den Brotteller, wo nur noch abgebrochene Krusten und Krümel vor sich hin vegetierten. Mir gönnte sie keinen weiteren Blick, dafür aber diesem wuseligen Moderator, der sich inzwischen Verstärkung in Gestalt einer um zwei Köpfe größeren Schwarzhaarigen im Glitzerfummel geholt hatte, die sich, als ich einen kurzen Blick auf ihre dünnen Beine erhaschte, als Mann entpuppte.

Ich überlegte gerade, ob ich nicht ins Bett gehen sollte, als mich Irmas Stimme erneut traf wie ein Geschoss.

»Was kratzt du ständig an dir rum? Das kann einen ja völlig nervös machen!«

»Das kommt von den Kakteenhärchen auf meiner Haut, die ich mir gestern beim Inspizieren der Schäden geholt habe. Aber es interessiert dich nicht die Bohne, wenn ich mich um unsere Sicherheit kümmere. Oder hast du inzwischen nachgesehen, ob etwas fehlt?«

»Schau doch selber nach! Glaubst du, ich lasse mir von deiner Paranoia den Urlaub vermiesen. Hier sind doch immer Ziegen umhergestreift und die finden bei dem Wildwuchs glücklicherweise wieder reichlich Nahrung. Und das Schloss der Stalltür war schon vor fünf Jahren so verrostet, dass es sich nicht mehr absperren ließ. Du hättest es schon damals ersetzen können, aber du warst nur mit der spinnerten Idee beschäftigt, auch noch eine Schreibschule zu gründen, weil du deinem Freund Albert nacheifern wolltest. Wir wären beinahe den Bach runtergegangen, weil du dich total verzettelt hattest, als ich dann wegen Lucy nicht mehr mitarbeiten konnte.«

»Jetzt bin ich wieder an allem schuld. Vielleicht denkst du auch mal daran, dass Lucy kein geplantes Kind war, dass du die Pille einfach abgesetzt hast, weil du sie angeblich plötzlich nicht mehr vertrugst. Wie sollte ich denn alleine klar kommen?«

»Bernd, jetzt reicht es aber! Du wolltest doch immer noch ein Mädchen haben, hast immer von einem Pärchen geschwärmt, aber dir nie Gedanken darum gemacht, was zwei Kinder an Zeit und Geld kosten. Hätte ich nicht all die Jahre zuhause noch regelmäßig Lektoratsarbeit gemacht, säßt du doch heute längst auf der Straße. Und dein Freund Albert hätte dich bestimmt nicht aufgelesen. Der hätte sich niemals mit einem Chaoten wie dir abgegeben. Und jetzt lass mich fernsehen. Ich will mein Spanisch wieder aufmöbeln. Ich bin nämlich im Urlaub!«

Irmas Stimme war gefährlich leise geworden. Wenn das passierte, war es klüger, ihr nicht mehr zu widersprechen. In solchen Momenten wusste ich nicht, warum ich sie einst geheiratet hatte.

Neujahr verging ohne größere Highlights. Wir aßen dreimal Reis mit Tomaten und Zwiebeln, weil das Brot wirklich alle war. Zwischen uns war eine Eiszeit ausgebrochen.

Am Tag nach Neujahr fuhr Irma zum Einkaufen.

»Bring auch Schinken und Chorizo mit, ich habe Lust auf Fleischliches!«, rief ich ihr hinterher, als sie wortlos das Haus verließ. Ob sie den Doppelsinn meiner Worte begriffen hatte?

Knapp anderthalb Stunden später stellte sie zwei Plastiktüten in die Küche und verschwand, ohne auszupacken im Schlafzimmer. Ich ging ihr nach.

»Was ist los? Hast du vor, für den Rest unseres Urlaubs nicht mehr mit mir zu sprechen?«

»Lucy ist krank. Schwere Bronchitis. Livia weiß nicht mehr, was sie machen soll. Ich habe mir schon ein Ticket besorgt, ich fliege noch heute. Und jetzt lass mich packen!«

»Hättest du mich nicht wenigstens fragen können, ob ich mit will?«

»Nein. Es ist nicht nötig, dass wir beide fahren.«

So blieb ich gegen meinen Willen – Lucy war auch meine Tochter und ich liebte sie, mochte meine Frau reden, was sie wollte – allein zurück, denn Irma ließ keine Diskussion mehr zu.

Dass mir die Ereignisse der letzten Tage Angst einjagten, ja, dass ich schon Angst bekam, wenn ich nur daran dachte, nun allein in unserem mir unheimlich erscheinenden Haus zu sein, mochte ich nicht zugeben.

Ich fuhr Irma zum Flughafen und versprach, am nächsten Tag vom Dorf aus anzurufen.

Nun hätte ich eigentlich aufatmen können. Frei von jeglichen beruflichen Sorgen und ermüdenden, tausendmal wiederholten Ehestreitigkeiten hätte ich einen drauf machen können. Wozu ich allerdings mit der Fähre nach Teneriffa hätte fahren müssen, denn auf El Hierro gibt es kein Nachtleben. Man trifft in den Bars nur die immer gleichen Säufer und manchmal einen weniger, weil er das Zeitliche gesegnet hat.

Ich tat nichts dergleichen. Stöberte nur in einem Elektroladen in Valverde nach CDs, entdeckte schnell die erste von *Maneras de Vivir*, einer Rockband, die schon vor fünf Jahren durch El Hierros Kneipen getingelt war, kaufte Batterien für meinen kleinen, tragbaren Weltempfänger und vorsichtshalber einen neuen Satz für die Taschenlampe, denn ich erinnerte mich plötzlich, dass Taschenlampen in meinen Händen ihren Geist oft schon nach Tagen aufgaben, sogar, wenn die Batterien neu gewesen waren. Diesmal schaute ich, dass ich Kodak-Batterien erwischte, auf denen das Haltbarkeitsdatum aufgedruckt war. 2015 schien mir vielversprechend und meine Sorge, ich müsste noch einmal nachts raus und könnte im Dunkeln stehen, verblasste. Gefahr erkannt, Gefahr gebannt, sage ich immer.

Am Flughafen hatte ich mir deutsche Zeitungen gekauft, in die ich mich in einer einschlägigen Bar bei einem Café cortado vertiefte. Das gelang mir wider Erwarten trotz des ständig zischenden Kaffeeautomaten, des laufenden Fernsehers, der lauthals diskutierenden Männer am Tresen, des unregelmäßigen Schepperns von Münzen in einem Spielautomaten. Der äußere Lärm schien den Aufruhr in meinem Inneren zu betäuben. Ich konnte in der Bar den Zeitpunkt, in unser leeres Haus zurückzukehren, mit Anstand noch ein wenig herauszögern und mich stattdessen als einer der Vielen betrachten, die ihrem alltäglichen Müßiggang frönten und mich in ihrer Mitte in Sicherheit wähnen.

Die politischen Seiten interessierten mich nicht. Das neue Jahr würde uns weitere Teuerung bescheren. Das einzig Positive schien mir das Elterngeld zu sein.

Wäre ich, wenn es das für Väter damals schon gegeben hätte, zu Hause geblieben? Eine rhetorische Frage, ich hätte die Verlagsarbeit wohl kaum unter täglichem Kindergeschrei erledigen können. Wie hatte Irma das bloß geschafft? Ausgerechnet heute drängte sich mir diese Frage auf, wo meine Frau abgereist war. Ich würde ihr, wenn ich wieder zu Hause wäre, einfach mal meine Bewunderung dafür aussprechen. Und sei es nur um der kleinen Chance willen, dass sie dann ihre Zickigkeit der letzten Monate aufgeben könnte.

Ich wollte die Zeitung schon zusammenfalten, als mein Blick auf ein paar Zeilen eines Gesangbuchliedes fielen, das ich in jungen Jahren mal gelernt hatte: »*wir leben und gedeihen / vom alten bis zum neuen // durch so viel Angst und Plagen, / durch Zittern und durch Zagen.*«

Sie stammten aus der Neujahrspredigt Bischof Hubers, sagte die Überschrift.

Als hätten die Wörter »Angst und Plagen«, »Zittern und Zagen«, mich geblendet, wandte ich meine Augen von der Zeitung ab, ließ sie fallen, zählte 60 Céntimos auf den Teller und verließ fluchtartig das Lokal.

Die Zeilen hatten es geschafft, erneut diffuse Ängste in mir hoch kommen zu lassen. Was für eine seltsame Predigt, die Ängste weckte, statt Trost zu spenden. Ich wusste, warum ich aus der Kirche ausgetreten war, nicht wegen der gesparten Kirchensteuer, wie Irma immer behauptete. Nein, Gott war nur eine Projektion des Menschen, da war ich mit Feuerbach einer Meinung. Mich trieb es auf schnellstem Weg zurück zum Haus.

Die Rückkehr geriet zum Alptraum. Nicht nur, dass irgendwelche Gestalten auf der dämmrigen Piste ins Gebüsch flüchteten, von meinen schon eingeschalteten Scheinwerfern aufgeschreckt. Jedenfalls waren sie schneller, als ich schauen und sie identifizieren konnte. Kaum hatte ich das Auto vor dem Grundstück geparkt und die Scheinwerfer ausgeschaltet, umgab mich eine unheilschwangere Finsternis. Um mich herum dunkel drohendes Dickicht. Zweige knackten. Ein Vogel flog mit einem Warnschrei auf. Das Haus war nicht zu erkennen, ich hatte das Außenlicht nicht angeschaltet. Ich tastete mich vorwärts. Äste griffen nach mir. Ich war von den schmalen Gehwegplatten abgekommen. Ich bewegte mich vorsichtig zurück, als wäre mir der Boden unter den Füßen zu heiß geworden, konzentrierte mich auf das Geräusch, das meine eisenbeschlagenen Absätze auf dem Steinfußboden verursachten. Die fünfzig Meter bis zum Haus würde ich doch wohl schaffen! Schon tauchte vor mir schemenhaft das Haus auf. Mir entwich ein Seufzer der Erleichterung. Doch da traf mich ein Schlag auf die rechte Schulter. Ich fiel zu Boden. Ich wagte kaum zu atmen, sollte der Angreifer doch denken, er habe mich erledigt. Erst das sich entfernende Getrappel von Füßen und das Wiedereinsetzen des nächtlichen Grillengezirps gaben mir die Hoffnung, dass ich mich nun ins Haus flüchten könnte. Ein weit entfernter Pfiff ließ mich kurz zusammenfahren. Ich musste handeln und mich in Sicherheit bringen. Ich ignorierte meine Schmerzen und lief zum Haus. Hatte man mich töten wollen? Wenn ja, warum? Hier würde ich keinen Tag länger bleiben, wenn mir mein Leben noch etwas wert war.

Der erhebliche Rotweinkonsum betäubte mich, dennoch schlief ich keine Sekunde. Ich hörte Schritte, Getrampel, mehrmals glaubte ich, jemanden heiser husten gehört zu haben. Wer hatte es nur auf mich abgesehen? Außer Ramiro kannte mich hier niemand, vielleicht nach so langen Jahren selbst er nicht mehr. Ich begann um das Mietauto zu fürchten. Wenn die Bagage sich daran vergreifen würde, käme ich hier nicht mehr weg. Ich betete – für mich peinlich, es zugeben zu müssen – zu einem Gott, an den ich nicht glaubte.

Irgendwann stand ich auf, packte meine Sachen, ließ die CD von *Maneras de Vivir* laut laufen, als ließen mich die Geräusche draußen kalt und öffnete, sowie es hell wurde, vorsichtig die Haustür, den Koffer und den Wagenschlüssel in der einen und das größte Küchenmesser, das ich auf die Schnelle finden konnte, in der anderen Hand.

Zwei Ziegenböcke hatten es sich im Unkraut neben der Haustür gemütlich gemacht. Sie starrten mich aus topasfarbenen, irgendwie intelligent wirkenden Augen an, ich fühlte ihre Blicke im Rücken, als ich das Auto aufschloss. Ich gab Gas, als sei der Teufel hinter mir her. Was mit unserem Haus geschah, war mir egal.

Auf Teneriffa buchte ich mein Ticket um und flog nach einer Übernachtung mit endlich ein paar Stunden Schlaf, heim.

Irma wollte ich nichts von den nächtlichen Ruhestörern erzählen, auch nichts von meinen Angstphantasien. Als ich in Kreuzberg das Taxi bezahlte, fühlte ich mich wieder als der Mann, der ich vor dem Urlaub gewesen war. Ein aufstrebender Verleger, der an den wirtschaftlichen Aufschwung glaubte, weil er an nichts anderes glauben konnte. Der Familienvater, der seine Kinder liebte, auch wenn er wenig Zeit für sie hatte. Der Ehemann einer großartigen Frau, ohne die er – in ihren Augen – ein Nichts war.

Im Wohnzimmer brannte Licht, aber keiner war da. Plötzlich glaubte ich Stimmen zu hören, aus dem Schlafzimmer. Ich näherte mich der Tür.

»Nein, keine Sorge, der Mann tut, was ich ihm aufgetragen habe. Er steht in meiner Schuld. Und das Geld bekommt er erst, wenn er den Auftrag erledigt hat.«

Die Stimme meiner großartigen Frau! Ich riss die Schlafzimmertür auf. Irma lag mit meinem alten Kumpel Albert in unserem Ehebett!

»Irma, ist das, was ich sehe, das, was ich glaube?«

Irma zog sich die Bettdecke bis zum Kinn und starrte mich mit schreckgeweiteten Augen an.

»Albert, du Schwein, du verlässt sofort mein Haus!«, brüllte ich außer mir vor Wut und riss ihm die Bettdecke weg. Er sprang an mir vorbei. Ich schaffte es noch, ihm einen Tritt in den nackten Arsch zu verpassen, dass er stolperte, sich aber sofort wieder aufrappelte und sich vom Stuhl seine Kleidung schnappte.

»Ich hatte dich als Verwalter meiner Firma und nicht als Lover meiner Frau engagiert! Wir sind hier nicht mehr in der Kommune I. Schon lange nicht mehr. Die Zeiten haben sich geändert. Raus! Ich kann dein scheinheiliges Grinsen nicht mehr ertragen! Du hinterfotziger Schweinehund! Du wolltest dich wohl ins gemachte Nest setzen, nachdem ihr mich in El Hierro durch einen Auftragskiller erledigt hättet!«, schrie ich ihm in ohnmächtiger Wut hinterher. »Aber ich lebe noch. Damit habt ihr wohl nicht gerechnet!«

»Du spinnst doch, Alter!«, hörte ich den Verräter brüllen. Dann fiel die Haustür zu.

»So, und nun zu dir, mein Täubchen. Du bist doch die letzte Schlampe! Ich hätte dich damals in der Gosse verrecken lassen sollen! Welchen Schlägertypen hast du bezahlt, um mich umzubringen? Hattest ja einschlägige Kontakte. Und von welchem Geld wolltest du ihn bezahlen? Red schon, oder ich vergesse mich!«

»Bernd, red doch keinen Unsinn! Ich verstehe ja, dass du wütend bist. Aber niemand wollte dich umbringen lassen. Ich weiß nicht, was du da faselst.«

»Keine Ausflüchte! Von welchem Mann und seinem Auftrag hast du eben gesprochen und, dass er tue, was du ihm aufgetragen hast und danach sein Geld bekäme? Ich habe alles gehört.«

»Bernd, so beruhige dich doch! Ich habe von einer Hilfskraft für den Verlag gesprochen, die ich auf Alberts Anraten angeheuert habe. Zu unser aller Besten.«

»Red dich nicht raus, das konntest du schon immer gut. Aber damit ist jetzt ein für alle Mal Schluss! Ich werde zur Polizei gehen, dass du Bescheid weißt, du wanderst in den Knast!«

»Bernd, tu das nicht, du irrst dich!«, flehte Irma, die sich plötzlich vor meinen Augen in eine bösartige Furie verwandelt hatte. Nicht einmal zugeben wollte sie ihre Schuld. Ich sah noch, wie sie aus dem Bett stieg und auf mich zuging. Da erfasste mich ein Schwindel, dass ich mich an der Bettkante festhalten musste. Der Schwindel schleuderte mich, meinen Körper, mein Leben, meine Welt wie in einem Turbo-Karussell herum, dass mir Hören und Sehen verging. Als der Anfall vorbei war, fühlte ich mich erschöpft, als hätte ich einen Marathon hinter mir.

Ich strengte eine Anklage gegen Irma wegen versuchten Mordes an. Ich verlor den Prozess. Das Gericht glaubte ihr und verdonnerte mich zu den Prozesskosten, einschließlich der Auflage, mich wegen meines zerrütteten Nervenkostüms in ärztliche Behandlung zu begeben. Nach einem längeren Aufenthalt in einer psychiatrischen Klinik war ich selbst der Meinung, in der besagten Nacht halluziniert zu haben. Ich wurde als »geheilt« entlassen.

Irma war schwanger. Wir wurden geschieden. Sie heiratete Albert am darauffolgenden Silvester in der Kaiser-Wilhelm-Gedächtniskirche. Bestimmt hatte sie das Datum deshalb so gelegt, um das spanische Weintrauben-Ritual mit Albert wiederholen zu können. Ich kannte meine Exfrau. Was sie aber zu meiner größten Genugtuung nicht wusste, war, dass mein alter Freund wegen einer Allergie nie Weintrauben aß.

Irma stand eine neue Eiszeit bevor.

 **Silvester-Menü**

*Vorspeise: Weißbrot mit Mojo verde und Mojo rojo grüne u. rote Soße) /
Hauptgang: Vieja a la plancha (alternativ Dorade) mit Papas arrugadas /
Nachspeise: Quesadilla*

Zutaten für Mojo verde / Mojo rojo:

- *3-6 Knoblauchzehen / 3 Knoblauchzehen*
- *2 Sträußchen Koriandergrün / 2 trockene Chilischoten (evtl. ohne Kerne)*
- *1 TL grobes Meersalz / 2 TL Edelsüß-Paprika / 1 TL Meersalz*
- *1 TL Kreuzkümmelsamen / evtl. 1 EL Paniermehl*
- *1-2 Tassen Olivenöl Virgen extra / dito*
- *1 Prise Pfeffer*
- *2 TL Sherry-Essig / 1 TL Rotweinessig*
- *1 TL Wasser / dito*

Zubereitung:

Knoblauchzehen hacken, Koriandergrün zerschneiden,
Kreuzkümmelsamen/ trockene Chilischoten grob zerstoßen, alles im Mixer
mit den übrigen Zutaten zu einer cremigen Soße verarbeiten.

Papas arrugadas (alternativ Pellkartoffeln)

Kleine Kartoffeln in (Meer)wasser mit einer halben Tasse Meersalz
kochen, mit einem Tuch bedecken und bei geringer Hitze ca. 20 Minuten
weitergaren. Kochwasser abgießen, Topf erneut mit Tuch bedecken und
ca. 30 Minuten auf abgeschaltetem Herd ruhen lassen, bis sich auf den
Kartoffeln eine feine Salzkruste gebildet hat und die Schale runzelig
geworden ist.

Vieja a la plancha (oder anderer Meeresfisch)

Fisch innen und außen salzen, mit Öl bestreichen, im Backofen ca.
15 Minuten backen, bis die Haut knusprig ist. Auf Petersilienbett mit
Zitronenschnitzen servieren.

Malheur auf Mallorca

Oliver stemmte auf der Promenade zum *Playa de Palma* seine groben, behaarten Hände in die breite Hüfte und seufzte.

»Herrlich. Einfach herrlich!«

»Furchtbar«, bewertete ich das halbnackte Treiben am Ballermann 6 komplett anders als mein Göttergatte.

Wie hatte ich nur so einen Assi heiraten können? Und was machte ich mit dem hier auf Mallorca?

»Endlich mal normale Leute««, zitierte er dann noch einen dumpf-dämlichen Ballonseideklassiker aus den Neunzigern, den ich mir damals noch vor unserer Hochzeit mit ihm im Autokino angeschaut hatte. Das war auch ein großer Fehler. Ich meine jetzt nicht den Film, sondern die Hochzeit …

Demonstrativ legte ich eine Hand über die Augen, so wie die Indianer es tun, und ließ meinen Blick langsam von links nach rechts über das Stranddebakel schweifen.

»Wo? Ich hab sie noch nicht gesehen.«

»Ach du«, knuffte er mir lustig in die Seite.

Ich schüttelte ärgerlich den Kopf. »Als wir vereinbart haben, dass wir auf ein verlängertes Wochenende nach Spanien fliegen, da dachte ich nicht wirklich an Mallorca. Sondern an Sevilla, Picasso oder Gaudi.«

»Gaudi haben wir hier doch auch«, gibbelte Oliver und blickte interessiert einer braungebrannten Strandschönheit hinterher, deren grellgelber Bikini nur aus zwei Stoffstreifen bestand, aus zwei sehr, sehr schmalen Stoffstreifen.

Ich verdrehte die Augen. Die hohle Tussi hätte seine Tochter sein können.

Mallorca … Ich musste allerdings einräumen, dass es mein Fehler war, ich hätte es wissen müssen. Ich war beruflich bis zum letzten Arbeitstag so stark eingebunden, dass ich ihm den Gang zum Reisebüro und das Buchen unserer kurzen Spanienreise überlassen hatte. Ein grober Fehler. Aber ich würde aus dieser leidigen Mallorcasituation das Beste machen.

»Lass uns etwas essen gehen, Schatz. Es ist schon spät, ich habe Hunger«, bat ich.

»Ich hab eben ein All-you-can-eat-Lokal gesehen. Schnitzel, Pommes, alles für fünf Euro. Der Hammer!«

Na, das fehlte noch. Dass ich mir hier im Urlaub mit dem allgegenwärtigen Touri-Dreck meinen empfindlichen Magen verderben würde.

»Auf keinen Fall!«

Einen letzten Rest Würde zwischen Jürgen Drews, weißen Tennissocken, Dosenbier und geblümten Herrenbadehosen wollte ich mir bewahren. Ich würde ein Mindestmaß an Qualität in diesen Urlaub einbringen.

Erst Recht nachdem sich herausgestellt hatte, dass unser Hotel mit dem klangvollen Namen *Residencia Elegante* nicht einen einzigen seiner vier Sterne auch nur ansatzweise verdiente. Vier Sterne hatten allenfalls die fünf Kakerlaken gesehen, die ich im Bad gleich nach unserer Ankunft mit Olivers Badeschlappen aus dem Leben klatschte.

Mann, hatten die unter der Sohle geknirscht.

Fast genauso laut wie später dann unser Hotelzimmernachbar zur Rechten mit seinen Zähnen. Die ganze Nacht lang hat der seine Beißer übereinander geschmirgelt. Dass man mit den beiden Kauleisten so einen Lärm veranstalten konnte! Die Zimmer im Hotel waren so hellhörig, dass sicher auch Olivers trocken-knalliges Einschlaf-Entspannungs-Furzen noch zwei Etagen tiefer zu hören war.

Nein, beim Essen wollte ich jetzt keinen Kompromiss mehr machen.

»Wir suchen uns ein einheimisches Restaurant und werden etwas Landestypisches essen. *La Cuina mallorquina.*«

»Hier gibt es nichts Einheimisches«, protestierte Oliver und deutete die Promenade entlang, auf der uns gerade eine Horde betrunkener, bis zum Hals tätowierter Engländer mit krebsrot verbrannten, nackten Oberkörpern grölend entgegentorkelte.

»Dann versuchen wir es im Stadtinneren«, zog ich Oliver hastig hinter mir her. »Die Einheimischen werden sich nicht nur von Leberkäse, Pizza und Döner ernähren!«

Ich hatte in einer Zeitschrift neulich noch gelesen, dass die mallorquinische Küche als pikante und kräftige Regionalküche durchaus mit warmem, mediterranem Charakter zu gefallen wusste. Dieses feurige, kulinarische Ereignis wollte ich mir auf keinen Fall entgehen lassen.

Wir verließen eilig die *Avinguda Nacional* und ich entdeckte nach kurzer Zeit in einer engen Seitengasse ein für Mallorca typisches Kellerlokal.

»*Del Hombre Mejor*«, las ich rot auf gelb über der Eingangstür. »Das sieht doch gut aus.«

»Sieht aus wie geschlossen«, unkte Oliver.

»Nee, ist offen«, jubelte ich. »Und angenehm leer.«

»Wenn das mal nicht seinen Grund hat«, brummte Oliver.

Wir nahmen an einem Tisch Platz und waren tatsächlich die einzigen Gäste. Über unserem Kopf taumelte ein altersschwacher Ventilator brummend die schwülwarme Luft durcheinander.

»Señor et Señora«, trat ein etwa 55 Jahre alter Kellner mit beeindruckendem Bauchumfang und zwei Speisekarten an unseren Tisch.

Seine fleckige Schürze deutete darauf hin, dass er auch in der Küche aushalf. Ich liebe diese rustikale Ursprünglichkeit. Also, im Urlaub.

»Darf ich schon etwas zu trinken bringen?«

Ich ließ mir einen Weißwein empfehlen, Oliver bestellte ein *St. Miguel.* Später entschieden wir uns für geröstetes Knoblauchbrot und eine Portion *Conill amb ceba*, zart zerlegtes Kaninchen mit Zwiebeln und Kräutern, definitiv ein lukullisches Muss auf Mallorca.

»Phantastisch. Ganz frisches Fleisch. So zart«, schwärmte ich.

»Mir ist das ein bisschen zuviel Olivenöl«, nölte Oliver.

»Das ist typisch Mallorca«, wusste ich.

»Ja. Zu viel Olivenöl.«

»Mallorca«, summte ich aufgeräumt.

»Ich krieg jetzt schon Sodbrennen.« Er rümpfte die Nase. »Und billig ist das hier auch nicht. Die Portionen sind klein.«

Ich kniff meine Augen zusammen und blickte meinen Ehemann verächtlich an. »Du bist so ... deutsch.«

»Ich werde halt beim Essen gerne satt.«

»So ... typisch deutsch.«

Oliver schnaufte. »Wenn dir das alles nicht passt ...«

»Ja, was?«, forderte ich ihn heraus.

»Dann mach deinen tollen Spanienurlaub doch alleine!«

»Eine sehr gute Idee, mein Lieber.«

Mit einem Ruck stand mein Göttergatte auf, warf seine Serviette auf den Teller und zischte. »Dann mache *ich* meinen Urlaub eben *auch* alleine.«

»Ja. Geh doch Bier saufen!«

»Mach ich auch. Wir sehen uns am Flughafen«, zischte Oliver giftig und schritt entschlossen und zügig aus dem Restaurant.

Der Kellner sprang entsetzt an unseren Tisch. »War etwas nicht in Ordnung? Hat es nicht geschmeckt?«

»Was ist?«, fragte der Koch, der seinen wuscheligen Kopf aus der Küche in den Raum streckte.

Er war deutlich jünger, drahtig und eine frappierende Ähnlichkeit deutete an, dass es sich um den Sohn des Kellners handelte.

»Das Essen ist nicht sein Ding gewesen«, erklärte ich vorsichtig.

»Nicht sein ... Ding?«, fragte der Kellner und hob seine buschigen, schwarzen Augenbrauen.

»Was ist *Ding*?«, fragte der Koch.

Ich winkte ab.

Der Kellner drückte sein Kreuz durch. »Ich hole den Señor zurück.«

»Nein, nein.«

»Bei meiner Ehre!«

Ich blinzelte. »Das ist nicht nötig.«

Der Kellner schüttelte unwillig den Kopf und entledigte sich hektisch seiner Schürze. Der Koch stürmte aus der Küche hinzu. Hielt der ein Fleischermesser hinter seinem Rücken versteckt? Es entstand ein hitziges Wortgefecht, dem ich trotz einiger Spanischkenntnisse aus meiner Schulzeit nicht folgen konnte. Ich vermutete einen mallorquinischen Dialekt. Vielleicht katalanisch. Schließlich lehnte sich der Kellner heftig atmend an den Tresen und der junge Koch lief eilig aus dem Restaurant. Er wird doch wohl nicht …

»Ist er jetzt meinem Mann hinterher?«, fragte ich irritiert.

»Nein, nein. Er hat einen … Termin.« Der Kellner strich sich durchs Haar. »Haben Sie noch einen Wunsch, Señora?«

Ich entschied, mir durch Olivers peinlichen, theatralischen Abgang das wirklich schmackhafte Essen nicht im Nachhinein noch verderben zu lassen und rundete das Menü mit einem leckeren Mandeleis und einem Espresso ab.

Als ich eine halbe Stunde später zufrieden die Lokalität verließ, konnte ich beobachten, wie der junge Koch einem rostigen Klein-LKW einen weißen Sack entnahm und ihn durch einen Seiteneingang ins Gebäude trug. Der weiße Sack war blutverschmiert. Das sah nicht gerade appetitlich aus, bedeutete aber doch nur, dass in diesem Restaurant frisches Fleisch verarbeitet wurde. Hatte ich mir ja gleich gedacht!

*

Ich verbrachte einen schönen, entspannenden Nachmittag auf der Baleareninsel, die sich abseits von Radau und Rummel in ihren kleinen Gassen bei prächtigem Wetter von ihrer allerschönsten Seite zeigte.

Tatsächlich kam Oliver abends nicht nach Hause.

Im Bad plättete ich vier weitere Tierchen und verbrachte die Nacht eben alleine im Hotelzimmer. Etwa einsam fühlte ich mich allerdings nicht, denn wie in der Nacht zuvor wurde im Zimmer nebenan geschmirgelt und geknirscht. Immerhin blähte im Bett unmittelbar neben mir niemand, was ja auch schon eine leichte Verbesserung der Gesamtsituation bedeutete. Ich schlief überraschend gut.

*

Durch ein ausgiebiges Frühstück gestärkt, begab ich mich am nächsten Morgen gut gelaunt auf einen ausgedehnten Spaziergang durch die historische Altstadt. Im engen Gassengewirr pulsierte das Leben. Ich entdeckte altertümliche Kräuterläden, bummelte ausgiebig durch schicke Modegeschäfte und bewunderte die prächtigen Patrizierhäuser. Höhepunkt des Tages war die Besichtigung der beeindruckenden Kathedrale, die im Licht der untergehenden Abendsonne mächtig und trutzig die Stadtsilhouette beherrschte.

Zufällig befand ich mich danach in der Nähe des Restaurants vom gestrigen Tag. Ich hatte Appetit, wozu ein anderes Lokal ausprobieren? Ich stieg die drei Steinstufen zum Eingang hinab und kehrte zügig ein.

»Sehr schön, dass Señora uns wieder beehrt«, freute sich der aufmerksame Kellner aufrichtig.

Der Gute schien nicht wirklich verwundert, dass ich diesmal ohne Begleitung gekommen war. Ich bestellte vorab einen süßen, sämigen, dunklen Kräuterlikör, einen *Palo*, und genoss anschließend eine extrem köstliche Truthahnpfanne mit Artischocken und Champignons. Ich war begeistert. Die Portion war genauso köstlich wie reichlich.

»Das Fleisch?«, fragte ich den Kellner, als er mir die Rechnung präsentierte. »Wo bekommen Sie das her?«

»War etwas nicht in Ordnung?«

»Doch, doch. Aber es schmeckt bei Ihnen alles so ... frisch.«

Seine dunkelbraunen Augen strahlten. »Das Fleisch stammt aus hiesigen Schlachtungen. Definitiv. Der ... Schlächter ist ein Verwandter von mir.«

»Ihr Sohn?«, fragte ich.

»Äh ... Nein.«

Ich stellte dann noch erfreut fest, dass das Restaurant die Preise deutlich gesenkt hatte. Dieses kulinarische Kleinod entdeckt zu haben, war ein Glücksfall. Ich gab reichlich Trinkgeld.

*

Abends semmelte ich im Bad drei weitere Schabentiere ins Jenseits. Mein Blick fiel auf Olivers Kulturbeutel. Nicht mal seinen Rasierer hatte Oliver zwischenzeitlich abgeholt. Dabei wusste er genau, wie ich es hasste, wenn er unrasiert war. Ich ließ mich ins Bett fallen. Natürlich hobelte mein Nachbar zur Rechten noch mit seiner Gesichtskeramik, aber ich glaubte in seinem Zähneknirschen einen Rhythmus zu entdecken. Dreivierteltakt. Walzer. Irgendwas von Johann Strauss. Vater oder Sohn, ich bringe die beiden leider immer durcheinander. Ich grübelte noch ein bisschen darüber nach und schlief wenig später ein.

Der Dreivierteltakt kann so entspannend sein.

*

Am nächsten Morgen gönnte ich mir noch einmal die einzigartige Atmosphäre der prächtigen Kathedrale. Die helle Sonne tauchte den Dom in geheimnisvolles Licht und befahl dem stolzen Gemäuer, bizarre Schatten über den gepflasterten Vorplatz zu werfen. Ich labte mich im schattigen Königsgarten und ließ mich auf dem Dach des *Castell de Bellver* vom Panoramablick über die Stadt beeindrucken. In einer gemütlich-altmodischen Hafenbar erfreute ich mich während des Sonnenuntergangs am maritimen Ambiente dieser beeindruckenden Stadt.

»*Del Hombre Mejor*«, summte ich, als ich abends mein Restaurant wieder betrat.

Ich hatte im Laufe des Tages in Erfahrung gebracht, was der Name des Restaurants bedeutete.

Des Menschen Bestes.

Was für ein Name. Was für ein Genitiv! Ich liebe den Genitiv.

Ich hatte mich nach einem kleinen Sommersalat mit frischen Tomaten und scharfen Ölsardinen an ein Mallorquinisches Putengericht mit Paprikawurst, Knoblauch und Mandeln gewagt. Mein

Mut wurde belohnt, das Essen war wieder köstlich. Ich musste einmal sogar kurz an Oliver denken und lachen. Als ich die großen Wurststücke des Gerichts zerschnitt, klang das genauso fleischig wie wenn Oliver furzt.

Sicher, ein solch unpassender Zusammenhang verbietet sich normalerweise beim Essen, aber ich musste albern einräumen, dass es mir wirklich richtig gut ging. Mein erster Urlaub so ganz für mich alleine.

»Traumhaft.«

Ich genoss es! Nach dem zweiten *vi de la casa* im urigen Tonkrug blickte ich mich um. Ich war hier im Restaurant nicht immer der einzige Gast, aber mir fiel doch auf, dass offensichtlich keine Einheimischen hier einkehrten. Obwohl das Restaurant die Preise noch einmal gesenkt hatte. Aber man weiß ja, dass der Prophet im eigenen Land nichts galt und das traf sicher auch in kulinarischer Hinsicht zu.

Ich hatte meinen Teller fast leer, da fiel mir plötzlich auf, dass der hinter seinem Tresen stehende Kellner mich beim Essen heimlich beobachtete. Und er hatte so was im Blick. So etwas Starrendes, Lauerndes. Etwas, das mir einen Schauer über den Rücken jagte. Ob hier irgendetwas nicht stimmte?

Ich überlegte, kaute aufmerksam weiter und ... Natürlich! Konnte es sein, dass der charmante, aufmerksame Kellner sich in mich verguckt hatte? Ein aufregender Gedanke! Aber diese ausgesuchte Höflichkeit mir gegenüber ließ doch nur diesen Schluss zu! Ich blickte ihn mit einem Mal offen an und lächelte.

Er wendete sich ertappt ab und verschwand in die Küche. Sieh an, sieh an! Die so heißblütigen Spanier waren scheinbar doch schüchterner, als man landläufig meinte. Ich musste einräumen, dass ich mich ein wenig geschmeichelt fühlte. Mir war später sogar nach einem dritten Krug Wein.

*

Es war der Donauwalzer vom Johann Strauss. Definitiv. An der schönen blauen Donau. Vom Sohn, dem Walzerkönig.

Da-da-da-da-dah – knirschknirsch, knirschknirsch.
Kennt man, hat man im Ohr, richtig schön!

Im Hotel angekommen hatte ich vorher an der Rezeption schnell nachgefragt, ob Oliver sich zwischenzeitlich irgendwie gemeldet oder eine Nachricht hinterlassen hatte. Nein, hatte er nicht.

»Auch gut.«

Nur eine einzelne Kakerlake musste im Bad dran glauben, ich schien das krabbelige Problem in den Griff geklatscht zu haben.

Da-da-da-da-dah – knirschknirsch, knirschknirsch.

Ich summte ein paar Walzertakte mit und schlief wie ein Baby.

*

Für den letzten Urlaubstag buchte ich im Hotel eine Busfahrt durch den Südwesten der Insel. Während des zweiten Stopps in *Santa Ponca* lernte ich Rainer kennen, einen aufmerksamen, eloquenten Herrn aus Geislingen an der Steige, der über beeindruckende Mallorcakenntnisse und einen herrlichen Akzent verfügte.

»Ich komme regelmäßig hierher«, erklärte er. »Mallorca ist fast meine zweite Heimat geworden. Wäre ich kein Schwabe, würde ich auswandern.«

Gemeinsam flanierten wir über die Promenade, bewunderten schnittige Autos und teure Superjachten. Wieder im Bus passierten wir schöne, verschwiegene Badebuchten, stoppten in *Peguera*, einem ehemaligen Fischerdorf und machten uns in *Galilea* über allzu eifrige Radfahrer lustig, die sich auf ihren Mountainbikes die Serpentinen zu einem der höchstgelegenen Orte der Insel hoch quälten. Über *Port d'Andratx, Camp de Mar und S'Arraco* ging die wunderschöne Tour viel zu früh zu Ende.

Rainers sprachgewandte Gesellschaft war so angenehm. Wie hatte ich nur auf diesen dumpfen, sich niemals weiterentwickelnden und sich für gar nichts außer Fußball und Bruce Willis interessierenden Oliver hereinfallen können?

»Komm doch noch mit in dieses kleine Restaurant«, wollte ich deshalb diese interessante Begegnung nicht schon am frühen Abend ausklingen lassen.

»Würde ich gerne«, druckste Rainer gedehnt. »Aber ich habe Vollpension gebucht. Du weißt schon …«

»Du bist Schwabe«, lachte ich.

»Genau, meine Liebe. Unnötige Geldausgaben würde ich mir nie verzeihen. Seien sie auch in noch so angenehmer Gesellschaft angefallen.«

Er blinzelte mir verwegen zu. Er flirtete mit mir. Dieser Urlaub, diese Auszeit … Sicher strahlte ich eine zufriedene Gelassenheit aus, die auf Männer einfach anziehend wirken musste. Flirten? Warum nicht? Wer wusste schon, in welchen billigen Nachtclubs Oliver sich rum trieb.

»Wie heißt denn dieses Restaurant?«, fragte Rainer höflich.

»*Del Hombre Mejor*«, flüsterte ich.

»Oh«, hatte der Name eine ungewohnte Reaktion zur Folge, denn ein Schatten huschte über des Schwaben Gesicht.

»Kennst du das Lokal?«, fragte ich überrascht.

»Ich habe davon gelesen«, wich er leise aus.

»Nichts Gutes?«, fragte ich.

Er zuckte mit den Schultern. »Im letzten Jahr hat der Wirt seine Frau vermisst gemeldet. Die beiden haben sich immer gestritten. Die Frau blieb verschwunden. Dann wurden die Portionen größer, die Preise günstiger und …«

Ich schnappte nach Luft.

Er winkte ab. »Sicher nur Gerüchte. Ich habe nie geglaubt, dass er seine Ehefrau an die Touristen verfüttert hat. Gesundheitsamt und Polizei haben ihm und seinem Sohn, der in der Küche arbeitet, auch nie etwas nachweisen können.« Er hielt inne und runzelte die Stirn. »Allerdings haben diese beiden Institutionen nicht den Ruf, besonders fähig und gründlich zu arbeiten.«

Ich schien etwas blass geworden zu sein, denn er beeilte sich hinzuzufügen. »Die Frau wird einfach abgehauen sein. So was kommt vor. Auch auf Mallorca. Wenn du hier in *Palma de Mallorca* ein angenehmes Restaurant gefunden hast, dann ist das ein Glücksfall. Lass dir den Appetit nicht verderben!«

Mit einem frechen Augenzwinkern fegte mein Schwabe den gemeinen Schatten beiseite.

*

Ich hatte darüber hinaus überhaupt keine Lust, mir ausgerechnet am letzten Mallorcaabend noch ein neues Restaurant zu suchen. Die Ehefrau verfüttert? So ein Quatsch. Sicher gab es auch auf Mallorca eine einschlägige Boulevardpresse, die mit fußgroßen Buchstaben marktschreierisch jeden Mist druckte. Ich war an diesem Abend ganz alleine im Restaurant.

»Heute ist mein letzter Abend«, erklärte ich.

»Das ist schade. Morgen gibt es ganz frischen Tintenfisch. Mit Pinienkernen und Rosinen«, lockte der Kellner verheißungsvoll.

»Ich reise leider morgen Vormittag ab.«

»Ich werde Sie vermissen, Señora«, erklärte der Gute und servierte eine riesengroße Portion *Arros brut* mit feurigen Teilen von Schwein, Huhn und Kaninchen an Safran mit einer winzigen Spur Fenchel.

Das Gericht war eine Offenbarung, aber mengenmäßig nicht zu schaffen, so sehr ich mich auch mühte. Das Essen war eine kulinarische Glanzleistung, die vehement und unverzüglich einen ehrlichen Dank an ihren *Creador* einforderte. Ich blickte mich im leeren Restaurant um, aber der Kellner hatte sich zwischenzeitlich nach nebenan in die Küche begeben. Nach einem kurzen Zögern erhob ich mich und folgte ihm, mein Dank forderte dringend nach einem sofortigen Ausdruck. Ich trat in die Küche und …

»Äh.«

Mir stockte der Atem. Die beiden Männer standen mit dem Rücken zu mir an einem Tisch in der Mitte des Raumes. War das, was da blutig und fransig vom Tisch herab baumelte, ein Tintenfischarm? Ich hielt die Luft an. Oder war das …?

Um Himmels Willen! Was hatte Rainer gesagt? Sie sollen die Ehefrau …

Nein, nein, dachte ich entsetzt und schlug mir eine Hand vor den Mund. Das durfte doch nicht wahr sein! Das war ein Arm, aber …

Tintenfisch? Hatte ich etwa die ganze Zeit …? Es passte alles zusammen.

»Oliver.«

Mir wurde schwarz vor den Augen, ich schwankte. Der blutige Sack, der unmittelbar nachdem Oliver das Restaurant verlassen hatte aus dem Auto ins Haus getragen wurde. Die sinkenden Preise, die größeren Portionen! Keine Einheimischen im Lokal, der mich heimlich beobachtende Wirt, diese Blicke! Der Wirt war nicht verliebt in mich. Er war krank, er hatte mir zugesehen, wie ich …

»*Del Hombre Mejor*?«, flüsterte ich.

Des Menschen Bestes? Ich trat auf die beiden Männer zu, die erschreckt aufblickten. Es war nicht zu erkennen, was sie mehr entsetzte, meine weit aufgerissenen Augen oder das große Messer, das ich auf der Anrichte entdeckt und im Vorbeigehen ergriffen hatte. Mit einem Satz war ich bei den beiden. Zuerst rammte ich das Messer dem drahtigen Jungen in die Brust.

»Oh Dios!«, schrie der Kellner und wich zurück.

Ich gab ihm *Dios*! Das Messer war scharf, beidseitig geschliffen. Es glitt in seinen Körper wie durch Butter. Wie im Rausch stach ich zu. Einmal, zweimal, dreimal. Er stürzte vornüber auf den gefliesten Küchenboden. Wie in Trance legte ich das Messer zurück auf die Anrichte, blickte auf meine blutüberströmten Hände und wankte in den Gastraum.

»Die Polizei.«

Natürlich, ich musste die *policia* rufen. Ich musste ihnen erklären, was hier Furchtbares passiert war. Musste ihnen erklären, dass man mir in den vergangenen Tagen meinen Mann zum …

Mir wurde schlecht. Ich taumelte zur Theke, beugte mich über das Waschbecken. Ich musste mich übergeben, jetzt gleich, gleich hier!

Ein Geräusch. Ich blickte erschreckt auf.

Er stand plötzlich direkt vor mir. »Hab mir schon gedacht, dass ich dich hier finde. Mir vorwerfen, dass ich typisch deutsch bin, aber dann jeden Abend ins gleiche Restaurant rennen. Das nenn *ich* typisch deutsch!«

Ich blinzelte entsetzt. »Oliver?«

»Ja. Immer noch. Ich brauch mein Flugticket. Das ist in deiner Handtasche. Ich möchte heute Abend schon einchecken!«

»Oliver, ich dachte …«

»Ich habe mich einem Doppelkopfclub aus Haan angeschlossen und konnte bei denen pennen, aber … Sag mal, was hast du denn für blutverschmierte Hände?«

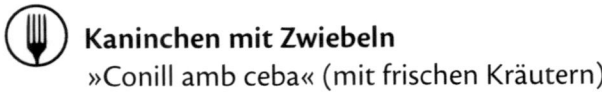

Kaninchen mit Zwiebeln
»Conill amb ceba« (mit frischen Kräutern)

Zutaten für vier Portionen:
- *1 Kaninchen (küchenfertig, 1,6 kg)*
- *300 g weiße Zwiebeln*
- *2 Knoblauchzehen*
- *2 frische Lorbeerblätter*
- *einige Spitzen junger Rosmarin*
- *1-2 zerzupfte Thymianzweige*
- *8 EL Olivenöl*
- *Meersalz und schwarzer Pfeffer aus der Mühle*
- *100 ml Weißwein*
- *ca. 400 ml Geflügelfond*
- *1 große reife Fleischtomate*
- *2 gegrillte Paprikaschoten (aus dem Glas)*
- *1 Stück pikante spanische Wurst (Sobrasada oder Chorizo, ca. 50 g)*

Zubereitung:
Das Kaninchen waschen, trocken tupfen und in acht Teile zerlegen.
Zwiebeln und Knoblauch abziehen, Zwiebeln vierteln, Knoblauch fein
hacken. Kaninchen, Zwiebeln, Knoblauch und Kräuter in einer Schüssel
mit dem Olivenöl mischen. Mit Salz und Pfeffer würzen.

Nun den Bräter erhitzen. Kaninchenteile mit den Zutaten aus der Schüssel
darin ca. fünf Minuten unter Wenden anbraten. Mit Wein ablöschen,
einkochen lassen. Fond angießen, zugedeckt bei geringer Hitze ca. vierzig
Minuten schmoren lassen, gelegentlich umrühren.

Dann die Tomate häuten, entkernen. Tomate, Paprika und Wurst
würfeln. Zum Kaninchen geben und zwei-drei Minuten mitschmoren.
Abschmecken.

Lecker dazu: Bauernbrot, gerne als Knoblauchbrot.
Lecker danach: ein Mandeleis

Vita der Autoren

Lilo Beil, geb. 1947, wuchs in einem wildromantischen südpfälzischen Pfarrhaus mit vielen Tieren auf. Nach dem Studium der Anglistik und Romanistik unterrichtete sie fast 40 Jahre lang an einem Gymnasium im Odenwald. Die Mutter von drei erwachsenen Töchtern lebt mit ihrem Mann und ihrem Hund Lennie in der Nähe von Weinheim. Sie veröffentlichte sieben Kriminalromane (davon sechs um den sympathischen Kommissar Friedrich Gontard), fünf Erzählbände und ist in zahlreichen Anthologien vertreten.
Die Autorin ist Mitglied des *Syndikats*, des *Literarischen Vereins der Pfalz* und des *Literarischen Scheffelbunds*. Neun ihrer Werke erschienen im Conte Verlag.

Raoul Biltgen, geboren 1974 in Luxemburg, Schauspielausbildung in Wien, dann Ensemblemitglied am Landestheater Bregenz, anschließend Dramaturg am Theater der Jugend. Seit 2003 lebt und arbeitet Raoul Biltgen als freier Schriftsteller, Schauspieler und Theatermacher in Wien. Zuletzt veröffentlichte er das Buch *Und Danke für den Apfel* bei Amalthea, Wien. Er ist auch Kolumnist (www.adamspricht.com) und absolviert derzeit die Ausbildung zum Psychotherapeuten. Für seinen Kurzkrimi *Zwang heilt die Natur* in der Anthologie *Berner Blut* ist er für den *Friedrich-Glauser Preis* in der Sparte Kurzkrimi nominiert.
Mehr unter www.raoulbiltgen.com

Astrid della Giustina arbeitet als Tagungskoordinatorin in einem Wellness-Hotel und ist Coach für Englisch, Deutsch und Literatur. Sie veröffentlichte bis dato, neben einigen Kurzgeschichten, einen Ratgeber über ihren Job, die Biographie einer Domina sowie den bizarren Düsseldorf-Krimi *Luzifers Entführung*. Sie ist ein Fan des Mediterranen.
www.astrid-dellagiustina.de

Marcus Imbsweiler, geboren und aufgewachsen im Saarland. Studium der Musikwissenschaft und Germanistik in Tübingen und Heidelberg; seit 1997 Arbeit als freiberuflicher Musikredakteur, erste belletristische Veröffentlichungen 2005. Zwei Jahre später startete seine Krimireihe um den Heidelberger Privatermittler Max Koller – aktueller Band *Dreamcity* (Gmeiner, 2014). Im Conte Verlag veröffentlichte Imbsweiler Romane (*Wolckenstein*-Serie), Erzählungen (*Verwandte auf dem Mars, Frontsignale*) sowie das Wagner-Buch *Geyers Schädel* (2013). Marcus Imbsweiler lebt mit seiner Familie in Heidelberg.

Tatjana Kruse, Jahrgangsgewächs aus süddeutscher Hanglage, lebt und arbeitet in Schwäbisch Hall und Hamburg und zehrt immer noch von den Erinnerungen an jene Zeit, als sie in Punta del Hidalgo auf Teneriffa Hotelgäste bespaßen durfte.
Mehr Informationen unter www.tatjanakruse.de

Jens Luckwaldt, Jahrgang 1968, studierte Musikwissenschaft und lebt in seiner Geburtsstadt Berlin als Verlagsredakteur sowie freiberuflicher Autor und Arrangeur. In seiner historischen Krimireihe um Alexander MacKendrick, den weltreisenden Dandy, Schriftsteller und Detektiv *avant la lettre*, erschienen bislang die Romane *Tod in Arkadien* und *Puder und Blei*. www.luckwaldt.net

Henrike Madest, Sozialwissenschaftlerin (M.A.), arbeitet seit mehr als 20 Jahren als freie Journalistin und Reporterin im Bereich Hörfunk und Fernsehen, vor allem für den Westdeutschen Rundfunk. Veröffentlichungen: *Sonne, Sand und Tod, ein Kanaren-Krimi* (Emons), außerdem diverse Kurzkrimis in verschiedenen Verlagen.

Für **Heidi Moor-Blank** war die Schreiblust Ventil während des Rückzugs ins reine Mutterleben. Unterstützung und Inspiration gab die Mitgliedschaft bei den *Mörderischen Schwestern*. Nach der Rückeroberung des Arbeitsplatzes in einem Softwarehaus bleibt nur noch wenig Freizeit – deshalb reicht es *nur* für Krimi-Kurzgeschichten. Schließlich muss noch genügend Zeit bleiben für die weiteren Hob-

bys: Theater bei der *Kleinen Bühne Landau* und schwimmen und tauchen wann immer es geht.
www.heidi-moor-blank.de

Renate Müller-Piper, Exlehrerin aus Hannover. Verheiratet mit Physiker. Zwei erwachsene Kinder. Die Autorin huldigt der Kurzen Literarischen Form, bevorzugt Kriminalgeschichten.
1987 Kurzkrimi-Preisträgerin beim Kulturrat Göttingen.
1994 Fernstudium »Literarische Moderne«, Uni Tübingen, mit Prädikats-Abschluss.
Lesungen vielerorts. Zahlreiche Publikationen. Schreibatelier-Leitung.
Seit 1994 Mitglied im *Syndikat*, seit 1997 bei *Mörderische Schwestern*.

Heinrich-Stefan Noelke wurde 1955 im nordostwestfälischen Versmold geboren. Er ist gelernter Metzger, studierter Betriebswirt, hat in Frankreich, England und Spanien gearbeitet und lebt nun mit seiner Familie in Osnabrück. Die Geschichte *iPan iVino* setzt den Spanien-Krimi *Das Kind im Glas* fort, der 2008 bei Pendragon erschienen ist. Neben diversen Kurzgeschichten sind von Heinrich-Stefan Noelke 2006 der Abenteuerroman *Das Schwanken am Rande der Welt* mit dem Schauplatz Norwegen erschienen, 2011 erstmals bei Emons der Osnabrückkrimi *Tod an der Hase* und 2013 die Fortsetzung *Piesberg in Flammen*. Er ist Mitglied im Syndikat, im VS, in der Kogge und er spielt den Bass bei *Hands Up! & The Shooting Stars*, der weltweit einzigen Rockband, die nur aus Krimiautoren besteht.
Mehr Information zum Autor unter www.hsnoelke.de

Irene Rodrian ist die erste deutschsprachige Krimiautorin. 1967 bekam sie für ihren Krimi *Tod in St. Pauli* den Edgar-Wallace-Preis. Seitdem hat sie über 20 weitere Krimis geschrieben, zuletzt *Ein letztes Lächeln* aus der Reihe mit den 5 Privatdetektivinnen aus Barcelona. Außerdem hat sie Kinderbücher geschrieben und zahlreiche Drehbücher. 2007 wurde sie mit dem Ehren-Glauser ausgezeichnet. Sie lebt in München.   www.irenerodrian.de

Niklaus Schmid, 1942 geboren, lebt seit 1978 als freier Schriftsteller in Duisburg und auf Formentera. Er schreibt Reisebücher, Hörspiele und Krimis. Seine Romane mit dem Privatdetektiv Elmar Mogge – *Der Hundeknochen* und *Bienenfresser* (Grafit Verlag) – spielen auf Ibiza und Formentera. Für seine Kurzgeschichte *Müntefering singt* wurde er mit dem Kulturpreis Hochsauerlandkreis ausgezeichnet. www.niklaus-schmid.de

Ingrid Schmitz ist seit 2000 hauptberufliche Krimiautorin. Über fünfzig Kurzkrimis und exakt vier Kriminalromane mit ihrer Serienfigur Mia Magaloff sind bisher veröffentlicht worden, zuletzt *Liebeskiller* (Mai 2014). Aber auch die Herausgaben von kulinarischen Krimianthologien sind ihre Leidenschaft. Außer dieser Spanien-Anthologie sind im Conte Verlag erschienen: *Muscheln, Mousse und Messer* (Frankreich), *Porridge, Pies and Pistols* (England, Irland, Schottland). Mitglied bei: *Syndikat, Mörderische Schwestern* und *Intern. Association of Crime Writers.* www.krimischmitz.de

Gesine Schulz wurde in Niedersachsen geboren und ist im Ruhrgebiet aufgewachsen, wo sie heute – nach mehreren Jahren im Ausland – wieder lebt. Ihr zweiter Schreibtisch steht im Südwesten Irlands – Schauplatz ihres Buches *Eine Tüte grüner Wind.* Ihre amüsanten Kurzkrimis über die Essener Privatdetektivin und Putzfrau Karo Rutkowsky wurden in zwei Bänden veröffentlicht: *Der Beuys von Borbeck* und *Grab mit Aussicht.* www.gesineschulz.com

Inge Stender studierte evangelische Theologie und Biologie, unterrichtete 25 Jahre lang an einem niedersächsischen Gymnasium und schreibt Kriminalromane mit der Religionslehrerin und unfreiwilligen Hobbydetektivin Ursula Ussel als Protagonistin, sowie Kurzgeschichten. Sie ist Mitglied bei den *Mörderischen Schwestern*, und lebt und arbeitet seit 1999 auf der kleinsten kanarischen Insel El Hierro.

236

2010 gründete sie die kanarische Kulturstiftung *Fundación Cultural Canaria Inge Stender* – www.fundacion.inge-stender.com –, die sich zum Ziel gesetzt hat heimische wie auswärtige Künstler – Maler, Fotografen, Autoren und Kunsthandwerker – zu fördern. www.inge-stender.com

Klaus Stickelbroeck, geboren 1963 in Anrath, lebt in Kerken und arbeitet als Polizeibeamter in Düsseldorf. Sein erster Kriminalroman mit Privatdetektiv Hartmann *Fieses Foul* erschien 2007. Der dritte Hartmann-Krimi *Fischfutter* wurde 2011 für den Friedrich-Glauser-Preis als bester Kriminalroman des Jahres nominiert. Als einer der fünf Krimi-Cops, fünf Polizisten aus Düsseldorf, die gemeinsam Kriminalromane schreiben, erschienen unter anderen die Krimis *Stückwerk* und *Umgelegt*. Neben seinen Romanen schreibt er witzig-spannende Kurzkrimis. Er ist Mitglied im Krimiautoren-Netzwerk *Das Syndikat*.

Verzeichnis der Rezepte

Ingrid Schmitz (Hrsg.)
Muscheln, Mousse und Messer
Eine kulinarische Krimi-Anthologie

CONTE *Krimi*

220 Seiten, ISBN 978-3-941657-22-9, 12,90 €

Der Mensch isst, um zu leben; der Franzose lebt, um zu essen. Die französische Küche vereint die regionale Vielfalt an frischen, hochwertigen Zutaten mit raffinierten und kräftigen mediterranen Aromen. Die geniale Kombination, bei der einheimische Weine und Champagner nicht fehlen dürfen, beruht nicht zuletzt auf der landschaftlichen Vielfalt Frankreichs. Fruchtbare Felder, üppiges Weideland und weltberühmte Weingärten verführen zu einer Schlemmerreise durch das Land der Tafelfreuden. Kulinarische Köstlichkeiten, für die man sterben könnte ... manche sogar sterben müssen.

Die Kriminalschriftstellerin Ingrid Schmitz hat ihre Kolleginnen und Kollegen gebeten, sich des delikaten Themas anzunehmen und ihr ein besonderes Menü zu liefern. Zusammengekommen sind sechzehn Krimikurzgeschichten nebst nachkochbaren Rezepten, serviert auf humorvolle, makabre oder tiefgründige Art.

Mit Beiträgen von: Anne Chaplet, Ina Coelen, Astrid della Giustina, Alexandra Guggenheim, Carsten Sebastian Henn, Beatrix Kramlovsky, Ralf Kramp, Tatjana Kruse, Ulla Lessmann, Susanne Mischke, Heidi Moor-Blank, Renate Müller-Piper, Niklaus Schmid, Ingrid Schmitz, Bärbel Schoening, Klaus Stickelbroeck

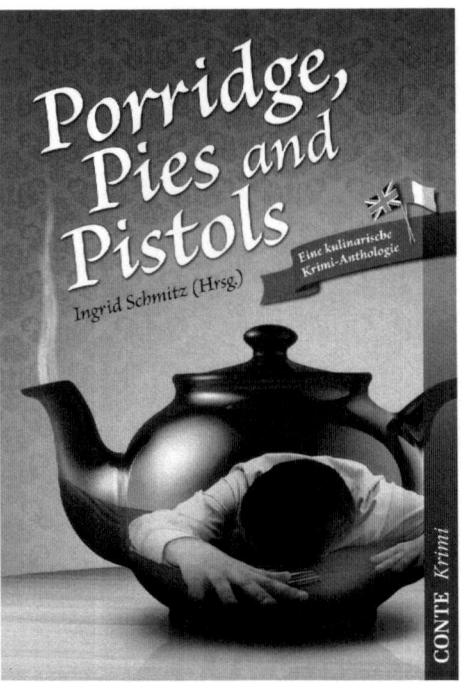

298 Seiten, ISBN 978-3-941657-87-8, 12,90 €

Seit Sherlock Holmes, Miss Marple und Jack the Ripper haben wir eine recht genaue Vorstellung davon, wie Verbrechen in Großbritannien vonstattengehen. Kostverächter der britischen Küche können sich genauso unschwer vorstellen, welche mörderischen Qualitäten solche fragwürdigen Speisen besitzen wie Lamm mit Minzsoße, Bangers and Mash, Bubble and Squeak, Haggis, oder Blue Stilton, ein Käse, der praktisch nur aus blauem Schimmel besteht. Oder erinnern Sie sich an Ihr letztes English Breakfast (wenn Sie es überlebt haben)! Und über Getränke haben wir noch gar nicht geredet.

Mit dem Erfolgsrezept des Frankreichbandes *Muscheln, Mousse und Messer* hat Ingrid Schmitz die besten Kurzkrimis zusammengetragen, die außer »suspense« und »thrill« tiefe Einblicke in das kulinarische Britannien geben und Rezepte zum Selbstversuch bieten. Lassen Sie sich nicht verängstigen – wir haben sie ausprobiert und leben noch.